Jasmin Marjam Rezai Dubiel (Hrsg.)

«Indignez-vous!»
Geschichte schreiben im 21. Jahrhundert

Jasmin Marjam Rezai Dubiel (Hrsg.)

« Indignez-vous ! »

Geschichte schreiben im 21. Jahrhundert

Neofelis Verlag

Bibliografische Information der Deutschen Nationalbibliothek
Die Deutsche Nationalbibliothek verzeichnet diese Publikation in der Deutschen Nationalbibliografie; detaillierte bibliografische Daten sind im Internet über http://dnb.d-nb.de abrufbar.

www.neofelis-verlag.de

Umschlaggestaltung: Marija Skara
Druck: PRESSEL Digitaler Produktionsdruck, Remshalden
Gedruckt auf FSC-zertifiziertem Papier.
ISBN: 978-3-943414-48-6

Inhalt

III. Literatur als andere Geschichtsschreibung

Einleitung

Jasmin Marjam Rezai Dubiel

Ende des 20. Jahrhunderts postulierte Francis Fukuyama als Reaktion auf den Zusammenbruch des sozialistischen Ostblocks noch das „Ende der Geschichte“ und den Triumph des Liberalismus:

> At the end of history, there are no serious ideological competitors left to liberal democracy. In the past, people rejected liberal democracy because they believed that it was inferior to monarchy, aristocracy, theocracy, fascism, communist totalitarianism, or whatever ideology they happened to believe in. But now, outside the Islamic world, there appears to be a general consensus that accepts liberal democracy's claims to be the most rational form of government, that is, the state that realizes most fully either rational desire or rational recognition.[1]

Versprach der Kapitalismus im Sinne von Adam Smith noch das Paradies auf Erden,[2] so wurde der Glaube an den Wohlstand aller durch die Finanz- und Bankenkrise 2007 tief erschüttert. Nicht nur im globalen Norden stellt sich nach dieser Zäsur die Frage nach dem Ende der Geschichte im 21. Jahrhundert.

In weiten Teilen der Welt setzte die Krise neue gesellschaftliche Dynamiken frei. So fanden grundsätzliche Veränderungen der politischen Landschaft in einzelnen Ländern der arabischen Welt statt. Unter dem Begriff „Arabischer Frühling“ ist diese heterogene Protestbewegung in die jüngste Geschichte eingegangen. Zu Beginn des 21. Jahrhunderts wurden weltweit Stimmen laut, die mehr Demokratie und Mitbestimmung einforderten, es entstanden neue Geschichtsentwürfe, und zahlreiche junge Menschen postulierten eine Lebensführung nach dem Prinzip des Minimalismus, der sich durch eine auf die Lebensgrundlagen reduzierte antimaterialistische Lebensweise

1 Francis Fukuyama: *The End of History and the Last Man*. New York: Free Press 2006, S. 211–212.

2 Vgl. Adam Smith: *Wealth of Nations*. New York: Prometheus 1991.

auszeichnet. Im Zuge der Krise wurde die kapitalistische und neoliberale Gesellschaftsordnung vor allem von der jungen Generation kritisch hinterfragt. Beispielhaft haben dies *Occupy Wall Street* und *Anonymous* gezeigt. Vor diesem Hintergrund äußert sich auch der amerikanische Autor und Aktivist der *Occupy*-Bewegung, Benjamin Kunkel, über das „Ende der Geschichte":

> Unable to imagine the past except in the form of costume dramas or to think of the future except in terms of far-off collapse, our era has suffered from a blocked political imagination. For twenty years we flattered or rued our condition as the end of history. But present-day civilization reflects arrangements exceptional in human history – and perhaps equally fragile. […] Two special conditions that we've taken for granted are not long for this world: an ever-growing supply of fossil fuel and other non-renewable resources, and endless economic growth.[3]

Von dem Triumph des Liberalismus, wie ihn Fukuyama postulierte, kann offenbar nicht länger die Rede sein. Der wirtschaftsliberale Fortschrittsglaube scheint an der Schwelle vom 20. zum 21. Jahrhundert immer mehr alternativen und heterogenen Geschichtsentwürfen zu weichen.

Der Beginn des 21. Jahrhunderts wird nicht nur von der Absage an einen geschichtsoptimistischen Kapitalismus bestimmt, sondern stellt augenscheinlich auch den Schauplatz für die Entwicklung anderer, neu zu definierender Geschichtsentwürfe dar. Doch welcher Geschichtsentwurf tritt an die Stelle dieser mittlerweile anachronistischen Utopie? Welcher Umgang mit Geschichte lässt sich in der Gegenwart konstatieren?

In dem Sinne eines neuen globalen Geschichtsbewusstseins und Engagements fordert der Résistancekämpfer Stéphane Hessel „Indignez-vous!" in seinem gleichnamigen Manifest für die Gegenwart ein:

> Mischt euch ein, empört euch! Die Verantwortlichen in Politik und Wirtschaft, die Intellektuellen, die ganze Gesellschaft dürfen sich nicht kleinmachen und kleinkriegen lassen von der internationalen Diktatur der Finanzmärkte, die es so weit gebracht hat, Frieden und Demokratie zu gefährden. Ich wünsche allen, jedem Einzelnen von euch einen Grund zur Empörung. Das ist kostbar. Wenn man sich über etwas empört, wie mich der Naziwahn empört hat, wird man aktiv, stark und engagiert. Man verbindet sich mit dem Strom der Geschichte, und der große Strom der Geschichte nimmt seinen Lauf dank dem Engagement der Vielen – zu mehr Gerechtigkeit und Freiheit.[4]

3 Benjamin Kunkel: Twilight of the Fossils. In: *n+1*, 07.11.2011. https://nplusonemag.com/online-only/occupy/twilight-of-the-fossils (Zugriff am 16.06.2014).

4 Stéphane Hessel: *Empört Euch!*, aus d. Franz. v. Michael Kogon. Berlin: Ullstein 2012, S. 10.

Eine kritische Neubewertung der Geschichte, wie Hessel sie fordert, spiegelt sich auch in der Literatur des ausgehenden 20. und beginnenden 21. Jahrhunderts wider. In zahlreichen Spielformen alternativer Gesellschafts- und Geschichtsentwürfe wird die Literatur zu einem Ort der differenzierten Geschichtsreflexion.
Ausgehend von oben skizziertem, sich ab dem späten 20. Jahrhundert immer deutlicher abzeichnendem gesellschaftspolitischen Wandel, der die traditionellen Geschichtsentwürfe des Fortschritts ebenso hinterfragt wie den Mythos vom Ende der Geschichte, konzentriert sich der vorliegende Band auf die Frage, welche Konsequenzen die in verschiedenen Nationalliteraturen zu konstatierenden intellektuellen Neubewertungen der Gegenwart bei der literarischen Auseinandersetzung mit Geschichte nach sich ziehen. Das literarische Erzählen von Geschichte kann, indem es von dem offiziellen Geschichtsdiskurs abweicht, als eine andere, differenziertere Geschichtsschreibung angesehen werden. In Anlehnung an Michel Foucault ist in diesem Zusammenhang ein Diskursbegriff von Interesse, der sich der autoritären Geschichtsschreibung widersetzt:

> [Es] handelt […] sich um die Rekonstruktion eines anderen Diskurses, um das Wiederfinden des stummen, murmelnden, unerschöpflichen Sprechens, das von innen die Stimme belebt, die man hört, um die Wiederherstellung des kleinen und unsichtbaren Textes, der den Zwischenraum der geschriebenen Zeilen durchläuft und sie manchmal umstößt.[5]

Mit der Hinwendung zu alternativen Geschichtsdiskursen, die unter der literarischen Textoberfläche ausgemacht werden können, wird das gesellschaftspolitische Potential von Literatur deutlich. Wenn Geschichte literarisch reflektiert und thematisiert wird, macht sich der Text die Historie zu eigen und deutet sie zwangsläufig um. Dem Ausdruck *Geschichte schreiben* ist somit ein doppelter Wortsinn inhärent, denn dem Akt des selektierenden und ordnenden Erzählens wohnt immer auch ein Moment der Konstruktion von Vergangenheit inne. Durch Interpretation und Neubewertung historischer Ereignisse kann die eigene Gegenwart in literarischen Texten oftmals in Form innovativer Erzählweisen gedeutet und mitbestimmt werden. Die Frage nach der Inszenierung von historischen Ereignissen kann Auskunft über den Geschichtsdiskurs der Gegenwart geben und einen Raum für neue Geschichtsinterpretationen öffnen.

5 Michel Foucault: *Archäologie des Wissens*. Frankfurt am Main: Suhrkamp 1981, S. 42–43.

Der vorliegende Sammelband vereint jene wissenschaftlichen Beiträge, die im Rahmen der Tagung „Indignez-vous!“ für Nachwuchswissenschaftler_innen an der Johannes Gutenberg-Universität in Mainz im Februar 2013 vorgetragen wurden. Er geht der Neuverhandlung von Geschichte durch Literatur im späten 20. sowie frühen 21. Jahrhundert nach und zielt darauf ab, eine weiter reichende Diskussion über die neuerlichen literarischen Entwicklungen anzustoßen. In diesem Zusammenhang erscheint die gesellschaftspolitische Funktion jener Literatur zentral. Die Beiträge des Sammelbands beschäftigen sich exemplarisch mit Tendenzen der Gegenwartsliteratur und konzentrieren sich auf vier Aspekte des literarischen Umgangs mit der Historie: die Appellfunktion der Vergangenheit, das Spannungsfeld von Historienkulisse und engagierter Literatur, die Revolution als geschichtliche Zäsur sowie das kontrafaktische Erzählen. Die Appellfunktion der Vergangenheit zeichnet sich durch die Referenz auf historische Begebenheiten aus, die als Grundlage für eine Neubewertung der Gegenwart dienen. Im Sinne Hessels wird die Historie zur Legitimationsgrundlage für das Postulat, die Gegenwart und damit zugleich auch die Geschichte zu ändern. Eng damit verbunden ist auch das literarische Engagement. Die engagierte Literatur zeugt meist von einem offenen politischen Diskurs. Der Rekurs auf die Vergangenheit kann dabei – wie es in vielen Historienromanen der Fall ist – schmuckvoll ausgestaltet sein. Hierbei soll vor allem das Spannungsverhältnis zwischen Historienkulisse, die lediglich Selbstzweck sein kann und auf diese Weise eine potentielle Appellfunktion überschreibt, und gesellschaftlichem Engagement thematisiert werden. Des Weiteren soll die Revolution als historische Zäsur genauer in den Blick genommen werden. Auf welche Weise geschichtliche Umbrüche literarisch gespiegelt werden, ist entsprechend eine der leitenden Fragestellungen des Bandes. Bei dem sogenannten kontrafaktischen Erzählen liegt der Fokus auf der Neuschreibung der Geschichte. Dem offiziellen Geschichtsdiskurs wird ein alternativer Entwurf entgegengesetzt. Diese Schwerpunkte sind kennzeichnend für die narrativen Tendenzen der Gegenwartsliteratur im späten 20. und frühen 21. Jahrhundert. Ausgehend von dieser thematischen Eingrenzung bilden die vier Blöcke den Rahmen der verschiedenen Beiträge.

In dem ersten Teil „Die dritte Generation“ steht die Appellfunktion der Vergangenheit im Fokus der Aufmerksamkeit. Karin Peters untersucht die argentinische Vergangenheitsbewältigung in Alan

Pauls Triptychon, das aus den Romanen *Historia del llanto. Un testimonio* (2007), *Historia del pelo* (2010) und *Historia del dinero* (2013) besteht. Die Autorin beschreibt das Erzählen von Geschichte als mikroskopische Tätigkeit, welche sich durch das Nebeneinander von individuellem und öffentlichem Diskurs auszeichnet. Besondere Aufmerksamkeit gilt dabei der Verdinglichung, der Konzentration auf die alltäglichen Gegenstände, womit eine Entfamiliarisierung des Alltäglichen einhergeht. Der darauf folgende Beitrag von Ulrike Pfeifer beschäftigt sich mit der Vergangenheitsbewältigung in der spanischen Erzählliteratur des 21. Jahrhunderts am Beispiel von Almudena Grandes' *El corazón helado* (2007). Pfeifer zeigt, inwiefern die Rolle des Bösen im Hinblick auf die franquistischen und falangistischen Verbrechen reflektiert wird, wobei sie der Vermischung von literarischer Fiktion mit Tatsachenberichten besondere Aufmerksamkeit schenkt.
Brahim Moussa untersucht in dem zweiten Teil des Bandes „Zwischen Historienkulisse und engagierter Literatur" Jenny Erpenbecks *Heimsuchung* (2007) und Helmut Kraussers *Eros* (2005). Der Autor setzt sich mit dem problematischen Verhältnis von historischem Material und seiner literarischen Verarbeitung auseinander. Über den Begriff ‚Enthistorisierung' wird im Rekurs auf die postmoderne Geschichtsphilosophie und den unzuverlässigen Erzähler nachgedacht. An diesen Beitrag schließt Erik Schillings Aufsatz über Umberto Ecos Roman *La misteriosa fiamma della regina Loana* (2004) an. Der Autor skizziert am Beispiel von Ecos Text die Formen narrativer Historiographie im 21. Jahrhundert. Zugleich fragt er nach einem engagierten Umgang mit der Historie und der Möglichkeit, die Grenzen der Geschichtsschreibung im 21. Jahrhundert auszuloten.
Den dritten Teil „Peripherie, Revolution und Zäsur" eröffnet Isabell Lammels Beitrag über die Figur des Revolutionärs Toussaint Louverture. Die Autorin analysiert die Funktionalisierung des haitianischen Helden in Jacques Vénuleths Kinderbuch *Toussaint Louverture* (2011) sowie in dem gleichnamigen Film (2012) des Regisseurs Philippe Niang. Hierbei werden postkoloniale Fragestellungen im Rekurs auf Frankreichs Kolonial- und Erinnerungspolitik verfolgt. Der Frage nach Identität kommt besondere Bedeutung zu. Jasmin Marjam Rezai Dubiel reflektiert ausgehend von der Bewegung des „Arabischen Frühlings" über die Frage nach dem Sinn und dem Ende der Geschichte im Iran des 21. Jahrhunderts, der literaturgeschichtlich überwiegend durch die Exilliteratur geprägt ist. Die Autorin fragt

nach der Bedeutung der islamischen Geschichtstheologie sowohl für die Vergangenheit als auch für die Gegenwart. Dabei wird die Kurzgeschichte *Die vierzehn Heiligen I* von Houshang Golshiri (1975) in einen historischen und theologischen Kontext eingeordnet. Der Text dient Rezai Dubiel als Beispiel für eine oppositionelle Kritik an der Zwölferschia im Iran. Zugleich ist die Erzählung Grundlage für den Vergleich mit narrativen Tendenzen des 21. Jahrhunderts. Kai Fischer behandelt die literarische Verarbeitung der haitianischen Revolution. Im Sinne einer ‚undisziplinierten Geschichte' liest der Autor Heiner Müllers Drama *Der Auftrag* (1980) neu. Gefragt wird außerdem nach der Funktion einer alternativen Geschichtsschreibung und deren Bedeutung für jene, die vom offiziellen Geschichts- und Gedächtnisdiskurs ausgeschlossen sind.
Der letzte Teil „Literatur als andere Geschichtsschreibung" beginnt mit dem Beitrag von Christian Sternad über die häretische Geschichtsschreibung des französischen Philosophen Jacques Rancière, dessen Werke von der Geschichtswissenschaft bisher kaum beachtet wurden. Rancières Hauptwerk *Die Namen der Geschichte* (1992) bildet den Ausgangspunkt für Sternads Reflexionen über eine kritisch ‚häretische' Geschichtsschreibung. Den Abschluss des Sammelbandes bildet Maria Hinzmanns Aufsatz über die medialen Repräsentationen transkultureller Geschichte(n) in Lukas Hartmanns *Bis ans Ende der Meere* (2009). Zunächst steht die Auseinandersetzung mit der Bild- und Textentstehungsgeschichte im Zentrum der Aufmerksamkeit. Anschließend thematisiert die Autorin die Bedeutung einer selbstreflexiven Ebene im Roman und erörtert die Problematik der Konstruktion von nationaler Identität im historischen Roman.

Herzlich danken möchte ich insbesondere der Gutenberg-Akademie der Johannes Gutenberg-Universität Mainz. Ihre ideelle und finanzielle Unterstützung hat die Veröffentlichung erst ermöglicht. Dankbarkeit schulde ich auch den Autor_innen für ihr Engagement und ihre Mühe bei der Erstellung dieses Sammelbandes sowie Simone Schröder für die Erarbeitung der konzeptionellen Ausrichtung des Themas. Dank gebührt zudem dem Neofelis-Verlag für seine Unterstützung und seinen Einsatz.

I.
Zwischen Historienkulisse und engagierter Literatur

Das Verschwinden der Dinge
Zur Entfamiliarisierung des Alltäglichen im argentinischen Triptychon von Alan Pauls

Karin Peters

> Es probable que eso sea el infierno: ese aire que sobrevive, intacto, a la desaparición de todas las cosas, y que envuelve como una esfera diáfana el espectáculo de un derrumbe personal.[1]
>
> (Alan Pauls: *Wasabi*, 1994)

1. *Objets trouvés* der Geschichte

Alan Pauls zählt zu den anerkanntesten[2] und zugleich erfolgreichsten argentinischen Schriftstellern der Gegenwart. Dem 54-jährigen Literaturwissenschaftler, Publizist und Drehbuchautor gelang 2003 mit dem Liebesroman *El pasado* (*Die Vergangenheit*) auch international der Durchbruch.[3] Danach verfasste er eine Art Triptychon der 1970er Jahre, also der Zeit kurz vor der endgültigen Machtergreifung der Militärs im Jahr 1976. Das Paul'sche Triptychon über das historische Vorspiel der Diktatur setzt sich aus drei Romanen zusammen: *Historia*

1 „Wahrscheinlich ist das die Hölle: diese Luft, die das Verschwinden aller Dinge überlebt, unberührt, und die das Spektakel eines persönlichen Absturzes wie eine durchsichtige Sphäre umhüllt." Wenn nicht anders angegeben, stammen die Übersetzungen ins Deutsche in diesem Aufsatz von der Verfasserin.

2 Vgl. die vielfach zitierte Aussage von Roberto Bolaño: „uno de los mejores escritores latinoamericanos vivos" und „monstruo perfecto"; („einer der besten heute lebenden lateinamerikanischen Autoren" und „perfektes Monstrum", Roberto Bolaño: Ese extraño señor Alan Pauls. 04.11.2003. http://elpais.com/diario/2003/11/04/cultura/1067900405_850215.html (Zugriff am 29.01.2013).)

3 Wie viele argentinische Autoren der Gegenwart wurde Pauls wesentlich durch den Herausgeber des Verlagshauses Anagrama, Jorge Herralde, gefördert. Für *El pasado* erhielt er 2003 den Premio Herralde.

del llanto. Un testimonio (*Geschichte der Tränen. Ein Zeugnis*, 2007), *Historia del pelo* (*Geschichte der Haare*, 2010) und *Historia del dinero* (*Geschichte des Geldes*, 2013).[4] Obwohl die Texte immer schon die Geschichte im Titel tragen, vermeidet Pauls eine historiographische Analyse der Epoche. Stattdessen wählt er drei *objets trouvés* – Tränen, Haare, Geld – oder wie er sagt: drei ‚Geschichtsfossilien', um daran eine Archäologie der Passionen und Obsessionen zu entwickeln. In einem Interview aus dem Jahr 2010 schildert er sein Vorhaben mit den folgenden Worten:

> […] I did not want to approach the period through the usual front doors: heroes and victims, good guys and bad guys, dreamers and killers. So I've chosen some arbitrary rear, minor, non direct entries: tears, hair, money. Three small things we posess [sic!] and we loose [sic!], defined precisely by this having and losing dialectics. Three *objets trouvés*, three „historical fossils" in which I – like an archaeologist – read the whole seventies period. I am trying to approach history through a blend of intimacy and politics.[5]

Das Erzählen von Geschichte nimmt hier den Charakter einer mikroskopischen Tätigkeit an, die das Intime, Individuelle über bzw. neben das Allgemeine, Öffentliche und Politische stellt. Diese Art des Schreibens verweigert es den Protagonisten von Pauls' Romanen, zu Helden zu werden,[6] ja überhaupt anders in Erscheinung zu treten als in Bezug auf die *objets trouvés*. Auch soziale Beziehungen werden nur über diese willkürlichen Objekte gestiftet – können sich aber ebenso schnell wieder auflösen, etwa nach dieser Art: Ein Haarfetischist geht zu einem neuen Friseur, der sich als wahres Genie entpuppt, und bittet diesen zu sich nach Hause, als er seine Arbeitsstelle verliert und nicht mehr im Salon schneiden darf. Das Schneiden der Haare ist für den Einen schiere Erlösung und Anlass für zahlreiche Erinnerungen an seine Jugend in den 70er Jahren, für den Anderen

4 Zitiert wird nach folgenden Ausgaben jeweils unter Angabe der genannten Sigle: Alan Pauls: *Historia del llanto. Un testimonio* [HL]. Barcelona: Anagrama 2007; ders.: *Historia del pelo* [HP]. Barcelona: Anagrama 2010; ders.: *Historia del dinero* [HD]. Barcelona: Anagrama 2013.

5 An Interview with Alan Pauls by Marvin Kleinemeier. http://www.wilde-leser.de/?p=1377 (Zugriff am 28.01.2013).

6 Bezeichnenderweise dekonstruiert Pauls bereits auf den ersten Seiten der *Historia del llanto* das heldische Vorbild Superman, wenn der junge Protagonist sich so weit über seine Comics beugt, „para dejarse obnubilar por colores y formas" des „héroe absoluto", dass die Kontur der Figur im konfusen Farbeindruck verläuft (vgl. HL, S. 9). Von einem Protagonisten der *Historia del pelo* heißt es, er sei „el triste héroe invisible" (HP, S. 171).

die profane Gelegenheit, eine Perücke zu stehlen, um diese wiederum gegen ein wertvolles historisches Sammlerstück auszutauschen, das er bei einem anderen ‚Freund' in der Wohnung entdeckt hat: die Perücke einer Guerillakämpferin namens Norma Arrostito, die ein aus dem Exil zurückgekehrter *Veterano de guerra* zu Geld machen will. Über die Zirkulation von Haaren verketten sich drei individuelle Schicksale, ohne dass die Erzählung selbst dadurch eine echte Entwicklung nähme. Die einzige Erkenntnis, mit der die Leser zuletzt entlassen werden, ist die Tatsache, dass jede kontingente Begegnung den Keim eines Verrats in sich birgt.

Dabei wird erzählter Geschichte nicht nur ihre Handlungslogik genommen; Pauls verleiht seinen Texten auch eine besondere literarische Dichte („el espesor de la literatura"[7]). Gegen die Durchsichtigkeit auf einen „contenido puro", einen reinen Inhalt der Geschichte und gegen die Lesbarkeit eines schlüssigen Plots setzt er die Oberfläche seiner Texte als einen „reflejo beligerante", einen kämpferischen, widerständigen ‚Widerschein'.[8] Jeder, der sich schon einmal an der Lektüre seiner Texte versucht hat, weiß, wovon die Rede ist: Immer wieder begegnen darin seitenlange Schlauchsätze, syntaktische Verrenkungen, Perspektivwechsel, Zeitsprünge und Digressionen, die den zunächst banal wirkenden Erzählgegenstand verschatten. Wiegt er sich zuerst in der Sicherheit fragmentarischer Kindheitserinnerungen, ist der Leser aufgrund der großen Nähe zu den Figuren und des oft vollständigen Fehlens einer autarken Erzählerperspektive schnell verloren in einer Menge konfuser Eindrücke. Aus dieser verrätselten Welt steigt nur punktuell und wie aus der Büchse der Pandora blitzartig das Faktische der Geschichte hervor. Pauls schließt formal damit an die stilbewusste Opazität der modernen Ästhetik an, die der Durchsichtigkeit literarischer Sprache auf einen historischen Gehalt misstraut.

Pauls' Texte stellen sich also in die Tradition jener modernistischen Opazität, die Ortega y Gasset 1925 als *deshumanziación del arte* bezeichnet hatte:[9] Stellen Sie sich ein Fenster vor, so lädt Ortega y Gasset

7 Alan Pauls, sobre Kirchner, los 70 y su nuevo libro. http://www.taringa.net/posts/info/7487947/Alan-Pauls_-sobre-Kirchner_-los-70-y-su-nuevo-libro.html (Zugriff am 28.01.2013).

8 Ebd.

9 José Ortega y Gasset: La deshumanización del arte y otros ensayos de estética. In: Ders.: *Obras completas*, Bd. 3. Madrid: Revista de Occidente 1963, S. 353–386.

ein, das auf einen Garten hinausgeht.[10] Wenn Sie durch dessen Scheibe hindurch sehen, können Sie entweder die Pflanzen dahinter sehen – den *contenido* eines Objekts der Wahrnehmung – , oder aber den Blick verschieben und das Medium der möglichen Wahrnehmung, das Fensterglas selbst, in den Blick nehmen. Diese möglichen Operationen schließen sich wechselseitig aus; und ebenso, wie man nicht gleichzeitig das Glas und den Garten sehen kann, so könne man Ortega y Gasset zufolge in der Literatur nicht zugleich einen Inhalt und die Form des Textes in den Mittelpunkt stellen. In der Moderne vor allem habe sich der Blick immer stärker auf die Ebene der Signifikanten verschoben: So geraten die Brechungen und Spiegelreflexe der Textur anstelle des *contenido* in den Fokus. Deshalb verwundert es nicht, dass der erste Roman der Reihe mit einem Tribut an Ortega y Gasset einsetzt: Die Eingangsszene spielt in einer Wohnung, die in Buenos Aires in der Straße namens „Ortega y Gasset" (vgl. HL, S. 7) liegt und aus der der vierjährige Protagonist durch das Fenster einer Balkontür springt, bis er mit blutenden Händen zwischen den Blumentöpfen landet:

> [É]l cruza la sala a toda carrera, vestido con el patético traje de Superman que acaban de regalarle, y con los brazos extendidos hacia adelante, en una burda simulación de vuelo, pato entablillado, momia o sonámbulo, atraviesa y hace pedazos el vidrio de la puerta-ventana que da al balcón. Un segundo después vuelve en sí como de un desmayo. Se descubre de pie entre macetas, apenas un poco acalorado y temblando. Se mira las manos y ve como dibujados dos o tres hilitos de sangre que le recorren las palmas. (HL, S. 8)[11]

10 „Angenommen wir betrachteten einen Garten durch eine Fensterscheibe. Unser Auge wird sich so einstellen, daß der Sehstrahl das Glas ohne Aufenthalt durchdringt, um sich in Blumen und Laub zu verfangen. Je klarer das Glas, um so weniger sehen wir es. Aber nun stellen wir uns um; wir sehen vom Garten ab; wir ziehen den Sehstrahl zurück und richten ihn auf das Glas. Alsbald verschwimmt der Garten für unser Auge; wir sehen von ihm nur Massen undeutlicher Farbe, die hinter der Scheibe zu kleben scheinen. Den Garten sehen und das Glas des Fensters sehen, sind zwei unverträgliche Akte; der eine schließt den andern aus; sie verlangen verschiedene Augeneinstellung." (José Ortega y Gasset: Die Vertreibung des Menschen aus der Kunst. In: Ders.: *Die Aufgabe unserer Zeit*, aus d. Span. v. Helene Weyl. Stuttgart / Berlin: DVA 1930, S. 111–162, hier S. 120–121.)

11 „[…] schießt er in seinem grotesken Supermannkostüm, das er gerade geschenkt bekommen hat, wie der Blitz durchs Zimmer und mit ausgestreckten Armen in plump simuliertem Flug, Mumie, Schlafwandler oder Ente in Gips, durch die in tausend Stücke zerberstende Glasscheibe der Balkontür. Eine Sekunde später kommt er zu sich wie nach einer Ohnmacht. Er steht zwischen Blumentöpfen, nur etwas erhitzt und zittrig. Er betrachtet seine Hände und sieht zwei oder drei Blutsfäden, die sich wie gemalt über die Handflächen ziehen." (Alan Pauls: *Geschichte der Tränen*, aus d. Span. v. Christian Hansen. Stuttgart: Klett-Cotta 2010, hier S. 5–6.)

Die Szene ist bemerkenswert, denn gewaltsam wird hier die Grenze zwischen dem Selbst und der Welt überschritten. Das Zerbrechen des Glases verursacht eine Ohnmacht – „un desmayo“ – und kann nicht in erzählbare Erfahrung übersetzt werden. Was bleibt, ist nicht etwa der nahe Blick auf die Außenwelt, sondern vielmehr der Blick der Figur auf sich selbst, ein Rückzug auf den Körper, die Empfindung, eine mikroskopische Aufnahme einer blutenden Hand, auf der „zwei oder drei Blutfäden“ hinunterlaufen. So lenkt die Erzählung den Blick auf den blutenden Körper, der nach der gescheiterten Simulation des Heldenhabitus zurückbleibt und immer wieder als vernarbter, erinnernder Körper im Roman thematisiert werden wird. Hinter dem Glas scheint das Menschliche selbst hervorzuspringen; damit ist das Programm für den nun folgenden Roman gesetzt. Es handelt sich hier also nicht um einen rein texturverliebten Text, sondern – so die These – die Erzähltechniken und Schreibweisen, die Pauls zum Einsatz bringt, wagen doch den Ausgang aus der *deshumanización*. Deshalb wird die Wahrnehmung selbst hier zum Objekt der Wahrnehmung; auch in der Folge werden die Romane den Figuren über die Schulter schauen und sie dabei beobachten, wie sie wahrnehmen, fühlen und denken. Der Erzählerkommentar dagegen bleibt ausgeschaltet, eine objektive Instanz der Wahrnehmung auf die „Libido“[12] der Epoche wird uns also verweigert.

Engagierte Literatur im Zeichen der ‚Vergangenheitsbewältigung‘ scheint mit dieser Konzentration auf die Wahrnehmung und das Ausschalten einer reflexiven Metaperspektive unvereinbar; Pauls verändert so nichts weniger als die Regeln einer bereits kodifizierten Kultur des nationalen Gedenkens. Obwohl Pauls, 1959 geboren, nicht zu einer dritten Generation *strictu sensu* gehört (schließlich war er wie sein Held des ersten Romans in den 70er Jahren bereits in der Pubertät), ist er dennoch Teil einer Art ‚dritten Generation‘: Denn die postdiktatoriale Geschichtsliteratur Argentiniens hat bis heute drei

12 Vgl. dazu: „A mí lo que me interesa de los años 70 es la primera parte de la década: la militancia, el sueño, la utopía, el delirio, el suicidio, la pasión, la intensidad, esa especie de trance. El momento en el que no podés no estar ahí adentro. *Todo eso con un nivel de libido como probablemente no haya habido nunca en la historia argentina.* La dictadura me interesa menos, ya está casi todo dicho. Pero alrededor de la época previa había zonas que quedaban afuera: había gente que decidía no militar, que tenía ideas políticas coincidentes con agrupaciones revolucionarias pero que no participaban del proyecto de tomar las armas.“ (Alan Pauls, sobre Kirchner, los 70 y su nuevo libro. Hervorhebung d. Verf.)

große Etappen durchlaufen. In den achtziger Jahren dominiert die Testimonial- und Traumaliteratur. Ab den neunziger Jahren setzen sich insbesondere mit Ricardo Piglia opake Allegorien auf die Nationalgeschichte im Gewand intertextuell verschlüsselter Romane wie Piglias *La ciudad ausente* (*Die abwesende Stadt*, 1992) durch. Die zeitgenössische Literatur dagegen entwickelt seit der Jahrtausendwende eine andere Ästhetik. Spät- oder Nachgeborene wie Martín Kohan, Carlos Busqued und Félix Bruzzone, die selbst erst in oder gegen Ende der Diktatur geboren wurden, verabschieden sich in ihrer historischen Prosa (etwa Kohans *Zweimal Juni*, 2002, oder *Sittenlehre*, 2007, bzw. die Romane *Unter dieser furchterregenden Sonne* von Busqued und die Erzählsammlung *76* von Bruzzone, beide 2008) von früheren Formen des Erzählens: sowohl vom Pathos[13] des *testimonio*, das auf ein anklagendes Autorenbewusstsein durchsichtig sein will – Pauls zitiert es noch einmal ironisch im Untertitel der *Historia del llanto* –, als auch von der kühlen Distanz rein allegorischer Verschlüsselung. Der zeitgenössische historische Roman zielt vielmehr auf die Frage, wie sich die Pathologisierung einer militarisierten Überwachungsgesellschaft im permanenten Ausnahmezustand darstellen lässt und wie sie sich an die Gegenwart vermittelt hat. In den Texten, die hier das literarische Experiment nicht scheuen, steht deshalb eine Psychopathologie des Alltäglichen im Mittelpunkt – wenn auch nicht überall so ausschließlich wie im Falle von Alan Pauls. Pauls scheint sich fast vollständig von der Ereignisgeschichte zu verabschieden, wie sie in Geschichtsbüchern steht; für ihn rückt an deren Stelle die *Historia* einer argentinischen ‚Empfindsamkeit':

> Esa trama ya está sobreescrita, incluso por el libreto de la historia. A mí la política no me interesa como algo encarnado en una trama, porque automáticamente reparte funciones, papeles, valores, y yo busco centrifugar todo eso. De hecho estos tres libros tienen que ver más bien con la invención de una sensibilidad formada a la luz de los años 70 en la Argentina.[14]

13 Vgl. dazu ebenfalls: „*pathos*, ese descontrol emocional, verdadero cáncer extorsivo que impide entender nada." (HD, S. 79) Diesem wird dort allerdings durchaus mehrdeutig die kühle Emotionslosigkeit der finanziellen Logik einer Versicherungspolice entgegen gehalten, die die Vorstellung des Todes der Mutter auf reine Zahlen reduziert.

14 Alan Pauls, sobre Kirchner, los 70 y su nuevo libro. „Diese Handlung ist bereits übermäßig behandelt worden, auch von Geschichtstexten. Mich interessiert die Politik nicht als etwas, was mit einer Handlung dargestellt wird, denn diese verteilt automatisch Funktionen, Rollen, Werte, und ich versuche all das zu zentrifugieren. Tatsächlich haben diese drei Bücher mehr mit der Erfindung einer Empfindsamkeit zu tun, die sich im Schein der 70er Jahre in Argentinien gebildet hatte."

Mir erscheint besonders relevant, als Auftakt hier den von Pauls verwendeten Begriff der Zentrifuge herauszugreifen: Anders als im rein mikrogeschichtlichen Erzählen, das einen mittleren Helden am Rande der Schlachtengeschichte in den Fokus nimmt,[15] scheint im zentrifugalen Erzählen von Geschichte das Historische selbst aus dem Bild gedrängt. Im Folgenden möchte ich mich darauf konzentrieren, wie Pauls dies einsetzt, um die Epoche der 70er Jahre als Geburtsstunde einer vererbbaren[16], pathologisierten *sensibilidad* zu entwerfen, die unmittelbar in die große Hitze der Diktatur, aber auch wieder aus ihr heraus bis in die Demokratie der Gegenwart führt.

2. Entfamiliarisierung des Alltäglichen

Als Roland Barthes 1944 in „En Grèce" kurze Szenen einer Griechenlandreise notiert, steigt er statt hinauf zu den geschichtsträchtigen Monumenten Athens zuerst hinab in ein einfaches Viertel am Fuße der Akropolis: „Il y a un méchant quartier que j'aimais beaucoup ; il est situé au pied de l'Acropole ; ce ne sont que des rues marchandes, courtes et étroites, mais pleines de vie ; j'y flânais souvent."[17] Seine Straßen seien, so Barthes, voller Leben, angefüllt mit dem lebendigen Alltag der „Friseurbuden" und ihrem Schmutz und Dreck („échoppes de coiffeur" und „leur misérable saleté")[18]. Die musealen Reste der vergangenen Hochkultur auf der Akropolis dagegen haben für ihn ihre „passions"[19] verloren. Ottmar Ette bezeichnet diesen Abstieg

15 In der Mikrogeschichte, die sich ab den 1970er Jahren in der Geschichtswissenschaft als neue Disziplin etabliert, liegt vielmehr der Schwerpunkt auf der konkreten Formung des individuellen Bewusstseins am sozialen Normenhorizont; vgl. einschlägig Giovanni Levi: On Microhistory. In: Peter Burke (Hrsg.): *New Perspectives on Historical Writing.* University Park, PA.: Pennsylvania State University Press 1992, S. 93–113; Carlo Ginzburg: Mikro-Historie. Zwei oder drei Dinge, die ich von ihr weiß. In: *Historische Anthropologie* 1 (1993), S. 169–192. Zum mikrogeschichtlichen Erzählen in Argentinien siehe Karin Peters: *La narración narcotizada.* Überreizung und Anästhesie des Erzählens im zeitgenössischen argentinischen Diktaturroman. In: Kurt Hahn / Matthias Hausmann (Hrsg.): *ErzählMacht. Narrative Politiken des Imaginären.* Würzburg: Königshausen & Neumann 2013, S. 183–203.

16 „El modo en que hoy todavía seguimos siendo herederos de esa cultura tiene que ver con que seguimos chapoteando en una sensibilidad, en un modo de percepción." (Alan Pauls, sobre Kirchner, los 70 y su nuevo libro.)

17 Roland Barthes: En Grèce [Orig.: *Existences*, 1944]. In: Ders.: *Œuvres complètes. Nouvelle édition revue, corrigée et présentée par Éric Marty*, Bd. I. Paris: Seuil 2002, S. 68–74, hier S. 69.

18 Ebd., S. 68.

19 „[L]a violence des tragédies, leurs crimes, leurs transes, leurs pleurs, leurs ardeurs, leurs nausées et l'exaltation de leurs passions morales". (Ebd., S. 69.)

aus dem ‚gekühlten' Pathos des Monuments in das einfache Pathos des Alltags als „*LebensText*, der sich auf die Suche nach dem prallen Leben jenseits des Erwartbaren und der Repetition, der starren und sterilen Wiederholung, begeben hat"[20]. Das Alltagsleben bildet hier einen Gegenentwurf zum Erinnerungsmonopol des archivierenden Museums, wenn es um die Identität der Kultur geht.

Anders als zu erwarten wäre, muss Alltag also nicht mit Routine im Bunde sein. An die Stelle des sterilen Alltäglichen kann in der Literatur eine unerwartete Lebendigkeit der kleinen Handlungen und banalen Objekte treten. Gerade im historischen Roman ist eine ungewöhnliche Konzentration auf den Alltag mithin verdächtig, weil die Gattung traditionellerweise im Alltäglichen nur die *couleur locale* oder das Exemplarische der Epoche sucht. Sieht man genauer hin, wird jedoch auch die alltäglichste Handlung fremd, unheimlich, entautomatisiert. Die Entautomatisierung ihrerseits hat bekanntlich Viktor Sklovskij als Spezifikum des künstlerischen Blicks auf die Welt beschrieben. In „Die Kunst als Verfahren" erläutert er, dass die Kunst dort ansetzt, wo automatisierte Handlungen[21] unsere Wahrnehmung der Welt getrübt haben, denn:

> So kommt das Leben abhanden und verwandelt sich in nichts. Die Automatisierung frißt die Dinge, die Kleidung, die Möbel, die Frau und den Schrecken des Krieges. [...] Und gerade, um das Empfinden des Lebens wiederherzustellen, um die Dinge zu fühlen, um den Stein steinern zu machen, existiert das, was man Kunst nennt. Ziel der Kunst ist es, ein Empfinden des Gegenstandes zu vermitteln, als Sehen, und nicht als Wiedererkennen; das Verfahren der Kunst ist das Verfahren der „Verfremdung" der Dinge und das Verfahren der erschwerten Form, ein Verfahren, das die Schwierigkeit und Länge der Wahrnehmung steigert, denn der Wahrnehmungsprozeß ist in der Kunst Selbstzweck und muß verlängert werden [...].[22]

Für Pauls, der die Texte von Roland Barthes sehr genau kennt[23] und der im Literarischen immer wieder die moderne Kunst der

20 Ottmar Ette: *LebensZeichen. Roland Barthes zur Einführung.* Hamburg: Junius 2011, S. 38.

21 „Wenn wir uns über die allgemeinen Gesetze der Wahrnehmung klar werden, dann sehen wir, daß Handlungen, wenn man sich an sie gewöhnt hat, automatisch werden." (Viktor Sklovskij: Die Kunst als Verfahren. In: Jurij Striedter (Hrsg.): *Russischer Formalismus. Texte zur allgemeinen Literaturtheorie und zur Theorie der Prosa.* München: Fink 1994, S. 4–35, hier S. 11.)

22 Ebd., S. 15.

23 Vgl. etwa Alan Pauls: Prefacio a la edición en español. In: Roland Barthes: *Cómo vivir juntos.* Buenos Aires: Siglo XXI 2003, S. 11–21. Bemerkenswerterweise steigt Pauls hier in seine Analyse mit der Frage nach dem Affekt der „Angst" ein und hebt

Entautomatisierung zum Einsatz bringt, entpuppt sich wohl deshalb das Alltägliche als *plus plein de vie*, weil dort die Automatisierung einer immer schon archivierten Geschichte – der Blick auf die nationale Vergangenheit – durchbrochen werden kann. Das bedarf der Erklärung, es ist nämlich keineswegs sofort einsichtig, warum Geschichte automatisiert und Alltag entautomatisiert sein soll. Paradoxerweise entwickelt jener Bereich des menschlichen Lebens, der vielleicht am meisten durch die Automatisierung von Handlungen geprägt ist: das Alltägliche, ein ungekanntes Verfremdungspotential, wenn es um das Erzählen von Geschichte geht. Denn die Geschichtsschreibung der Makro- oder Schlachtengeschichte hebt an Stelle der wiederholten Handlung gerade die einzigartige, individuelle und bemerkenswerte Handlung hervor. Mikrogeschichtliche Historiographie dagegen, wie sie von Ginzburg und Levi propagiert wurde, betrachtet den exemplarischen Alltag nur im Sinne des ‚normalen Einzelfalls'. Bei Pauls jedoch wird sowohl makro- als auch mikrogeschichtliches Erzählen aus den Angeln gehoben: In seinen Romanen werden monumentale Einzelereignisse meist medial vermittelt – durch Fernsehbilder – oder aus einer bereits nur noch erinnernden Perspektive geschildert; ein universalisierbarer Alltagshorizont fehlt, da alles auf die Genese einzigartiger Obsessionen und Affektschicksale ausgerichtet ist. An die Stelle des Geschichtlichen setzen seine Texte verfremdete alltägliche Handlungen, die – obzwar sie wiederholbar sind – in der individuellen Psychopathologie seiner Figuren im besten Freudianischen Sinne ‚un-heimlich' werden.[24] Eindrückliches Beispiel ist das profane Ritual des Haareschneidens, das in der *Historia del pelo* zur fast mythischen Szene von Tod und Wiedergeburt gerinnt. Gerade in denjenigen Sequenzen, die dem Schneiden des Haars gewidmet sind, wird Wahrnehmung maximal gesteigert und, wie Sklovskij sagt, verlängert:

> *Tzic tzic tzic.* Oye el zumbido de las alitas del colibrí, esa vibración microscópica, como de libélula en vuelo, que embellece una a una las ceremonias fúnebres con que se despide su viejo pelo vencido. Oye y no sólo eso: *es* lo que oye. (HP, S. 121)[25]

anschließend auf Barthes' Rückzug aus der politisch erhitzten Welt der französischen 70er Jahre in seine anachronistischen Obsessionen ab.

24 Vgl. dazu einschlägig Sigmund Freud: Das Unheimliche [1919]. In: Ders.: *Gesammelte Werke*, Bd. XII. Frankfurt am Main: Fischer 1999, S. 227–278.

25 „Tschik Tschik Tschik. Er hört die Kolibriflügel surren, die an eine fliegende Libelle erinnernde mikroskopische Vibration, die nacheinander alle Totenfeiern verschönert, mit denen er sein altes, abgelaufenes Haar verabschiedet. Er hört, und

Auf die sensuelle Lautqualität der Onomatopoeisis – „*Tzic tzic tzic.*" – folgt die Beschreibung dieses akustischen Reizes: Die Schere wird dem Bereich des Lebendigen anverwandelt – Kolibri und Libelle – und ihre Bewegung bis ins kleinste, bis in ihre mikroskopische Vibration hinein spürbar. Das Subjekt versenkt sich somit in den reinen Akt der Wahrnehmung und das Hören „lo ensimisma" (HP, S. 120), schließt es in das eigene Selbst ein. Aufgrund dieses verfremdenden Blicks auf das Vertraute halte ich hier auch nicht nur den Begriff der Entautomatisierung, sondern den der Entfamiliarisierung für angezeigt. Im Spanischen heißt *familiarizarse* sich vertraut machen, anfreunden oder an etwas gewöhnen; das Adjektiv *familiar* bedeutet vertraut und vertraulich. Mehr noch als das Automatische ist das Vertraut-Vertrauliche dem Schicksal anheim gegeben, unheimlich zu werden – hier etwa wird das betörende Surren der Kolibrischere zur Ankündigung des Todes. Die spezifische Unheimlichkeit des Friseurbesuchs offenbart sich dem Leser der *Historia del pelo* gleich auf der ersten Seite: Dort verwandelt sich der Alltag in ein zugleich erotisch reizvolles Abenteuer als auch eine schier lebensgefährliche Bedrohung.

> Le lavan el pelo. Está boca arriba, con la nuca apoyada en la canaleta de plástico. Aunque está incómodo y le duelen las cervicales, y lo inquieta un poco la desaprensión con que su garganta parece ofrecerse al tajo del primer degollador que le salga al cruce, el masaje de los dedos, la dulce nube de perfume vegetal que se desprende de su cabeza y la presión de los chorros de agua tibia lo embriagan, transportándolo de a poco hacia una especie de ensueño. (HP, S. 9)[26]

Auffällig daran ist, wie am alltäglichen Gegenstand bzw. der alltäglichen Praxis eine intrikate Isotopie gebildet wird, die semantisch Tod, Erotik und Schlaf verbindet; dies setzt sich wie gesehen später im Bild fort, dem fallenden Haar werde eine „Totenfeier" ausgerichtet. Enden wird die *Historia del Pelo* mit dem todkranken Freund des Haarfetischisten, dem durch die chemotherapeutische Behandlung die schlohweißen Haare bereits auszufallen beginnen und der im Krankenhaus im Sterben liegt. Auf der anderen Seite verdichtet

nicht nur das: Er ist, was er hört." (Alan Pauls: *Geschichte der Haare*, aus d. Span. v. Christian Hansen. Stuttgart: Klett-Cotta 2012, S. 139.)

26 „Man wäscht ihm die Haare. Er liegt zurückgelehnt mit dem Nacken auf dem Beckenrand. Obwohl es unbequem und für die Halswirbel schmerzhaft ist und ihm die Sorglosigkeit etwas zu denken gibt, mit der sich seine Kehle dem Hieb jedes zufällig vorbeikommenden Halsabschneiders förmlich aufzudrängen scheint, gelingt es den massierenden Fingern, der von seinem Kopf aufsteigenden Wolke süßlichen Pflanzenduft und dem Druck des warmen Wasserstrahls, ihn zu berauschen und nach und nach in eine Art Dämmerzustand zu versetzen." (Ebd., S. 7.)

sich das Bild der Haare in der Perücke der toten Guerillakämpferin, die mit der Handlung des Romans selbst nichts zu tun hat. Im Übrigen ist die Metapher des Haares insgesamt in keiner Weise eindeutig kodiert. Die Haare sind zugleich Symbol für Schuld[27], Unschuld[28], Tod[29], Leben[30], Jugend, Alter[31], Freundschaft und Verrat[32]. Sie sind paranoide, bipolare Zeichen.

Deshalb handelt es sich bei den Texten von Pauls auch nicht um eine formale Weiterführung derjenigen Tradition, die aus der pathetischen Bezeugungsgeste der *Testimonios* und mithin aus der juristischen Aufarbeitung der nationalen Geschichte entstanden ist. Vielmehr wird hier der Status des erlebenden Subjekts und seiner Beziehung zu Anderen als ‚paranoide' Geschichte in den Mittelpunkt gestellt. Pauls selbst hat diese Geschichte des Empfindens eine „clínica literaria"[33] genannt und sieht in seinem Triptychon den Versuch, eine „modificación de la percepción", oder besser gesagt: „de la condición de percepción"[34] abzubilden. Die *sensibilidad* und gesteigerte Wahrnehmung der männlichen Protagonisten (einem jeweils namenlosen „él", hinter dem sich zumindest teilweise durchaus in Gestalt einer Autofiktion der

27 Nicht nur als Accessoire der Entführung von General Aramburu (vgl. HP, S. 185), sondern insb. auch in der persönlichen Geschichte des Protagonisten, dessen Eifersucht Monti gegenüber bspw. im eigenen Überlebenswillen der weiter wachsenden Haare ausgedrückt wird (vgl. HP, S. 139–140).

28 Vgl.: „a su cuerpo le ha crecido una parte nueva, todo un paño de piel virgen, flamante, sin edad, todavía incluso sin poros, que enfunda su cráneo como las medias de landa enfundan las hormas de madera con las que su madre zurce en París a poco de llegar" (HP, S. 176).

29 Vgl.: „el punto más alto del milagro, porque el pelo que les crece a los muertos crece *en el mundo* de los vivos" (HP, S. 179).

30 „Le parece que el pelo es lo único que resiste, lo único de lo que se puede decir sin ironía, más que de los huesos, siempre roídos, comidos por la enfermedad y el tiempo, que sobrevive." (HP, S. 139)

31 Vgl. etwa: „que tener pelo es una condena porque es tener la posibilidad de perderlo", „la evidencia de que tener pelo, además, es tener que cortárselo, que cortárselo es exactamente lo contrario de perderlo, porque se pierde el pelo una sola vez y para siempre, de manera definitiva, igual que se encanece de la noche a la mañana por obra de un trauma o un golpe de terror, mientras que un corte no es más que el punto de partida de una serie, la primera de un reguero infinito de repeticiones" (HP, S. 54).

32 Nachdem der Protagonist seinen todkranken Freund im Krankenhaus besucht hat, lässt er sich in der allerletzten Szene die Haare rasieren, um sie mitzunehmen – vielleicht um daraus eine Perücke anfertigen zu lassen (vgl. HP, S. 193).

33 ALAN PAULS 11/20 WASABI. http://www.youtube.com/watch?v=qe74OXx4qeE (Zugriff am 28.01.2013).

34 Ebd.

Autor und seine Erinnerungen an die Kindheit und Jugend verstecken mögen) drängen sich dabei bezeichnenderweise immer wieder *zwischen* die Figuren und verhindern eine direkte Gefühlseinfühlung. So greift die Entautomatisierung und Entfamiliarisierung schließlich selbst dann, als der Protagonist der *Historia del pelo* von der Krebserkrankung seines Freundes Monti erfährt:

> Lo deja hablar: siempre lo pasman esa capacidad de escupir preguntas que se acumulan sin esperar respuesta, ese entusiasmo reflejo, como de máquina averiada. Siente en el cuerpo una gravedad errática, sin dirección, que no entiende del todo pero que le inspira una vaga inquietud. Busca un punto donde apoyarse; reclina la cadera contra el costado de su auto y queda con el sol de frente y Monti intercalado en el medio, de modo que cuando los árboles apantallan la luz su rostro aparece nítido, definido, con esa precisión tenue que se come el contraluz cuando no logran filtrarla. Ahora que apoya con disimulo una mano sobre el marco del techo del coche reconoce la sensación que acaba de marearlo. La chapa, la tersura imposible, sin arrugas ni pliegues, como de otro mundo, de la chapa. La inhumanidad absoluta del metal. (HP, S. 132)[35]

Nicht die absolute Menschlichkeit der Nachricht vom Tode sondern die „absolute Unmenschlichkeit" des Metalls erregt hier ein ‚unheimliches' Gefühl: Der Text verschiebt somit den Affekt auf einen Nebenschauplatz und schließt die Figur in einen „schalltoten, gegen die Welt der sozialen Resonanzen abgeschotteten Raum"[36] ein. Daher muss es nicht wundernehmen, dass jede soziale Beziehung im zweiten Roman der Reihe als „sutil infierno de culpa y tristeza" (HP, S. 86), als „jene subtile, aus Schuld und Traurigkeit gesponnene Hölle",[37] bezeichnet wird.

Will man Martin von Koppenfels Glauben schenken, so schreibt der moderne Roman die Geschichte eines ‚Gefühls des Gefühlsentzugs'.

35 „Er lässt ihn reden: Jedes Mal verblüfft ihn diese Fähigkeit, Fragen auszuspucken, die ohne Antworterwartung auflaufen, diese reflexhafte Begeisterung wie aus einer stotternden Maschine. Richtungslos durchzieht ein Gefühl der Schwere seinen Körper, das er sich nicht erklären kann, das ihn aber in leichte Unruhe versetzt. Er sucht etwas zum Anlehnen; nimmt seitlich mit der Hüfte Kontakt zu seinem Auto auf, steht da, mit der Sonne im Blick und Monti davor, dessen Gesicht er, wenn die Bäume das Licht abschirmen, klar definiert sieht, mit einer sanften Präzision, die das Gegenlicht auslöscht, sobald es ungefiltert einfällt. Jetzt, da er heimlich eine Hand auf den Rahmen des Autodachs stützt, erkennt er das Gefühl, das ihn eben hat schwindeln lassen. Das Blech, die unmögliche, riefen- und faltenlose Glätte des Blechs, wie nicht von dieser Welt. Die absolute Unmenschlichkeit des Metalls." (Pauls: *Haare*, S. 151–152.)

36 Martin von Koppenfels: *Immune Erzähler. Flaubert und die Affektpolitik des modernen Romans*. München: Fink 2007, S. 24.

37 Pauls: *Haare*, S. 98.

Traumatische Erfahrungen werden dabei über den Gebrauch distanzierter Erzählsituationen markiert als Gefühlskälte, die Erinnerung und Affekt dissoziiert.[38] Ein scheinbar ‚gefühlskaltes' Ich, wie es im Falle der *Historia del pelo* begegnet und das im Erinnern immer wieder *anders* oder Anderes fühlt, steht aber bereits in der Tradition des laut von Koppenfels seit Proust und Céline restituierten Ich, das mit der Ich-Erzählung zugleich auch zur Rückkehr der Darstellung von Affekten führt. Diese Erzählhaltung ist notwendigerweise pathologisch, denn: „der Blick des wieder inthronisierten Ichs ist strukturell gekrümmt, die Erzählperspektive zeigt paranoide Züge"[39]. Deshalb spricht der Gefühlsentzug – oder: die Gefühlsverschiebung auf die Ebene eines ‚klinischen Affekts' – zugleich von der Abwehr eines traumatischen Ereignisses.[40] Das Gefühl, nichts (oder anders) zu fühlen, ersetzt die „tragische Epiphanie des Pathos"[41] durch paranoide Affekte der sozialen Gefühlskälte.

Im ersten Roman von Pauls ist dies am deutlichsten ausgeführt, geht es doch dort um die plötzlich abhanden gekommene Fähigkeit, weinen zu können. In der *Historia del llanto* ist der Protagonist bereits seit frühster Kindheit mit einer *sensibilidad* ausgestattet, die ihm einen besonderen Blick auf den Schmerz erlaubt („se siente cerca del dolor", HL, S. 20; er fühlt sich „dem Schmerz nahe"[42]). So wird er im Alter von fünf Jahren zu einer Art „confidente" (HL, S. 22), dem sich die Erwachsenen mit ihren Sorgen und Tränen gerne anvertrauen. Soziale Beziehungen – gerade zum Vater – werden hier über die Währung von Geschichten und Tränen gestiftet bzw. aufrechterhalten: „Considera las lágrimas como una especie de moneda, un instrumento de intercambio con el que compra o paga cosas." (HL, S. 32) „Er betrachtet die Tränen als eine Art Währung, ein Tauschmittel, mit dem er Dinge kauft oder bezahlt."[43] Er selbst hingegen erlebt am Ende eine prägende Zäsur in dieser „escuela de la sensibilidad" (HL, S. 35), „Schule der Empfindsamkeit"[44]: Am 11. September 1973 sieht er im Alter von 13 Jahren im Haus eines Freundes die Nachrichten über den

38 Vgl. von Koppenfels: *Immune Erzähler*, S. 13.

39 Ebd., S. 34.

40 Vgl. ebd., S. 16.

41 Ebd., S. 18.

42 Pauls: *Haare*, S. 20.

43 Ebd., S. 34.

44 Ebd., S. 38.

Putsch in Chile. In diesem Moment beneidet er seinen Freund, über ein politisches – und historisches – Ereignis leidenschaftlich weinen zu können – und kann es selbst nicht.

> Envidia el llanto, desde luego, lo incontenible del llanto y todo el circo de su alrededor, los lagrimales rojo sangre, las erupciones de rubor, los accesos de hipo que sacuden a su amigo, la saña desconsolada con que se refriega las manos, el modo en que cada tanto se cubre la cara para ahogar, quizá para estimular, una nueva racha de lágrimas. Pero más que nada envidia lo cerca que su amigo está de las imágenes que lo hacen llorar […]. (HL, S. 85)[45]

Es ist gerade das Beweinen des *geschichtlichen* Ereignisses, welches hier als pathetischer ‚Zirkus' ausgestellt und diffamiert wird. Die Geschichte der Tränen ist also keine politische Geschichte, zumindest nicht auf direktem Wege. Vielmehr erzählt der Text von der affektiven Schranke, die ein diskursiviertes, öffentliches Mitleiden mit den so genannten Opfern der Geschichte verhindert und die hier nur *ex negativo* Teil der öffentlichen Geschichte ist. Franklin Rodríguez spricht daher in der *causa* Pauls auch von einer ‚Politik der Distanz', deren kritische und insofern politische Haltung in der Kritik an der ‚Politik der Nähe' bestehe.[46]

> La novela trabaja como una máquina de narrar que busca encontrar los conflictos y las fusiones entre lo sentimental y lo político. El resultado, como veremos, desencadena dos alternativas dominantes: una visión del dolor y del sufrimiento como estados cercanos a la verdad y favorables para comprender un acontecimiento, sobre todo cuando se habla de verdades políticas e íntimas, contrapuesta a una visión que privilegia los valores y posibilidades de la distancia, de la toma larga que aparenta indiferencia e insensibilidad, como alternativa para comprender un acontecimiento.[47]

45 „Natürlich ist er neidisch auf die Tränen, auf die Unbändigkeit der Tränen und ihr pompöses Gefolge, die wundgeriebenen Augen, die roten Flecken im Gesicht, die Anfälle von Schluckauf, die seinen Freund schütteln, die verzweifelte Wut, mit der er die Hände ringt, die Art, wie er sie sich von Zeit zu Zeit vors Gesicht schlägt, um eine neuerliche Flut von Tränen einzudämmen oder auch hervorzulocken. Vor allem aber beneidet er den Freund darum, wie nah er den Bildern ist, die ihn zum Weinen bringen […]." (Pauls: *Tränen*, S. 96.)

46 „Entendemos la política de la distancia como la acción de no privilegiar ninguna postura jerárquica y por el contrario hacer que estas desaparezcan o sean disimuladas en la literatura misma, y como condición de lo literario, pero al mismo tiempo sin abandonar el efecto político." (Franklin Rodríguez: La política de la distancia en la narrativa de Alan Pauls y Jorge Volpi. In: *CIEHL: Cuaderno Internacional de Estudios Humanísticos y Literatura* 14 (2010), S. 24–34, hier S. 24.)

47 Ebd., S. 25. „Der Roman arbeitet wie eine Erzählmaschine, die die Konflikte und Verschmelzungen zwischen dem Sentimentalen und dem Politischen zu finden sucht. Das Ergebnis stößt, wie wir sehen werden, zwei dominante Alternativen an: eine Vision des Schmerzes und des Leidens als Zustände nah an der Wahrheit und von Vorteil, um ein Ereignis zu verstehen, vor allem wenn man von politischen und

Allerdings ist die scheinbare Gefühllosigkeit eben nicht mit Gleichgültigkeit zu verwechseln. Direkt im Anschluss an die eben geschilderte Szene berichtet der Erzähler vom zweiten großen ‚politischen' Ereignis des Protagonisten („el segundo gran acontecimiento político de su vida", HL, S. 97): Nach fünf Monaten adoleszenter aber unschuldiger Liebe zu einer Chilenin, deren Eltern die chilenische Rechte aus dem Exil unterstützen, bricht der Held – aus politischen Gründen – mit dieser und löst damit bei ihr schier unaufhörliches Weinen aus (vgl. HL, S. 93–94). Dadurch zu guter Letzt zum eiskalten Engel gewandelt, quält wiederum die *novia chilena* einen Freund des Protagonisten, der mit ihr auszugehen beginnt und das erste Opfer *ihrer* Gefühlskälte wird. Die Geschichte der Tränen hat also durchaus einen sozialen Resonanzboden: Wie in einer Liebeskette verbindet Weinen und Nicht-Weinen die Figuren. Das politische und das sentimentale ‚Ereignis' sind in die gleiche Verkettung eingespannt, auch wenn in der Erinnerungsarbeit des Protagonisten das historische Ereignis Oberhand gewinnt:

> [...] y muchos *años después*, cuando el episodio Allende ocupa ya su lugar en el nicho, exiguo pero influyente, asignado a las tragedias históricas de las que siempre lo recuerda todo con exactitud, en particular fechas, nombres, secuencia de hechos, cifras, todo lo que sistemáticamente olvida de las tragedias personales, y el incidente de la novia chilena, eclipsado por la envergadura de la tragedia histórica, se ha evaporado como por arte de magia *años después*, cuando ya el llorar mismo no parece ser un problema para él, hace llorar también a una mujer a la que conoce un verano en una ciudad extranjera [...]. (HL, S. 98, Hervorhebung d. Verf.)[48]

In der deutschen Übersetzung wird hier ein Element unterschlagen, das die Distanz des Erinnerten zum Zeitpunkt des Geschehens unterstreicht: Zweimal spricht der Text von den Jahren, die zwischen 1973 und der Jetztzeit vergangen ist („años después"). Das damit indizierte Gedächtnis privilegiert die historische Tragödie, der hier

intimen Wahrheiten spricht, und demgegenüber eine Vision, die Werte und Möglichkeiten der Distanz privilegiert, ein großes Bild, das Indifferenz und Unempfindsamkeit vorspiegelt, als Alternative, um ein Ereignis zu verstehen."

48 „[...] und viele Jahre später, als der Fall Allende längst seinen Platz in der winzigen, aber einflussreichen Krypta gefunden hat, die historischen Ereignissen vorbehalten ist, an die er sich immer in allen Einzelheiten erinnert, insbesondere Zeiten, Namen, Abfolge der Ereignisse, Zahlen, all das, was er bei persönlichen Tragödien vergisst, als der Vorfall mit der chilenischen Freundin, von der Tragweite der historischen Tragödie überstrahlt, sich wie durch Zauberei in Luft aufgelöst hat, als auch das Weinen kein Problem mehr für ihn zu sein scheint, bringt er eine Frau zum Weinen, die er während des Sommers in einer fremden Stadt kennenlernt [...]." (Pauls: *Tränen*, S. 110–111.)

immer wieder die persönliche Tragödie kontrastiv gegenüber gestellt wird. Der Roman selbst jedoch privilegiert eindeutig die persönlichen gegenüber den politischen Ereignissen. Die Politik der Distanz ist daher meiner Meinung nach auch so zu verstehen, dass die literarische Zentrifuge die Ungleichzeitigkeit von Gefühl und historischem Ereignis hervortreibt. In der Zeit des Romans ist das Erzählen des historischen Ereignisses nicht mit einer unmittelbaren emotionalen Reaktion zur Deckung zu bringen; in der Zeit der Figur hingegen bedeutet, sich an ein historisches Ereignis als solches zu erinnern und es damit als ‚historisch' zu konstituieren, das verschobene affektive Echo, das jenes ausgelöst hatte, zu verdrängen.

Die spätere Affäre des Protagonisten mit einer Erpia (einer ehemaligen Angehörigen der Revolutionären Volksarmee ERP) bringt diese mittelbare Auswirkung des Politischen auf das Private, oder mehr noch: auf den Eros, noch einmal auf den Punkt. Erst in der Beziehung mit dieser Frau, die er ‚in einer fremden Stadt kennenlernt' und die während der Militärdiktatur im Gefängnis von Córdoba gefoltert wurde, stellt sich der Protagonist wieder für das gemeinsame Teilen von Schmerz und für Geschichten des Schmerzes zur Verfügung. Er bemerkt ein Stück ‚blinde Haut' auf ihrem Körper und als er dieses berührt, bricht die Erpia in Tränen aus und teilt ihre Erinnerung an die Folterhaft. Im Mittelpunkt steht aber wiederum weniger jenes Geschehen, sondern die affektive Erinnerungswunde des Körpers: „un pedazo de piel ciega que debería aislarla del mundo y sin embargo, en contacto con otro cuerpo, no hace más que despellejarla, abrirla al medio" (HL, S. 100)[49]. Das Erlebnis wird vom Erzähler als „Kommunion der Tränen"[50] bezeichnet und schließt mit der Erkenntnis des Protagonisten: „No me toca a mí entrar; me toca estar cerca." (HL, S. 100)[51]. Eine Politik der Distanz kann also dennoch paradoxerweise ‚nah' sein; allerdings ist es die Nähe zum Menschen, die dabei in den Vordergrund gerückt wird. Ganz ähnlich bringt auch der Roman selbst die Unvereinbarkeit von Nähe und Distanz auf den Punkt: Denn in diesem Sinne, meine ich, hat man die eigentümliche Struktur

49 „[E]in Stück blinder Haut, das sie von der Welt abkapseln sollte und ihr beim Kontakt mit einem anderen Körper doch bloß die Nerven blanklegt, sie aufbricht" (Pauls: *Tränen*, S. 113.)

50 Ebd.

51 „Nicht in ihr sein soll ich [es ist nicht an mir einzudringen]; ich soll nah sein." (Ebd.)

des ersten Romans der Reihe zu deuten, der wohl am ehesten als innerer Monolog in dritter Person bezeichnet werden kann. Der *discours* ist dem Fühlen und Erleben des Protagonisten nah, dringt aber nicht in dessen Stimme ein, so dass auch dem Leser aufgegeben scheint: ‚No me toca a mí entrar; me toca estar cerca.'

In der Moderne herrscht Koppenfels zufolge keine verbindliche „Topik der Affekte" mehr, sondern ein „Tableau verschobener Affekte".[52] Die literarische Immunisierung steht darin wider eine Gefühlspolitik des öffentlichen Raums. Um damit zu meinem ersten Fazit zu kommen: Mit seinem argentinischen Triptychon verabschiedet sich Pauls von der allegorischen Kodierung der argentinischen Geschichte, wie sie noch in den Romanen Piglias[53] begegnete, insbesondere aber auch von der pathetischen Topik der Affekte, die der Erzählung von Geschichte im öffentlichen Diskurs zu eignen scheint. Pauls' Arbeit am Alltäglichen und seine Arbeit mit komplex verschlüsselten Metaphern, welche die Zeichen des Todes als Spuren des Lebens – eines Alltäglichen *plus plein de vie* – speichern, sind nicht eindeutig durchsichtig auf einen historischen Gegenstand oder ein historisches Narrativ. Sie inszenieren vielmehr eine quasi-autobiographische Erinnerungsarbeit als Arbeit am Affekt, in der die Erinnerung an die Vergangenheit fragmentarisch und unheimlich wird. Während die Automatisierung der Wahrnehmung die ‚Frau' oder die ‚Schrecken des Krieges' frisst, wie es bei Sklovskij hieß, erstattet die Entautomatisierung bzw. Entfamiliarisierung dem alltäglichen Leben sein affektisches – und damit mittelbar auch sein geschichtliches – Echo zurück. Nicht eine objektive Ereignisgeschichte, sondern das gelebte, erinnerte oder falsch erinnerte Leben wird im ‚Verschwinden der Dinge' symbolisch eingefangen, wenn es auch in der Trope der Ersetzung – der Metapher – stets abwesend bleibt.

52 Von Koppenfels: *Immune Erzähler*, S. 15.

53 Vgl. Idelber Avelar: *The Untimely Present: Postdictatorial Latin American Fiction and the Task of Mourning*. Durham / London: Duke University Press 1999, insb. S. 86–135.

3. Zentrifugalgeschichte und historische Krankheit

…el presente más banal rime con una porción de pasado atroz… (HL, S. 59)[54]

Keine andere Textstelle bringt meiner Meinung nach die Poetik von Alan Pauls so deutlich auf den Punkt. Nimmt man sich zum Beispiel erneut die Perücke heraus, die am Ende der *Historia del pelo* zum banalen Gegenstand eines kleinen, persönlichen Verrats und ökonomischen Vorteils gerinnt, wird diese Verschlüsselungstaktik klarer: Mit der gespeicherten Erinnerung an die Guerillakämpferin Norma, die 1970 den ehemaligen argentinischen Präsidenten Pedro Eugenio Aramburu entführt hatte, 1976 von den Militärs gefangen gesetzt, gefoltert und ermordet wurde, ist das banale Objekt eines ‚toten Haares', das zuvor immer wieder in zahlreichen Friseurbesuchen der Schere zum Opfer gefallen ist, schließlich so *de-familiarizado*, dass in ihm ein „pasado atroz" an die Oberfläche drängt, ohne im Detail erzählt werden zu müssen: Jene Gewalt, die am Anfang des diktatorischen Regimes stand und während der Diktatur ein Heer von Verschwundenen (*desaparecidos*) erzeugt – auch der Körper Normas wurde nie gefunden. Wie zahlreiche Opfer der Diktatur aus der Gesellschaft verschwunden sind, so die objektivierbare, historisierende Erzählung um Norma aus dem Roman. Zurück bleibt: die fast unlesbare Metapher eines scheinbar alltäglichen Gegenstandes, der mit der Erinnerung an eine gewaltsame Vergangenheit ‚vibriert'.

Ganz ähnlich operiert auch der erste Roman: Dort steht im dezentrierten Zentrum der Erzählung der rätselhafte Nachbar des Protagonisten und gescheiterten *Superman*, der sich am Ende als die verkleidete Silvia, ebenfalls Mitglied der links-revolutionären Montoneros, entpuppt. Die Hauptfigur erkennt sie später auf einer Photographie wieder, die den toten und brutal ausgestellten Körper Silvias in einem Gefangenenlager zeigt. Erst in diesem Moment wird den zuvor banalen Erzählungen um Stunden und Stunden, die der Protagonist als Kind in der Wohnung der als Mann verkleideten Silvia zugebracht hatte, ein historischer Gehalt zugewiesen. All die banalen Tätigkeiten, die sich der namenlose Protagonist gemerkt hat – das Flicken einer Jacke, das Rauchen, Schlafen, Fernsehen – verschwinden hinter der Erkenntnis, dass er eigentlich mitten im historischen Geschehen gesteckt haben muss, ohne dies zu bemerken. Nur aus

54 „[D]ie gewöhnlichste Gegenwart [reimt] sich auf ein Stück fürchterlicher Vergangenheit." (Pauls: *Tränen*, S. 66.)

einer randständigen Perspektive und meist nur aus der Erinnerung heraus kommt Ereignisgeschichte im Text zur Sprache. Deshalb heißt es zuletzt auch über den Protagonisten: „Es simple: no ha sabido lo que había que saber. No ha sido contemporáneo. No es contemporáneo, no lo será nunca." (HL, S. 124)[55] Der Leser muss sich die Frage stellen: warum? Warum wird das Schreiben der Geschichte hier zum Schreiben aus der intimen und doch immer zu spät gekommenen, randständigen Perspektive eines Einzelnen, der „im gleichen Moment heraus[findet], wen er gekannt hat und dass sie schon tot ist"[56]? Dies hat nicht nur damit zu tun, dass Pauls die Dekade als Zeit seiner eigenen psychologischen Initiation verstanden wissen will.[57] Meiner Meinung nach spricht sich in der Entfamiliarisierung des erinnerten Alltags auch die Skepsis der Gegenwart an ihrer eigenen historischen Krankheit aus. Nietzsche gebraucht die Formulierung der „historischen Krankheit" 1874 in seiner „Historien-Schrift" und zweiten „Unzeitgemäßen Betrachtung" *Vom Nutzen und Nachtheil der Historie für das Leben*:[58] Darin betont er zwar, der Mensch sei das einzige Tier, das zu Erinnerung fähig sei, und somit werde der Mensch auch nur zum Menschen, wenn er sich der kulturellen Pflege der Geschichte in der Gegenwart verpflichtet. Dennoch kritisiert er die eigene Gegenwart und hält ihr die „unzeitgemäße Betrachtung" entgegen: „Gewiss, wir brauchen die Historie, aber wir brauchen sie anders, als sie der verwöhnte Müssiggänger im Garten des Wissens braucht [...] wir brauchen sie zum Leben und zur That, nicht nur bequemen Abkehr vom Leben [...]."[59] Der historische Sinn sei bereits zur „hypertrophische[n] Tugend"[60] geworden, die Geschichte zur verblendeten Wahrheitssuche im Dienste einer nie zu erreichenden Objektivität. Beides lähme den Fortschritt der Kultur, denn: „Ein historisches Phänomen, rein

55 „Es ist einfach: Er hat nicht gewusst, was er hätte wissen müssen. Er war nicht auf der Höhe seiner Zeit. Er ist nicht auf der Höhe seiner Zeit und er wird es niemals sein." (Ebd., S. 142.)

56 Ebd., S. 141.

57 „Es la década más pasional, desmesurada, extrema y sórdida. Hoy seguimos flotando en su órbita, chapoteando en sus ecos. En lo personal, fueron los años en los que sucedieron mis iniciaciones; en los que me constituí como persona." (Zit. n. Luciana Olmedo-Wehitt: La última historia de Alan Pauls. http://www.lanacion.com.ar/1377741-la-ultima-historia-de-alan-pauls (Zugriff am 28.01.2013).)

58 Friedrich Nietzsche: *Vom Nutzen und Nachtheil der Historie für das Leben*. Stuttgart: Reclam 2009 [1874], S. 107.

59 Ebd., S. 5.

60 Ebd., S. 6.

und vollständig erkannt und in ein Erkenntnissphänomen aufgelöst, ist für den, der es erkannt hat, todt […].“[61] Die Geschichte als Disziplin ist dem Philosophen und Kulturkritiker Nietzsche aus dem Grunde unmenschlich geworden, weil sie das Individuelle, Lebendige des Vergangenen gewaltsam zu historischen Monumenten oder allgemeinen Universalien verringere und auf Wahrhaftigkeit ausrichte. Ausweg aus der geistigen Vergreisung böte ihm zufolge daher allein die Rebellion der Jugend oder, genauer gesagt, die Kunst(religion): „nur wenn die Historie es erträgt, zum Kunstwerk umgebildet, also reines Kunstgebilde zu werden, kann sie vielleicht Instincte erhalten oder sogar wecken“[62].

Die historischen Romane Pauls' ließen sich also vielleicht als diese Umbildung der archivierten, monumentalen Geschichte in ein lebendiges Kunstgebilde interpretieren. Dabei wird die wiederholende Geste der erzählten Erinnerung überhaupt in Frage gestellt. Dies hebt sich deutlich vom zeitgeschichtlichen Kontext ab. Bereits seit den späten 90er Jahren kam es in Argentinien zu einem regelrechten *Boom* der *Memoria.* Nachdem der erste demokratisch gewählte Präsident Alfonsín nach Ende der Diktatur 1983 eine „Politik der umfassenden Aufarbeitung“[63] begonnen hatte, neigte die Regierung Menem zwar erst wieder zur Verdrängung. Zahlreiche Amnestiegesetze setzten den Prozessen und Ermittlungen ein Ende. Dennoch war das Interesse an Aufarbeitung selbstverständlich groß; die Arbeit der Wahrheitskommission CONADEP (*Comisión Nacional sobre la Desaparición de Personas*) hatte große Resonanz gefunden und ihre umfassende Publikation *Nunca más* hatte sich 1984 nach Erscheinen innerhalb weniger Wochen 150.000 Mal verkauft. Die 90er Jahre dagegen waren von neuem Stillschweigen und einer Schonung der Militärs geprägt, bis der erste Täter an die Öffentlichkeit trat: Der Marineoffizier Adolfo Scilingo gestand 1995 seine Beteiligung an zahlreichen Todesflügen und trat damit eine Lawine los. Zwischen 2003 und 2005 wurden schließlich die Amnestiegesetze auf Initiative des Präsidenten Nestor Kirchner endgültig annulliert. Heute praktiziert Argentinien deshalb immer noch eine nationale Kultur der Aufarbeitung; Daten, Zeugenaussagen, Statistiken und Beweismaterial werden für den juristischen

61 Nietzsche: *Vom Nutzen und Nachtheil*, S. 18.

62 Ebd., S. 66.

63 Veith Straßner: *Die offenen Wunden Lateinamerikas: Vergangenheitspolitik im postautoritären Argentinien, Uruguay und Chile*. Wiesbaden: VS 2007, S. 147.

Diskurs aufgearbeitet, Erinnerungsorte wie der Parque de la Memoria in Buenos Aires geschaffen, ehemalige Haft- und Folterzentren wie der Club Atlético und die ESMA[64] in Museen verwandelt.

Parallel zu dieser offiziellen Erinnerungspolitik hat sich aber auch das Berichten und Erzählen von Geschichte verändert; dabei stehen durchaus Bilder des alltäglichen Lebens im Mittelpunkt. Beatriz Sarlo spricht hier von einer Hinwendung zum Subjektiven, die sich gerade auch in den Massenmedien bemerkbar macht.[65] Medien und Geschichtswissenschaft folgen der Poetik des Details und des Konkreten („una poética del detalle y de lo concreto", „eine Poetik des Details und des Konkreten"[66]) und sammeln, so Gastón García, „lo pequeño y lo íntimo frente a la Historia", „das Kleine und Intime gegenüber der (großen) Geschichte"[67]. Auf dem Weg zur geschichtlichen Wahrheit wird also das Autobiographische und Zeugnishafte wiederentdeckt und zugleich zum Ort einer historischen Wahrheit erklärt. Auch die Vielzahl von literarischen Texten, die so operieren, propagiert sich, wie Victoria Carpenter bemerkt, als „transmitter, decoder and safeguard of the memory of history"[68]. Hält man jedoch – von der juristischen und individualpsychologischen Bedeutung der Aufarbeitung einmal ganz abgesehen – mit Nietzsche dagegen, dass Geschichte, die sich in ein objektives Phänomen der Erkenntnis verwandelt hat, bereits tot ist, erscheinen die Texte von Alan Pauls vielleicht in einem anderen Licht. Denn der Hypertrophie der Repräsentation von Geschichte in der Postmoderne, die Fredric Jameson als unsere gegenwärtige historische Krankheit diagnostiziert hat,[69] scheint Pauls einen entfamiliarisierten Alltag und eine

64 Einen von Geistern heimgesuchten Ort, den der Protagonist der *Historia del pelo* besucht: „ese ex teatro del horror" (HP, S. 166).

65 Vgl. zur Form des persönlichen Zeugnisses als Ikone der Wahrheit Beatriz Sarlo: *Tiempo pasado. Cultura de la memoria y giro subjetivo*. Buenos Aires: Siglo Veintiuno 2005, S. 23.

66 Ebd., S. 12.

67 Gastón García: *Historia del pelo*, de Alan Pauls. http://www.letraslibres.com/revista/libros/historia-del-pelo-de-alan-pauls (Zugriff am 28.01.2013). Vgl. ebenso zur testimonialen Literatur zwischen 1983–1995 Liria Evangelista: *Voices of the Survivors: Testimony, Mourning, and Memory in Post-Dictatorship Argentina (1983–1995)*. New York: Garland 1998.

68 Victoria Carpenter: Introduction: (Re)Collecting the Past. In: Dies. (Hrsg.): *(Re)collecting the Past. History and Collective Memory in Latin American Narrative*. Oxford: Lang 2010, S. 1–10, hier S. 1.

69 Vgl. Fredric Jameson: *Postmodernism or, The Cultural Logic of Late Capitalism*. Durham: Duke University Press 1994. Darin argumentiert Jameson, dass der

unheimlich gewordene, gerade *nicht* objektivierbare Geschichte entgegen zu halten.

Pauls' Texte sind außerdem Symptom und Reflex des Marktwertes[70], den Geschichte heute besitzt:[71] Nicht ohne Grund heißt der letzte Text des Triptychons *Historia del dinero*. Allerdings fragt sich bereits die Figur des Kriegsveteranen in der *Historia del pelo* – in einer für Pauls typischen *mise-en-abyme*-Struktur –, wie man aus dem Erinnerungsstück der Perücke überhaupt Profit schlagen könne, „ya que si a priori no hay en el país nada ni de lejos parecido a un mercado oficial de pelucas" (HP, S. 185).[72] Diejenigen Objekte, die Pauls in den Mittelpunkt stellt, sind also nur beschränkt ‚marktfähig'. Insofern entpuppt sich der Abschlussroman des Triptychons als Meta-Kommentar der ganzen Reihe. Dabei ist die *Geschichte des Geldes*, die erst 2013 publiziert wurde, vielleicht der am wenigsten makrogeschichtliche Roman der Reihe.[73] Es handelt sich dabei um die sehr persönliche Erzählung über das Verhältnis des Protagonisten – eines wiederum namenlosen „él", der wohl identisch mit den Hauptfiguren der Vorgängerromane ist – zu seinen geschiedenen Eltern. Die Kindheitserinnerungen setzen mit einer Trauerfeier ein: Ein reiches Familienmitglied des neuen Stiefvaters ist 1975 auf dem Weg zu einer Eisenhütte mit dem Helikopter abgestürzt. Seine Mission war es

‚Konsum' von Geschichte in der Gegenwart darauf gegründet ist, dass den zeitgenössischen, postmodernen Gesellschaften das utopische Projekt einer zukünftigen, revolutionären Sozialordnung abhanden gekommen sei.

70 Bereits in seinem frühen Künstlerroman *Wasabi* (Barcelona: Anagrama 1994) sträubt sich Pauls gegen den Konsum von Geschichte als Transaktion im Symbolischen und im Ökonomischen. Darin wird ebenfalls der Körper – in Gestalt einer Zyste des Schriftsteller-Alter-Egos – zur monströsen Verkörperung des Konflikts Kunst vs. Ökonomie; vgl. dazu Alejandra Laera: Monstruosa compensación. Peripecias de un escritor contemporáneo en *Wasabi* de Alan Pauls. In: *Revista Iberoamericana* 75,227 (2009), S. 459–474, hier S. 462–464.

71 Avelar betont, dass auch die allegorische ‚Erinnerungsliteratur' gegen die Logik des Marktes und gegen dessen Terror des Präsens arbeitet: „As opposed to the market's perpetual present, where the past must incessantly be turned into a tabula rasa to be replaced and discarded with the arrival of new commodities, the allegorical temporality of mourning clings to the past in order to save it, even as it attempts ultimately to produce an active forgetting of it." (Avelar: *The Untimely Present*, S. 4.)

72 „[D]a es im Land ohnehin nichts gibt, was entfernt Ähnlichkeit mit einem Markt für Perücken hätte." (Pauls: *Haare*, S. 213.)

73 „If *Historia del llanto* is the building of a sensibility, *Historia del pelo* is about image and identity obsession and *Historia del dinero* is about economic clandestinity." (An Interview with Alan Pauls by Marvin Kleinemeier. http://www.wilde-leser.de/?p=1377 (Zugriff am 28.01.2013).)

gewesen, im Streit mit den Gewerkschaften vor Ort mit Schwarzgeld die richtigen Leute zu bestechen, um dem Konflikt beizukommen. Die Situation ist metonymisch für jene politischen Kämpfe zwischen der gewerkschaftlich organisierten Linken und der reichen Oberklasse, welche die gewaltsame Übernahme durch die Militärs auf den Weg brachten; schließlich waren es insbesondere viele Gewerkschaftler, die in den ersten Jahren der Unterdrückung ‚verschwunden' wurden. Der Roman allerdings verabschiedet sich bald von dieser emblematischen Szene, die als eine schwache Reminiszenz politischer Allegorien wirkt. So ist der Zusammenhang zwischen Geld, Politik und toten Vaterfiguren zwar prominent als ‚Heimsuchung' durch den toten Familienvater und als Thema gesetzt, weicht aber in der zweiten Hälfte des Romans vielmehr der Darstellung jenes Vergessens, das die bürgerliche Mitte in den Jahren der Diktatur auszeichnete. Um ihren eigenen ökonomischen Vorteil besorgt, akzeptierte die argentinische Mittelklasse den politischen Despotismus. Deshalb geht es auch Pauls hier eher um die Darstellung einer affektischen Obsession mit dem Geld als – später buchstäblich inflationärem – Gegenstand, hinter der die soziale ‚Währung' und soziale Bedeutung des Geldes zu verschwinden droht.

Die ebenso elementare wie konfliktreiche soziale Beziehung innerhalb der zerbrochenen Kleinfamilie ist dabei nicht nur das Mark jenes sozialen Resonanzbodens der affektiven Zentrifugalgeschichte, die Pauls in seinem Triptychon beschreibt. Sie ist ebenfalls durch Objekte strukturiert, in diesem Fall durch den Umgang der Figuren mit Geld. Da ist auf der einen Seite die Erinnerung an den Vater, der virtuellem Geld nicht vertraut, sein gesamtes verfügbares Vermögen in der Tasche trägt und spielsüchtig ist, aber auch zu Zuverlässigkeit und Großzügigkeit in der Lage ist. Und da ist auf der anderen Seite die Mutter, die im Alter finanziell abhängig wird von ihrem Sohn, den sie zu jeder Tages- und Nachtzeit anruft und um Geld bittet. Erst nach ihrem Tod findet der Held des Romans heraus, dass dieses Geld einen anderen Zweck erfüllte als den, seiner Mutter aus finanziellen Nöten zu helfen: Die Mutter hatte vielmehr jede einzelne Summe behalten, gehortet und versteckt; die Geldgänge waren ihre einzige Möglichkeit gewesen, einen emotionalen Kontakt zu ihrem Sohn zu halten. Das Geld hat in der Reihe von Tränen, Haaren und Münzen also eine Sonderrolle: Zirkuliert es doch immer schon nicht als das, was es materiell ist, sondern als das, was es repräsentiert – es ist „una especie de varita mágica muy arcaica" (HD, S. 31), „eine Art sehr archaischer Zauberstab". Das Geld kann Dinge ‚essen', so der Protagonist, es ist mithin die Meta-Metapher der Ding-Metaphern, um deren Verschwinden bzw. um deren emotionale Konnotationen es hier geht. Es ist buchstäblich μεταφορά, die ‚Übersetzung' der Metapher: „Está, pero está siempre traducido o encarnado en algo [...]." (HD, S. 71)[74] Und nicht zuletzt ist das Geld auch ‚Menschenfresser': Zuerst stellt es die Bezahlung für den Verrat an den Gewerkschaftlern dar, die daraufhin wohl aus dem Weg geschafft worden wären; als Unternehmensvermögen stellt es die Ausbeutung der Arbeiter dar und deren „vida casi subvital" (HD, S. 81), „fast totlebendiges Leben"; in Form des Lösegeldes, das die Montoneros später für entführte Industriebosse fordern, macht es auch aus den Reichen körperlich ausgehöhlte und zerfressene „bestias" (HD, S. 82); es verwandelt sich in die Fehlinvestition der „Bestia", ein Landhaus, das die Mutter des Protagonisten in den Ruin treibt (vgl. HD, S. 151); die voranschreitende Inflation (vgl. insb. HD, S. 97–100) steht sinnbildlich für den gesellschaftlichen und politischen Verfall Argentiniens: „el país centrifugado" (HD, S. 106), „das zentrifugierte Land"; und in Form einer Versicherungspolice wird das Geld zur absurden Metapher des Wertes eines menschlichen Lebens oder eines geliebten Verwandten (HD, S. 83–84). Die Logik des Geldes ist eine unpersönliche Zirkulation, ein „océano sin límites" (HD, S. 106), ein „Ozean ohne Grenzen", in den alle wie in einen fatalen Zirkel eingeschlossen sind.

Aus der Perspektive des Protagonisten freilich wird das unheimliche Echo dieser unpersönlichen Obsession offenbar, vor allem aber wandelt sich durch seine Geschichte die Geschichte des Geldes von einer unpersönlichen[75] zu einer sehr persönlichen Familiengeschichte. In diesem Sinne wird das Geld schließlich zur (Anti-)Chiffre des Lebens: Nach dem Tod des Vaters findet der Sohn sieben Rechnungsbücher, die nichts weniger als „su autobiografía contable" (HD, S. 183), „seine Buchhaltungs-Autobiographie", darstellen. Dieses ‚Lebenswerk' enthüllt alle Geheimnisse des gelebten Lebens und bildet das

74 „Es ist da, aber es ist immer in etwas übersetzt oder verwachsen". Dass es sich hierbei nicht um eine einmalige Koinzidenz handelt, beweist auch diese spätere Textstelle: „De modo que el dinero vuelve a desaparecer, a traducirse: países, puentes, pocilgas, periódicos, paraguas." (HD, S. 124); „Sodass das Geld wieder verschwindet, sich übersetzt: Länder, Brücken, Dreckslöcher, Zeitungen, Regenschirme."

75 „El dinero no es personal, no es una propiedad, no es de nadie." (HD, S. 106); „Das Geld ist nicht persönlich, es ist kein Eigentum, es gehört niemandem."

rechnerische Gegenstück zu den Lebenstexten, die Pauls mit seiner Romantrilogie vorlegt:

> Revisándolos, cualquiera con dos dedos de sentido común y un poco de cuidado podría reconstruir todo lo que su padre es y hace durante los últimos años de su vida, todo lo que nadie que haya estado a su lado sería capaz de reconstruir a partir de lo que vio o presenció junto a él. (HD, S. 183)[76]

Anders dagegen der Roman, bei dem es sich nicht um eine einfache Rekonstruktion von Fakten oder Rechnungsposten handelt, sondern gerade um das Sehen, Fühlen und Erleben. Mit dem Ende des dritten Romans schließt daher auch die Erzählung vom geheimen Leben der alltäglichen Dinge: Als der Protagonist in der Wohnung seiner Mutter Geldscheine findet, die im Zuge der Inflation und der darauf folgenden offiziellen Währungsreformen bereits lange ungültig geworden sind, werden diese bezeichnenderweise vom Erzähler als Sprache bezeichnet, die man sprechen kann, ohne sich dessen bewusst zu sein:

> una lengua muerta, no impenetrable sino literalmente muerta, que sólo dos personas hablaron y casi siempre sin saber que la hablaban (HD, S. 208).[77]

In gewisser Hinsicht macht die Erzählung also – durch die Entautomatisierung und Entfamiliarisierung des Objekts – aus dem ‚Menschenfresser' Geld und dessen toter Autobiographiearbeit eine geheime Sprache, die Menschen verbindet, anstatt sie zu trennen, und die sie von der Makrogeschichte distanziert, anstatt sie in diese einzuschreiben. Der Effekt der hier beschriebenen Textverfahren ist ein zweifacher: Zum einen frustriert das Bild, das Pauls von der erinnerten Alltäglichkeit im Abseits liefert, das Begehren nach der, so González Echevarría, grandiosen politisch-kulturellen *Metastory* („grandiose politico-cultural metastory"[78]). Damit reagiert Pauls auf die massenmediale Tendenz jenes von Sarlo beschriebenen hermeneutischen

76 „Bei der Durchsicht könnte jeder mit einem Hauch von gesundem Menschenverstand und ein bisschen Umsicht alles rekonstruieren, was sein Vater ist und tut in den letzten Jahren seines Lebens, all das, was niemand, der an seiner Seite gewesen wäre, rekonstruieren könnte anhand dessen, was er gemeinsam mit ihm gesehen oder erlebt hat."

77 „[E]ine tote Sprache, nicht undurchdringlich sondern buchstäblich tot, die nur zwei Menschen gesprochen haben und fast immer ohne zu wissen, dass sie sie sprachen".

78 Roberto González Echevarría: *Myth and Archive: A Theory of Latin American Narrative*. Cambridge: Cambridge University Press 2006, S. 175.

Zirkels, der auf Synthese[79] und Kausalität[80] abzielt, eine totalisierende Vision der Vergangenheit vertritt und – nicht zuletzt in Deutschland – einen hohen Marktwert argentinischer Geschichte erzeugt. Zum anderen stellt sich Pauls mit seinen pathologisierten Affektschicksalen in die Tradition der Nietzscheanischen „Kulturpathologie"[81]. Mit der Konzentration auf die Wahrnehmung, das unheimliche Leben der Dinge und den Menschen ‚humanisiert' er schließlich auch jene Metaphern, die rhetorisch das als abwesend markieren, was nicht präsentiert werden kann: die Gewalt, den Tod, das Erinnerte, die Zeit vor, in und nach der Diktatur. Nicht *deshumanización*, sondern *humanización del arte*, ohne engagierte Literatur sein zu wollen; das scheint das Programm. Denn die Texte enden immer mit dem Menschen: Mit einer Frau, die weint. Mit einem Mann, der sich die Haare rasieren lässt. Mit einem trauernden Sohn, der verloren geglaubte und wertlos gewordene Geldscheine als die geheime Affektsprache seiner Mutter zu verstehen lernt und diese intime doch rätselhafte Geschichte des Geldes an den Leser weitergibt. Die Dinge verschwinden und verbinden – sie sind „moneda corriente" (HD, S. 208), Geld, das fließt, das geläufig ist, und vor allem auch: flüchtig.

79 „En las narraciones históricas de circulación masiva, un cerrado círculo hermenéutico une la reconstrucción de los hechos con la interpretación de sus sentidos y garantiza visiones globales […]." (Sarlo: *Tiempo pasado*, S. 13–14.)

80 „[U]na misma fórmula explicativa, un principio teleológico que asegura origen y causalidad, aplicable a todos los fragmentos de pasado". (Ebd., S. 15.)

81 Günter Figal: Nachwort. In: Nietzsche: *Vom Nutzen und Nachtheil*, S. 131–149, hier S. 134.

Memoria in der spanischen Erzählliteratur des 21. Jahrhunderts

Die Rolle des Bösen in *El corazón helado* von Almudena Grandes

Ulrike Pfeifer

Wie ein Großteil der spanischen Erzählliteratur des 21. Jahrhunderts zeigt, ist das Thema der *memoria histórica*, der Vergangenheitsverarbeitung der Geschichte des vorangegangenen Jahrhunderts, in der zeitgenössischen Literatur noch immer hochaktuell. Der Begriff *memoria histórica*, wörtlich mit *historisches Gedächtnis* zu übersetzen, wird bis heute von vielen Kritikern aufgrund seiner Ungenauigkeit, zum Teil auch Widersprüchlichkeit, kontrovers diskutiert:

> Historiker wie Stanley G. Payne verwiesen einerseits darauf, dass der Begriff zwei Konzepte zusammenspannte, die sich gegenseitig ausschließen würden, andererseits warfen sie der Bewegung vor, „eine Version durchsetzen" zu wollen, „kein Interesse an der Geschichte" zu haben und sie zu politisieren oder gar auszulöschen.[1] […] Weitaus positiver interpretierte der Historiker Francisco Espinosa Maestre den Begriff; er hob nicht den Widerspruch der beiden Konzepte hervor, sondern vielmehr ihre Synergieeffekte: „Geschichte und Gedächtnis flossen in einem bestimmten Augenblick zusammen, und aus dieser Bewegung sind beide bereichert hervorgegangen".[2]

Die vielschichtige *memoria*-Debatte Spaniens, die vorliegendem Artikel als Grundlage und Ausgangspunkt dient, hat somit einen nicht

1 Antonio Astorga: El objetivo de la ley de memoria histórica es trazar una línea tajante entre »buenos« y »malos«. In: *ABC* 17.12.2006, zit. n. Georg Pichler: *Gegenwart der Vergangenheit. Die Kontroverse um Bürgerkrieg und Diktatur in Spanien.* Zürich: Rotpunkt 2013, S. 52.

2 Francisco Espinosa Maestre: La represión franquista. In: *Violencia roja y azul*, hrsg. v. Francisco Espinosa Maestre. Barcelona: Crítica 2010, S. 1–496, hier S. 66, zit. n. Pichler: *Gegenwart der Vergangenheit*, S. 52.

geringen Anteil an der Vielzahl von Romanveröffentlichungen der letzten dreißig Jahre. In diesem Zusammenhang soll lediglich auf den komplizierten politischen, historiographischen und literarischen Umgang mit der Vergangenheit seit Beginn der Demokratie verwiesen werden, der 2007 zur *Ley de memoria histórica*, zur „... moralischen Rehabilitierung der Opfer von Bürgerkrieg und Diktatur“[3] führte. Die Brisanz der Geschichts- und Gedächtnis-Debatte, die Gegenstand verschiedener Fachgebiete ist, zeigt sich vor allem auf geschichtlicher Ebene: So wird etwa vonseiten mancher Historiker auch vor einer „instrumentalización de la memoria histórica“ gewarnt.[4] Der Appell an einen kritischen Umgang mit der Geschichte steht hier wie auch in der aktuellen Erzählliteratur im Vordergrund.

Antonio Muñoz Molina, der sich bereits in den achtziger und neunziger Jahren schriftstellerisch mit der Bürgerkriegsthematik und der Franco-Diktatur auseinandersetzte, gilt als einer der Vorreiter auf diesem Gebiet.[5] Seine aktuellste Aufsatzveröffentlichung *Todo lo que era sólido*[6] verdeutlicht einmal mehr, dass der Schriftsteller diese Thematik bis heute weiterverfolgt.[7] Neben dem bereits verstorbenen Alberto Méndez, Autor der *Girasoles ciegos*[8], setzen sich in der Erzählliteratur gegenwärtig vor allem Javier Cercas und Almudena Grandes mit der Vergangenheitsverarbeitung auseinander. Als Vertreter der sogenannten *novela de la memoria* ist nicht zuletzt auch Rafael Chirbes zu erwähnen.[9] Die Erzählperspektive geht dabei häufig von der personalen oder Ich-Erzählung mit nur einem Erzähler in eine Romanform mit mehreren Erzählern über. Zudem beschränkt sich diese Perspektive nicht mehr nur noch auf einseitige Sichtweisen wie diejenige der Sieger oder der Verlierer des Bürgerkriegs, wodurch politisch

3 Werner Altmann / Walther L. Bernecker / Ursula Vences: Vorwort der Herausgeber. In: *Debates sobre la memoria histórica en España. Beiträge zu Geschichte, Literatur und Didaktik*, hrsg. v. Werner Altmann / Walther L. Bernecker / Ursula Vences. Berlin: Frey 2009, S. 1–350, hier S. 3.

4 Ricardo García Cárcel: Un ensayo contra el abuso de la memoria gana el Premio Nacional de Historia. In: *El País* 27.11.2012.

5 Zu den bekanntesten Romanveröffentlichungen Muñoz Molinas, die sich diesem Thema widmen, zählen etwa *Beatus ille* (1986) und *El jinete polaco* (1992), aber auch *Sefarad* (2001) und *La noche de los tiempos* (2009).

6 Erschienen 2013 bei Seix Barral, Barcelona.

7 Vgl. Manuel Rodríguez Rivero: En el bosque de libros. In: *El País Babelia* 20.10.2012.

8 Der Originaltitel dieses Erzählbands lautet *Los girasoles ciegos* (Barcelona: Anagrama 2004).

9 Altmann / Bernecker / Vences: Vorwort der Herausgeber, S. 5.

oder ideologisch eindeutige Positionen der einzelnen Erzähler schwerer greifbar werden:

> Seit Ende der neunziger Jahre erscheinen vermehrt Texte aus der Feder der Generation der „Nachgeborenen", die die dualistische und antagonistische Struktur zwischen „Siegern" und „Verlierern" zugunsten einer nationalen Versöhnung aufzulösen bestrebt ist.[10]

Beispiele solcher Romane sind Cercas' *Soldados de Salamina* (2001), bereits 2003 von David Trueba verfilmt,[11] sowie das Romanwerk Grandes'. Die *memoria histórica* ist Grundlage eines Großteils ihrer Erzählungen. So liegt das Thema der Vergangenheitsverarbeitung, dem sie sich bis heute widmet, bereits ihren frühen Werken, etwa *Malena es un nombre de tango* (1994) und *Atlas de geografía humana* (1998), zugrunde. Grandes selbst kommentiert ihren Themenschwerpunkt folgendermaßen: „Yo creo que es el gran tema de mi generación, el gran tema de mi generación literaria, el tema pendiente, digamos, y el gran tema de mi generación cívica"[12].

Schriftsteller wie Cercas und Grandes gehören meist dem linkspolitischen, d h. dem ehemals republikanischen Lager in Spanien an, was nicht zuletzt auch auf die Entstehung des *Ley de Memoria histórica* zurückzuführen ist, das auf Initiative linksorientierter Parteien ins Leben gerufen wurde.[13]

Der vorliegende Aufsatz beschäftigt sich mit der Vergangenheitsbewältigung im Roman *El corazón helado* (2007) von Almudena Grandes, der bereits mit mehreren Preisen ausgezeichnet wurde. Im Mittelpunkt steht die Charakterisierung einer der Hauptfiguren des Romans, Julio Carrión González'. Julio, der Vater des Protagonisten Álvaro, fungiert als Bindeglied zwischen der Vergangenheit seines Sohns und der Protagonistin Raquel, die aus einer republikanischen Familie stammt. Carrión, Inbegriff des verschlagenen und gleichzeitig hochintelligenten Betrügers, besitzt einen vielschichtigen Charakter, der Raum für Interpretation bietet.

10 Ebd., S. 3.

11 Vgl. Javier Cercas: *Soldados de Salamina*. Barcelona: Tusquets 2001.

12 Raquel Macciuci / Virginia Bonatto: „Machado es el dechado de virtudes republicanas por excelencia": entrevista con Almudena Grandes sobre El corazón helado. In: *Olivar* 11 (2008), S. 123–141, hier S. 125. („Ich glaube, dass dies das große Thema meiner Generation ist, das Thema meiner literarischen Generation, das heißt, das noch ausstehende Thema und das große Thema meiner Bürgergeneration".) Wenn es im Folgenden nicht anders angegeben wird, handelt es sich um eine Übersetzung der Verfasserin.

13 Vgl. Pichler: *Gegenwart der Vergangenheit*, S. 256ff.

Grandes, die 1960 in Madrid geboren wurde und damit der zuvor genannten Generation der Nachgeborenen angehört, möchte mit ihrer Arbeit aufrütteln: So sieht sie sich vor allem als ‚Aufklärerin' der Bürgerkriegsereignisse, etwa, was die Aufteilung in die Lager der Nationalen und Republikaner sowie den Ausgang des Bürgerkriegs betrifft. Charakteristisch für ihre Arbeit ist die Darstellung der Gräueltaten während der Franco-Diktatur durch die Franquisten. Sie sieht es offensichtlich als eine ihrer zentralen Aufgaben an, die aktuelle spanische Gesellschaft mit diesen Ereignissen immer wieder zu konfrontieren und bedient sich in ihren Werken oft einer Reihe von Anekdoten.[14] Eigenen Aussagen zufolge stützt sie sich dabei meist auf geschichtliche Begebenheiten.[15] Auf diese Weise fordert sie zu einer direkteren und kritischeren Auseinandersetzung mit der jüngeren Geschichte auf. Der Themenschwerpunkt Grandes' wird von der Literaturkritik überwiegend positiv bewertet:

> La reescritura o el desvelo de la memoria histórica, la retrospectiva novelada de constantes y consecuencias de la Guerra Civil Española, ha sido tema angular de una serie ingente de obras en el panorama editorial español, algunas de ellas no más allá de meros y desafortunados discursos panfletarios. Esta suerte de narraciones nos hacen debatirnos entre la angustia, la congoja y el afán hermenéutico, el deseo de comprender a partir de lo acaecido. En *El corazón helado* (2007), Almudena Grandes parte del llanto y la gelidez de lo inánime, el desgarro, la herida, el vacío y la derrota que supone para todos el haberse enrolado en contienda tal, si bien camina hacia la posible victoria que supondría erradicar los conflictos bélicos de entre las contingencias de nuestro futuro. [16]

14 Vgl. Macciuci / Bonatto: „Machado es el dechado de virtudes republicanas", S. 125; Almudena Grandes: *Das gefrorene Herz*. Reinbek: Rowohlt 2009, S. 942–945.

15 Vgl. Macciuci / Bonatto: „Machado es el dechado de virtudes republicanas", S. 126.

16 Julio Ángel Olivares Merino: Entre la ceniza y el fantasma. El sujeto desencantado en la literatura y el cine contemporáneos. http://www.ucm.es/info/especulo/numero39/eceniza.html (Zugriff am 05.02.2013). („Die Neuschreibung wie auch das große Interesse am *historischen Gedächtnis*, die romanhafte Rückschau von Konstanten und Folgen des Spanischen Bürgerkriegs ist bis heute das zentrale Thema einer immensen Werkreihe im spanischen Verlagsmilieu. Allerdings sind einige von ihnen lediglich unglücklich formulierte Schmähschriften. Diese Erzählgattung ermöglicht eine Debatte, die aus einer Mischung aus Beklemmung, Ohnmacht und einem hermeneutischen Eifer sowie dem Wunsch danach besteht, das Geschehene zu verstehen. Im *Corazón helado* geht Almudena Grandes von einer Trauer und eisigen Distanz des Seelenlosen aus, von der Schamlosigkeit, Wunde und Niederlage, die wir alle durch die Teilnahme an diesem Kriegskonflikt erleben mussten. Allerdings bewegt sich die Autorin auch in Richtung eines möglichen Siegs, den es bedeuten würde, Kriegskonflikte, die Risiken für unsere Zukunft darstellen, abzuschaffen.")

Die Intentionen ihrer Arbeit werden noch deutlicher, wenn Grandes wie im folgenden Interview den heutigen Umgang in Spanien mit der Geschichte des 20. Jahrhunderts kritisiert:

> Yo creo que realmente, más allá de la memoria, del tema de la memoria, de la literatura o tal, de lo que se trata es de denunciar que mi país es un país que sigue estando muy enfermo, es un país anormal, que ha tenido una trayectoria completamente contradictoria y que ha ido a contratiempo en relación a todos los países de su entorno y que es un país que no está normalizado democráticamente, por eso de que se intentó crear una democracia sin raíces.[17]

Die von Grandes genannte Fehlentwicklung „[de] crear una democracia sin raíces" bildet auch die Grundlage des *Gefrorenen Herzens.* Bei diesem Werk handelt es sich um einen komplexen Familien- und Geschichtsroman, der die meiste Zeit aus Sicht des Protagonisten Álvaro Carrión Otero erzählt wird. Unmittelbar am Anfang des Romans geht der verheiratete Physiker und Universitätsprofessor Carrión eine Liebesbeziehung mit der Wirtschaftswissenschaftlerin Raquel Fernández Perea ein, deren Familiengeschichte bis hin in ihre Urgroßeltern-Generation ebenfalls detalliert erzählt wird. Die beiden daraus entstehenden parallel verlaufenden Geschichten werden in sich abwechselnden Kapiteln erzählt. Dadurch lernen die Leser zum einen die Vergangenheit von Álvaros Vater, Julio Carrión González, kennen, der während des Bürgerkriegs auf Seite der Nationalen stand, zum anderen das Schicksal der Exilanten-Familie Raquels, deren Großvater Ignacio als Hauptfigur gelten kann. Die Erzählperspektive ist auf vier Narratoren verteilt: Haupterzähler ist Álvaro, der den Roman aus der Ich-Form heraus einleitet und beendet. Sowohl bei der zweiten Erzählerin Raquel als auch bei den beiden bereits verstorbenen Erzählern Julio und Ignacio handelt es sich um personale Erzähler, wodurch eine deutliche Distanzierung zu der von Álvaro erzählten Rahmenhandlung erzeugt wird. Álvaro stellt von Anfang an klar, dass sein Vater für ihn zwar eine Respektsperson war, er als jüngster Sohn sich aber sowohl politisch als auch charakterlich deutlich von ihm unterscheidet. Álvaros Standpunkt und die Auseinandersetzung

17 Macciuci / Bonatto: „Machado es el dechado de virtudes republicanas", S. 135. („Ich denke, dass es in Wirklichkeit, über die ‚memoria histórica', das Thema des Gedächtnisses, der Literatur oder Ähnlichem hinaus, darum geht, darüber aufzuklären, dass mein Land immer noch ein krankes Land ist, ein anormales Land, das eine absolut gegensätzliche Entwicklung durchlaufen hat und dass es im Vergleich zu allen anderen Ländern, die es umgeben, gegen den Strom geschwommen ist. Es ist ein Land, in dem die Demokratie nicht normal funktioniert, da versucht wurde, eine Demokratie ohne Wurzeln zu schaffen.")

mit dem Toten aus der Erzählperspektive des Sohns kann daher als relativ neutral gewertet werden. Anders verhält es sich bei Raquel: Als Enkelin aus Spanien geflüchteter Republikaner versteht sie zwar als Kind von Politik noch wenig, nimmt jedoch im Lauf des Romans zunehmend die Haltung der Exilrepublikanerin an und vertritt so das ideologische Erbe ihrer Familie.

Die Rahmenhandlung des Romans beginnt an einem kalten Wintermorgen Anfang März 2005 im Dorf Torrelodones, in der Nähe von Madrid. Der zu diesem Zeitpunkt vierzigjährige Álvaro nimmt mit seinen vier älteren Geschwistern, seiner Mutter sowie seiner Frau und seinem Sohn an der Beerdigung seines Vaters Julio teil. Im Verlauf des Romans, immer wieder durch Zwischenkapitel unterbrochen, erfolgt eine Rückschau von Julios Leben, die im Folgenden kurz erläutert wird. Sie dient als Grundlage für die Interpretation von Julios Handeln.

Julio Carrión González wird am 17. August 1922 in Torrelodones geboren[18]. Er ist der Sohn Teresas und Benignos, die Mutter ist Grundschullehrerin und der Vater ein einfacher Arbeiter. Die erste Episode aus Julios Leben erzählt von der Ehe seiner Eltern, die sich zu verschlechtern beginnt, als Teresa sich zunehmend für die Rechte der Frauen einsetzt und für die Lokalwahlen des Dorfes kandidiert. Als Mitglied der Volksfront steht sie damit auf der Seite der späteren Republikaner. Ihr Sohn Julio, noch zu jung, um eine eigene politische Meinung zu vertreten, ist stolz auf die Aktivitäten der Mutter und wünscht sich ihretwegen die Niederlage der Franquisten im Bürgerkrieg (AG, S. 194). Teresa, die mit ihrem politischen Engagement zunehmend Unverständnis bei ihrem Mann hervorruft, geht schließlich eine Liebesbeziehung mit dem Lehrer Manuel Castro ein. 1933 verlässt sie ihren Mann und damit auch den kleinen Julio.

Julio, dessen Verhältnis zu Vater Benigno nicht sonderlich gut ist, fühlt sich von der Mutter im Stich gelassen. Diese Erfahrung kann als einer der ersten Gründe für seine zukünftigen Handlungen angeführt werden: Wie er selbst an späterer Stelle deutlich macht, ist es ihm wichtig, niemals zur Gruppe der Verlierer zu zählen.

Ein erster Zeitsprung in der Erzählung von Julios Leben versetzt die Leser in den Sommer 1940 in Madrid, wo der Protagonist sich als Automechaniker seinen Lebensunterhalt verdient. Er wird hier

18 Grandes: *Das gefrorene Herz*, S. 384. Im Folgenden wird mit der Seitenzahl in Klammern aus gleichnamiger Ausgabe (Sigle AG) zitiert.

unmittelbarer Zeuge der Kämpfe zwischen Republikanern und Franquisten in den Wirren der Anfangsjahre der Franco-Diktatur. Eines Tages lernt er den Falangisten Eugenio Sánchez Delgado kennen, dem er nach einem Sturz auf der Straße auf die Beine hilft. Dies ist der Beginn der Freundschaft zwischen Eugenio und Julio, der durch dieses Erlebnis zum ersten Mal in direkten Kontakt mit einem Falangisten kommt. Eugenio, der sich tief überzeugt von seinen Idealen gibt, versichert seinem neuen Freund:

> „Ich kann heute nicht nach Hause, Julio, nicht heute… Ich muss bei meinen Leuten sein, sie unterstützen. Das ist unsere Chance, die große Aufgabe unserer Generation, verstehst du? Unsere Väter und unsere älteren Brüder haben ihren Kreuzzug gewonnen. Jetzt sind wir dran, es ist unsere Aufgabe, wir sind herausgefordert. Spanien war nur der Anfang, jetzt kommt der Rest der Welt. Die Menschheit braucht unsere Jugend, unsere Energie. Der Westen ist in Gefahr, er ruft uns, hörst du nicht seine Stimme?“ (AG, S. 208–209)

Julio ist zunächst nur neutraler Zuhörer Eugenios. Kurze Zeit später jedoch, nachdem Eugenio sich bei seinem neuen Freund für dessen Hilfe bedankt hat, spielt er bereits mit dem Gedanken, sich ebenfalls der Falange-Bewegung anzuschließen. Während er von der Führungskraft Francos noch nicht überzeugt ist, beeindrucken ihn die Siegesmeldungen aus Hitler-Deutschland. Sein Wunsch, selbst militärisch aktiv zu werden, festigt sich und auch die Tatsache, einer Siegergruppe anzugehören, werden ihm immer wichtiger:

> Julio […], der sich geschworen hatte, nie wieder zu den Verlierern zu gehören, hatte [den Bürgerkrieg] verloren. Da schien es nur vernünftig, endlich auf das richtige Pferd zu setzen. (AG, S. 347)

Kurze Zeit später wird er daher Mitglied der Falangisten. Gleichzeitig meldet er sich als freiwilliger Soldat für den Feldzug der Blauen Division, und auch diese Erfahrung prägt den Protagonisten nachhaltig:

> Als sie schließlich die Reise an die Front antraten, neun Tage im Zug und mehr als dreißig zu Fuß, fast vierzig Kilometer am Tag, in ihren blitzblanken neuen Stiefeln, verlor das Abenteuer […] immer mehr an Farbe und Kontur, wie alle Ereignisse aus der jüngsten Vergangenheit, während der fröhlichen goldenen Tage in Grafenwöhr. Sie hatten sich der stärksten Armee der Welt angeschlossen und mussten bald feststellen, dass ihre Begeisterung nicht einmal für die Hälfte der Strecke ausreichte. (AG, S. 355)

Mit den ersten zu vermeldenden toten Kameraden und der Angst, die Deutschen könnten den Krieg letztlich verlieren, verschlechtert sich die Stimmung zunehmend (AG, S. 358–359). Nach einer schweren

Verletzung und kurz vor Abzug der Blauen-Divisionstruppen aus Deutschland wird Julio von dem für ihn zuständigen Oberst vorgeschlagen, einen Teil der Nachfolgeorganisation, der Blauen Legion, zu leiten. Julio, bereits ‚Vollblutsoldat', übernimmt die Mission gern und bleibt bis 1944 in Deutschland. Im April desselben Jahres jedoch desertiert er und flüchtet nach Frankreich:

> Am 25. April 1944 war am Bahnhof von Orléans ein schweigsamer junger Mann aus einem Zug gestiegen. Er hatte dunkle Haut und kurzgeschorenes Haar. In der linken Innentasche seiner Jacke steckte ein 1937 von der Vereinten Sozialistischen Jugend Madrids auf den Namen Julio Carrión González ausgestellter Ausweis. In der rechten befand sich ein zweiter Ausweis, 1941 ebenfalls in Madrid auf den Namen Julio Carrión González ausgestellt, diesmal von der spanischen Falange. Tief in seinem Koffer versteckt lagen eine Uniform der deutschen Wehrmacht und eine der spanischen Armee und zwischen beiden sein Wehrpass und ein Passierschein, der fast vier Monate zuvor vom Oberbefehlshaber des Hauptquartiers der Blauen Division der deutschen Wehrmacht in Riga auf denselben Namen ausgestellt worden war. (AG, S. 338)

Julio zeichnet sich zu diesem Zeitpunkt bereits als gewiefter Opportunist aus, der während seiner Militärlaufbahn gelernt hat, aus den widrigsten Situationen den für sich größtmöglichen Vorteil zu ziehen und dabei weitgehend unbemerkt zu bleiben. Während der letzten Kriegsmonate hatte er bereits ausgiebig auf Kosten des Madrider Kriegsministeriums gelebt und war durch Europa gereist (AG, S. 369).

Die drei Folgejahre verbringt der Protagonist in Paris. Dort leben in diesen Tagen viele spanische Flüchtlinge und so verwundert es kaum, dass Julio auf Einwohner seines Heimatdorfes trifft, die seine Mutter Teresa kannten und die deren politisches Engagement bewunderten. Zu seinen Landsleuten gehört auch die Familie Fernández Muñoz. Ignacio Fernández Muñoz, der seit Beginn der Francodiktatur im französischen Exil lebt, kann als ihre Hauptfigur angesehen werden. Die schwierige Lebenssituation dieser Exilspanier – neben Ignacio leben auch seine Eltern und seine Geschwister Mateo, María und Paloma in Paris – wird ausführlich aus der Perspektive Raquels, später auch Ignacios, geschildert.

Julio macht sich während seines Paris-Aufenthalts bei seinen Landsleuten schnell beliebt. Ignacio, auch ‚der Anwalt' genannt, sieht in Julio einen guten und treuen Freund:

> Seit der Anwalt ihn in dem mit Landsleuten gefüllten Café wiedererkannt hatte, war Julio bei den Fernández ein und aus gegangen, als gehörte er zur Familie. Er hatte gewusst, wer sie waren, er kannte ihr Haus von außen, die schöne große

> Villa mit dem riesigen Garten und Pinien, die so hoch waren, dass man sie von der Landstraße aus sehen konnte, aber er erinnerte sich nicht besonders gut an sie, weil er noch ein Kind gewesen war, als sie aufhörten, ihre Sommerferien im Dorf [Torrelodones] zu verbringen. (AG, S. 530)

Julio, der die Fernández Muñoz abends häufig besucht, verliebt sich bald in Paloma, die unnahbare Schwester Ignacios, die täglich den Tod ihres Mannes Carlos betrauert. Der republikanische Soldat war brutal von den Nationalen ermordet worden. Kurz bevor Julio 1947 beschließt, nach Spanien zurückzukehren, verbringt er eine Nacht mit Paloma. Hier erfährt er Details aus deren Lebensgeschichte, die den weiteren Verlauf des Romans entscheidend prägen. Denn es ist Palomas Absicht, Julio zu benutzen, um den Tod Carlos' zu rächen. Carlos hatte sterben müssen, als er, von den Nationalen verfolgt, Zuflucht bei Palomas Cousine Mariana Fernández Viu suchte, die den republikanischen Soldaten jedoch an die Falangisten auslieferte. Mariana, eine Cousine Palomas väterlicherseits, wird als Familienangehörige trotz ihrer Unterstützung der Franquisten während des Bürgerkriegs von ihrem Onkel Mateo, Palomas Vater, bei sich zu Hause aufgenommen. Die alleinerziehende Mutter – ihre Tochter ist Angélica – bleibt während der gesamten Franco-Diktatur in Spanien und kann als eine Art Hausverwalterin im Haus der Fernández Muñoz wohnen. Jahre später wird Angélica Julio heiraten.

Den Verrat Marianas, die durch die Heirat ihrer Tochter zu Álvaros Großmutter mütterlicherseits wird, schildert der Haupterzähler Álvaro folgendermaßen:

> Wenige Tage nachdem Franco in Madrid einmarschiert war, stand mitten in der Nacht der Mann [von Marianas] Cousine Paloma vor der Haustür. Er war achtundzwanzig und Leutnant in der Republikanischen Armee. Er hinkte, sein rechter Arm war gelähmt, Ende '36 war er an der Front verwundet worden. Er wollte sich nur für eine Nacht in der Wohnung verstecken, in einem Bett schlafen und etwas essen. Er war unbewaffnet, hatte niemanden sonst, an den er sich wenden konnte, und bat Mariana um Unterschlupf für die Nacht. Am nächsten Morgen hatte sie ihn verraten. Die Falangisten zerrten ihn im Pyjama aus dem Bett, steckten ihn ins Gefängnis und erschossen ihn. Jetzt war Großmutter [Mariana] eine Heldin für das Regime und konnte in aller Ruhe genießen, was ihr nicht gehörte. (AG, S. 872)

Mit dem letzten Satz bezieht sich der Erzähler auf den Hausbesitz Mateos, den Mariana sich im Laufe der Jahre aneignet.

In dieser Schlüsselepisode wird klar, dass die Beziehung zwischen Álvaros und Raquels Vorfahren, das heißt Álvaros Großmutter

Mariana und Raquels Urgroßvater Mateo, zunächst keine schlechte ist. Doch durch ihren Verrat an Carlos und dessen Todesfolge missbraucht Mariana das Vertrauen der Fernández Muñoz zutiefst. Paloma entwickelt daher tiefe Rachegefühle für ihre Cousine. Diese Spaltung der Familie in zwei Lager wird später auch die Beziehung zwischen Julio und Ignacio belasten: Ignacio, der Julios Vergangenheit ignoriert und ihn für einen Mann republikanischer Gesinnung hält, vertraut diesem viele Informationen über den Hausbesitz seiner Familie in Spanien an. Julio wird dieses Wissen Jahre später schamlos gegen ihn ausnutzen.

Um Julio in der gemeinsam verbrachten Nacht von ihrem Vorhaben zu überzeugen, beschwört Paloma den Freund mit folgenden Worten: „Räche du mich, Julio, räche mich, und du wirst es nicht bereuen" (AG, S. 536). Julio, der Paloma anbetet, erklärt sich bereit, ihren Auftrag auszuführen: „Später konnte er es selbst kaum fassen, doch in bestimmten Augenblicken wog Paloma mehr als seine Habgier, mehr als seine Verschlagenheit, mehr als die Erinnerung an die Schafe, die sein Vater gehütet hatte…" (AG, S. 536).

Die „Verschlagenheit" des Protagonisten kommt auch zum Ausdruck, als Julio im April 1947 nach Madrid reist und sich dafür illegal, und mithilfe von Informationen spanischer Exilanten an einen Major, einen falschen Pass verschafft.

Im September 1949 macht Julio sich auf den Weg in sein Heimatdorf Torrelodones. Die Art und Weise, auf die er dort Mariana, die inzwischen gänzlich Besitz von Mateos Haus ergriffen hat, vertreibt, ist ein erneutes Anzeichen für seine Kaltblütigkeit. Gleichzeitig erfüllt er so das Versprechen an Paloma, sich an deren Cousine zu rächen. An dem Tag, als Julio Mariana enteignet, da er mit Eigentumsdokumenten, die ihm Ignacio in Paris anvertraut hatte, mittlerweile selbst ihr Haus gekauft hat, genießt er seinen Status und seine Macht in vollen Zügen. Triumphierend stellt er fest: „Er war am Ziel, er, der Sohn eines alkoholsüchtigen Schafhirten und einer politischen Gefangenen, die im Gefängnis gestorben war. Julio Carrión González war reich, ein Señor" (AG, S. 515).

So beginnt Julios Karriere als Bauunternehmer. Im Laufe der Jahre wird er immer erfolgreicher und wohlhabender und genießt sein Leben als glücklich verheirateter Familienvater von fünf Kindern. Von seiner dunklen Vergangenheit wird der ehemalige Divisionskämpfer erst viele Jahre später eingeholt, an dem Tag, als Raquel ihn in seinem Haus aufsucht.

Die Enkelin Ignacio Muñoz, eine erfolgreiche Anlageberaterin, erfährt erst spät vom Verrat Julios an ihrem Großvater, weiß die Situation jedoch schnell auszunutzen: Das Viertel, in dem sich ihre Eigentumswohnung befindet, soll aufgrund einer Modernisierung einem großangelegten Häuserabriss zum Opfer fallen. Julio erweist sich als Käufer ihres Grundstücks und Raquel beschließt daher kurzerhand, den Preis für den Verkauf der Wohnung in die Höhe zu treiben. Doch Julio kommt ihr mit einem attraktiven Angebot zuvor: Wenn sie ihm ihre Wohnung überlasse, schenke er ihr im Gegenzug eine luxuriöse Penthousewohnung. Durch diesen unverhältnismäßigen Tauschhandel wird Raquel bewusst, dass Julio sich vor ihr fürchtet. Dies veranlasst sie dazu, ihren Gegner in die Enge zu treiben: Bei ihrem nächsten Besuch fordert sie von ihm eine Million Euro. Sollte Julio diese Summe nicht bezahlen, ginge Raquel mit seiner Verräter-Geschichte an die Öffentlichkeit. Durch ihre metaliterarische Referenz auf das noch immer aktuelle gesellschaftliche Interesse an Ereignissen der Franco-Diktatur spielt die Erzählerin auf die gegenwärtige Debatte in Politik und Literatur an. Das Thema des überlasteten Immobilienmarkts und die Anspielung auf eine möglicherweise bevorstehende spanische Wirtschaftskrise steht in diesem Moment im Mittelpunkt der Erzählung. Julio, der Raquels Drohung nicht standhalten kann, erleidet noch während ihrer Unterredung einen Herzinfarkt, dem er kurze Zeit später erliegt.

Wie kann nun diese Romanfigur im Hinblick auf die zuvor dargestellten Episoden aus Julios Leben charakterisiert werden?

Für den Haupterzähler Álvaro ist der Vater zunächst ein bewundernswerter, von allen respektierter Mensch. Aus Sicht Álvaros halten sowohl Julios Söhne als auch seine beiden Töchter den Vater für eine meist gutgelaunte und humorvolle Persönlichkeit. Beispiele hierfür sind etwa die früheren Wochenendausflüge der Familie: Obwohl niemand diese sonderlich schätzte, war der Vater in der Lage, seine positive Lebenseinstellung auf seine Kinder zu übertragen, und so sind diese Ausflüge dem Erzähler letztlich in positiver Erinnerung geblieben: „ […] wir alle mochten ihn, seine Kraft, seine Begeisterung, seine Fröhlichkeit, und deshalb lächelten wir und sangen sogar unterwegs" (AG, S. 13), so Álvaro. Wie aus einer anderen Kindheitsgeschichte

Álvaros hervorgeht, zeigt sich Julio seinem jüngsten Sohn gegenüber als besonders besorgter und liebevoller Vater (AG, S. 851).

Julios Vergangenheit als Soldat in der Blauen Division ist seinen Kindern jedoch bis zu seinem Tod nur teilweise bekannt. Tatsächlich erfährt Álvaro erst von der doppelten Identität des Vaters während des Zweiten Weltkriegs, als er nach dessen Tod Dokumente in Julios Schreibtisch findet. Bereits zu Beginn des Romans wird klar, dass Julios Persönlichkeit entscheidend von seinen militärischen Errungenschaften geprägt ist: Dies zeigt nicht nur die äußerst disziplinierte Haltung, die er gern einnimmt (AG, S. 20), sondern auch seine zähe Entschlossenheit und seine unbeirrbare Zielstrebigkeit. Durch die Art der Enteignung Marianas beweist er, dass für Gefühle in seinem Leben kein Platz ist. Später bestätigt Julios Angestellter Sebastián im Gespräch mit Raquel, dass der Bauunternehmer „alles andere als ein Wohltäter [sei]" (AG, S. 830). Álvaro jedoch wird sich des wahren Charakters seines Vaters erst nach dessen Tod bewusst.

Ein Charakterzug Julios wird gegen Ende des Romans aus der Erzählperspektive Raquels besonders hervorgehoben: Von außen betrachtet scheint er nicht in der Lage zu sein, sich auf etwas festzulegen, besonders selten auf eine bestimmte politische Position. Nie spricht er sich explizit für eine Sache aus. Dennoch wägt er vor seinen jeweiligen Entschlüssen genau ab, welchem Lager er sich anschließt, welche Gruppierung ihm mehr Vorteile verschaffen könnte. Was seine Mitgliedschaft bei den Falangisten betrifft, so haben die Leser eher den Eindruck, dass sie stärker dem Gruppenzwang durch Eugenio und dessen Freunde zuzuschreiben ist, da sie auf einer schnellen Handlung beruht und weniger auf einer gut durchdachten Entscheidung des Protagonisten. Nicht so sein Entschluss, sich freiwillig als Soldat der Blauen Division zu melden: So scheint der Kampfgeist der Eugenio-Brüder den Protagonisten stark vereinnahmt zu haben, denn seine Entscheidung zum Kampf ist viel bewusster getroffen.

Julios Handeln verläuft meist nach dem gleichen Schema: Weder Freunde noch Feinde setzt der Protagonist über seine wahren Gedanken und politischen Einstellungen in Kenntnis. In Gesprächen weicht er direkten Meinungsäußerungen und Stellungnahmen aus. Durch diese Art des Agierens erschwert er es seinen Gegnern, gegen ihn anzugehen: Oft werden seine tatsächlichen Absichten und damit sein wahrer Charakter verkannt. Dies bekommt die Familie Fernández Muñoz, allen voran Mariana, besonders zu spüren. Raquels

Großmutter Anita beschreibt Julio als undurchsichtigen und angepassten Menschen – Eigenschaften, die ihn zum stillen, unbemerkt bleibenden Bösewicht geradezu prädestinieren:

> „Er besaß einen Ausweis der JSU, doch, doch, ich habe ihn mit eigenen Augen gesehen, und es war ein alter Ausweis, während des Krieges in Madrid ausgestellt. Aber was Julio in Wirklichkeit war, wer weiß? Er war ein Opportunist, ein schamloser Zyniker. Ein schlechter Mensch". (AG, S. 812)

Doch erst nachdem der Verrat offenkundig geworden ist, kann die Großmutter Julio tatsächlich als schlechten Menschen bezeichnen.
Nur an sehr wenigen Stellen des Romans wird Julios politische Einstellung tatsächlich deutlich. Zum ersten Mal ist dies der Fall, als er seine Bewunderung für die Mutter zum Ausdruck bringt. Da er jedoch noch ein Kind ist und nicht viel von politischem Engagement versteht, ist diese Episode nur insofern ausschlaggebend, als sie ihm den Impuls gibt, sich nie mehr als Verlierer fühlen zu wollen. Denn trotz des Stolzes, den er für die Mutter empfindet, als er sie einmal auf einer lokalpolitischen Veranstaltung erlebt, wünscht er sich insgeheim, seine Eltern mögen politisch mit einer Stimme sprechen (AG, S. 192).
Trotz ihrer früher politisch entgegengesetzten Positionen, zollt Julio Raquel gegenüber gegen Ende seines Lebens Respekt vor deren Großvater:

> Ich habe nur wenige Menschen wie [Ignacio] kennengelernt. Die Tatsache, dass wir uns nicht ähnlich waren, nicht dieselben Überzeugungen hatten, hinderte mich nicht daran, ihn zu schätzen. (AG, S. 825)

Doch dieser verständnisvolle Zug des Protagonisten tritt selten zutage. Als Blauer Legionär lernt Julio, politisch unklare Situationen auszunutzen und kommt zu Geld. In Paris ist er zwar auf die Hilfe der Fernández Muñoz angewiesen, die ihn bei sich aufnehmen, doch zurück in Spanien nutzt er das Vertrauen der republikanischen Familie schamlos aus. Sein Plan entsteht schon, bevor Paloma ihn um eine Racheaktion an Mariana, die selbst nicht mehr als ein Spielball in Julios Plan ist, bittet: Er rechnet seit langem damit, dass ihr Vater Ignacio ihm auch nach seinem Weggang aus Frankreich bedingungslos vertrauen wird. Und darin irrt Julio nicht: Als er der Familie von seinen Rückkehrplänen erzählt, bittet ihn Ignacio umgehend, in seinem ehemaligen Haus nach dem Rechten zu sehen. Er stattet Julio mit einer notariellen Vollmacht aus, die dem Protagonisten praktisch freien Handlungsspielraum lässt.

Die Leser werden jedoch in die Irre geführt, da die scheinbar beginnende und doch nie wirklich entstehende Liebesgeschichte zwischen Paloma und Julio zwar nicht im Mittelpunkt der Erzählung steht, aber dennoch für Spannung sorgt. Die Fernández Muñoz sehen in Julio einen äußerst angenehmen, freundlichen und hilfsbereiten Zeitgenossen: „[…] im Übrigen ist er sehr nett, sagte [Maria Muñoz] später. Ja, wirklich, er ist so charmant, pflichtete Paloma ihr bei. Und so lustig; Anita gefiel er auch“ (AG, S. 530). Paloma ist die Einzige, die nie offen ihre Sympathie für Julio bekundet. Für sie ist er allein dazu geeignet, ihren toten Ehemann Carlos zu rächen. Dennoch bleibt in den Situationen, die Julio und Paloma gemeinsamen erleben, unklar, ob sie tatsächlich an schlechte Charakterzüge Julios glaubt oder darauf vertraut, dass dieser aus Liebe zu ihr vieles für sie täte.

Der Haupterzähler stellt damit zunächst Julios Funktion als Rächer für Carlos im Namen Palomas in den Mittelpunkt. Die für Julio so bezeichnende Habgier tritt hier aus Sicht seiner eigenen Erzählperspektive verständlicherweise nicht in Erscheinung.

Während es in der Schlüsselepisode des Romans – der Erkenntnis des Verrats Marianas an Carlos und dem damit verbundenen Rachewunsch Palomas an Julio – noch so scheint, als habe Julio tiefe Gefühle für Paloma, wird auch diese Annahme nie eindeutig bewiesen: Zunächst ist Julio vom Auftreten Palomas als Frau beeindruckt, sagt jedoch von sich, er wolle sie lediglich erobern. Möglicherweise sind solche Gedanken allerdings nur seine Art, seine Gefühle zu unterdrücken, da er weiß, dass Paloma ihr Leben lang Carlos gedanklich treu bleiben wird.

Dass Julio das Versprechen, das er Paloma gegeben hat, einlöst, kann letztlich viel weniger auf seine Liebe zu ihr zurückgeführt werden als auf die Tatsache, ein habgieriger Geschäftsmann zu sein, der nach Ruhm und Reichtum strebt. Dabei kann die schlechte Behandlung Marianas nur als – für Paloma positiven – Nebeneffekt gedeutet werden. In diesem Sinne stünde die Gewinnsucht des Protagonisten über seinen Gefühlen zu Paloma.

Inwiefern steht die Figur Julios nun stellvertretend für ‚das Böse‘ im Roman? In der Ausgangsdefinition des *Diccionario de la Real Academia Española* des Terminus *malo* wird der Begriff zunächst von der *bondad* abgegrenzt: „Malo, mala (Del lat. *malus*) 1. adj. Que carece de la bondad que debe tener según su naturaleza o destino“[19]. Die

19 Malo. http://www.rae.es/rae.html (Zugriff am 05.02.2013).

Trennung von ‚Gut und Böse', der sich neben vielen anderen wissenschaftlichen Disziplinen nicht nur die Literatur, sondern auch die Alltagssprache bedient, ist laut Pieper nicht neu:

> Die Frage nach der Herkunft des Guten und Bösen hat aus unterschiedlichen wissenschaftlichen Perspektiven stark voneinander abweichende Antworten gefunden. Während aus naturwissenschaftlicher Sicht die biologische Vorgeschichte des Menschen evolutionstheoretisch rekonstruiert und zur Erklärung der Entstehung moralischer Verhaltensweisen herangezogen wird, versucht man aus sozialwissenschaftlicher und psychologischer Sicht die repressiven Strukturen der Gesellschaft als Wurzel des Bösen aufzudecken. Aus theologischer Sicht hingegen wird behauptet, es seien keine äußeren Umstände, die den Menschen zu Fall gebracht hätten, sondern als der alleinige Urheber des Bösen wie des von Gott ermöglichten Guten komme gemäß der Sündenfall-Lehre nur der Mensch selber in Betracht. Alle drei Erklärungsversuche tragen Erhellendes zum Ursprung von Gut und Böse bei, lassen aber auch Fragen offen.[20]

Inwiefern kann Julio demnach als böse Figur bezeichnet werden? Was den Begriff ‚böse' als Charaktereigenschaft betrifft, so fällt auf:

> [...], daß wir in unseren alltagssprachlichen Urteilen über Menschen und Handlungen das Wort *böse* selten verwenden. Stattdessen sagen wir lieber, X habe *falsch* gehandelt, oder schreiben Z einen *schlechten* Charakter zu. Damit wird die negative Aussage abgeschwächt, denn eine falsche Handlung kann die Folge eines Irrtums, ein schlechter Charakter besserungsfähig sein. Die Bezeichnung einer Handlung oder eines Menschen als böse hingegen hat etwas Endgültiges, weil damit zum Ausdruck gebracht wird, daß der Täter wissentlich und willentlich so gehandelt hat, wie er gehandelt hat, und man ihm damit unterstellen muss, er habe das Nichtgute als solches gewollt. Diese Unterstellung scheint jedoch so extrem zu sein, daß wir uns scheuen, ein so hartes Urteil über jemanden zu fällen, und nach Ereignissen in der Biographie des Betreffenden oder unglücklichen Umständen Ausschau halten, die sein Verhalten, so schlimm es auch sein mag, wenn nicht entschuldigen, so doch verstehbar machen.[21]

Diese Art der Interpretation des Bösen als Bezeichnung einer Charaktereigenschaft scheint ganz im Sinne Grandes' zu sein. Bei ihren Romanerzählungen handelt es sich im Allgemeinen nicht um Schwarz-Weiß-Darstellungen, bei denen ‚gute' ‚bösen' Romanfiguren gegenübergestellt werden, ihr Schreiben ist – sicherlich durch die historische Distanz mitbedingt – viel komplexer und subtiler.

Betrachtet man die Mischung aus unterschiedlichen, nicht durchweg negativen Charaktereigenschaften Julios, wird deutlich, dass er sehr ambivalent agiert, woraus sich verschiedene Interpretationen seiner

20 Annemarie Pieper: *Gut und Böse*. München: Beck 2008, S. 19.

21 Ebd., S. 11.

Figur ergeben. Grandes bestätigt, dass ihr das Erzeugen eben dieser Komplexität des Protagonisten beim Schreiben sehr wichtig war:

> Pero yo siempre he pensado que para que un malo sea de verdad malo, para que dé de verdad miedo tiene que tener luces. O sea, los malos oscuros, compactos, torpes, que lo hacen todo mal y violan a los niños y eso, no dan miedo porque son como caricaturas. Y entonces Julio Carrión en ese sentido es un malo-seductor […].[22]

Aus solchen Aussagen lässt sich ableiten, dass die Erzählung auf das Alternieren positiv und negativ bewerteter Eigenschaften des Protagonisten abzielt. Dies erschwert es den Lesern, das Böse in der Figur des Julio Carrión im Voraus und in seiner ganzen Breite zu überschauen.

Diese Komplexität kann auch auf den Gesamtroman übertragen werden und ist ein weiteres Charakteristikum der Erzählliteratur Grandes', wie Ennis beim Vergleich der Werke Grandes', Cercas', Atxagas und Salaberts feststellt:

> La conjuración del espectro familiar como par simétrico del espectro de la historia compone así el esquema de una forma de la anagnórisis habitual en la narrativa de la posmemoria (puede pensarse, por ejemplo, en la ficción de *El hijo del acordeonista*, de Bernardo Atxaga, *El corazón helado*, de Almudena Grandes o en el *Velódromo de invierno* de Juana Salabert, entre otros) que busca la conexión de lo doméstico y lo público ("postmemory seeks connection" 44) como modo de articular el discurso y el peso de una voz sobre el pasado.[23]

Bis kurz vor seinem Tod – d. h. bis zu dem Moment, an dem Raquel ihre eigene Immobiliengeschichte zu Ende erzählt – bleibt Julio für die Leser eine undurchsichtige Figur. Spannung wird zudem dadurch

22 Macciuci / Bonatto: „Machado es el dechado de virtudes republicanas por excelencia", S. 128–129. („Ich habe allerdings immer gedacht, dass ein wahrer Bösewicht schlau sein muss, um auch wirklich Angst einzujagen. Das heißt, die durch und durch dunklen und ungeschickten Bösewichte, die nur Böses verüben, Kinder schänden usw., jagen keine Angst ein, da sie wie Karikaturen sind. Daher ist Julio Carrión ein Bösewicht, der verführt … .")

23 Juan Antonio Ennis / Néstor Bórquez: El escritor, la historia y la imagen en torno a "Anatomía de un instante", de Javier Cercas. In: *Aletria* 2 (2010), S. 37–55, hier S. 49. („Die Verschwörung des familiären Spektrums als symmetrischem Paar zum Geschichtsspektrum bildet so das Schema einer in der Erzählliteratur der Rückerinnerung typischen Form von Anagnorisis (man denke beispielsweise an die Fiktionalität in *El hijo del acordeonista* von Bernardo Atxaga, *El corazón helado* von Almudena Grandes oder *Velódromo de invierno* de Juana Salabert etc.). Diese Art der Erzählliteratur sucht die Verbindung zwischen dem häuslichem und dem öffentlichen Raum (‚postmemory seeks connection' 44) als eine Form des sprachlichen Ausdrucks und einer gewichtigen Stimme über Vergangenes.")

erzeugt, dass Raquel Álvaro eine Weile in dem Glauben lässt, sie habe eine Liebesbeziehung zu dem alten Mann unterhalten.
Diese Art der charakterlichen Struktur der Romanfiguren ist nun typisch für Grandes. Neben Julio und Paloma ist auch Angélica von Rachegedanken und -gefühlen durchdrungen. Die Tatsache, dass Angélica Julio heiratet, kann als klug geplanter Schachzug interpretiert werden. Sie garantiert sich selbst dadurch einen hohen Lebensstandard, da sie von den Reichtümern ihres Mannes weiß.
Auf diese Weise wird Julio zu einer ambivalenten Persönlichkeit: Während vor allem Raquel, zum Teil aber auch Álvaro, mehrheitlich die negativen Eigenschaften und Verhaltensweisen des Protagonisten hervorheben, betont dieser aus seiner eigenen Perspektive hauptsächlich dessen disziplinierten, tapferen und willensstarken Charakter.
Álvaros und Raquels Erzählanteile sind deutlich größer als Julios, und so scheint sich die Absicht Grandes' zu bestätigen, mit ihrem Roman vor allem die Gräueltaten der Franquisten an den Pranger stellen zu wollen. Julio wird im Laufe des Romans immer deutlicher zu deren Stellvertreter. Dies bestätigt zum einen die Sekundärliteratur, derer sich die Schriftstellerin für ihre Recherchen zum *Corazón helado* bediente[24], zum anderen ihr zum Ausdruck gebrachter fester Glaube an die Ideale der Republikaner. So sagte sie etwa bei der Verleihung des Literaturpreises *Premio Iberoamericano de Novela* 2011 in Mexiko im Interview: „Veamos hacia el futuro y tengamos ese mismo optimismo resuelto y esa misma convicción que tuvieron los republicanos", oder: „Lo que nos enseñó la República española es que podemos hacer lo que queramos hacer".[25]
Es bleibt festzuhalten, dass das *Corazón helado* Literatur und Geschichte gelungen miteinander verknüpft. Die Schriftstellerin versucht, mit ihrem Werk ein Beispiel für die Verbrechen der Franquisten und Falangisten zu geben und mischt dabei Fiktion mit Tatsachenberichten. Beides betont sie im Nachwort: So habe sie sich für ihr überwiegend fiktionales Werk von der Lebensgeschichte der Familie García Lorcas inspirieren lassen.[26]

24 Vgl. Grandes: *Das gefrorene Herz*, S. 941–942.

25 Beide Zitate stammen aus dem Interview Almudena Grandes: „México ofreció su página más dulce a los republicanos". http://www.publico.es/agencias/efe/401607/almudena-grandes-mexico-ofrecio-su-pagina-mas-dulce-a-los-republicanos (Zugriff am 12.04.2013).

26 Macciuci / Bonatto: „Machado es el dechado de virtudes republicanas por excelencia", S. 127.

Die Komplexität des Werkes kann jedoch auch negativ bewertet werden: Wie bereits aus der Einleitung des *Gefrorenen Herzens* hervorgeht, handelt es sich bei diesem Roman um ein sehr vielschichtiges Werk, dessen Lektüre sich durch die Vielzahl der Personen und ihre Beziehungen zueinander zum Teil als langwierig erweist. Die Verwendung von Namensvettern sowie die nicht chronologisch geordnete Erzählung der Vergangenheitsepisoden der einzelnen Figuren erzeugt trotz der spannend erzählten Episoden zunächst Verwirrung.

Abschließend sollte zudem hervorgehoben werden, dass eine der Hauptmotivationen der Schriftstellerin, durch die beiden Themenschwerpunkte Geschichte und Literatur bedingt, ihre Frage nach Gerechtigkeit bei der Aufarbeitung und Aufklärung der Bürgerkriegs- und Diktaturverbrechen ist. Letztlich ist es *justicia*, die die Autorin mit ihrem Werk einfordert, womit sie auch auf die Anerkennung und Entschädigung für die Opfer dieser einschneidenden Ereignisse in der jüngsten spanischen Geschichte hinweist.

Wie die bisher veröffentlichten drei Romane der *Episodios de una guerra interminable* (*Inés y la alegría* (2010), *El lector de Julio Verne* (2012) und *Las tres bodas de Manolita* (2014)) zeigen, bleibt das Thema der literarischen Aufarbeitung des Bürgerkriegs und der Franco-Diktatur ihr zentraler Schwerpunkt. Dies machte sie unlängst noch einmal in einem Interview auf der Feria del Libro de Valencia deutlich:

> Grandes ha confesado que el maquis es un tema „sobre el que podría escribir toda la vida". „Siempre se seguirá escribiendo sobre la II República y la Guerra Civil española porque son grandes momentos de la humanidad y por eso nunca se van a acabar, como no lo harán el Imperio Romano, la Revolución Francesa o el Tercer Reich".[27]

27 Almudena Grandes: „España es un país anormal". In: *El Mundo*, 03.05.2012. („Grandes hat zugegeben, dass die antifranquistische Widerstandsbewegung ein Thema ist, ‚über das ich mein ganzes Leben lang schreiben könnte'. ‚Man wird immer über die Zweite Republik und den Spanischen Bürgerkrieg schreiben, da beide Ereignisse wichtige Momente für die Menschheit bedeuten und damit werden sie nie enden, ebenso wenig wie das Römische Reich, die Französische Revolution oder das Dritte Reich'.")

Enthistorisierung der Geschichte in Jenny Erpenbecks *Heimsuchung* und Helmut Kraussers *Eros*

Brahim Moussa

Im historischen Roman „erlebt [der Leser] die historische Genesis der bedeutenden historischen Figuren, und die Aufgabe des Schriftstellers besteht darin, sie nunmehr so handeln zu lassen, daß sie als wirkliche Repräsentanten [der] historischen Krisen erscheinen."[1] Lukács will im historischen Roman eine Widerspiegelung historischer Wirklichkeit erkennen. Die literarische Diegese, die sprachlich generierte Erzählung soll mit der historischen Wirklichkeit deckungsgleich sein; das war Lukács' Anspruch. Inzwischen hat sich aber – was Verhandlungen mit historischen Stoffen in der Literatur betrifft – viel getan. Von schwerwiegenden Repräsentanten historischer Ereignisse oder Figuren im heutigen Roman kann nicht mehr die Rede sein, denn die Sprache hat ihre „falsche Unschuld"[2], gemeint ist die natürliche fixe Referenz, bekanntlich längst verloren. So kann Lukács' Versprechen nicht mehr aufrechterhalten werden: Historische Zeichen können im literarischen Text nicht ohne Weiteres als Platzhalter für historische Realitäten gehalten werden. Gleichwohl wimmelt die Gegenwartsliteratur von Geschichtssignaturen, die die erzählten Welten historisch einbinden. Zu erwähnen sind z. B. Erich Hackls *Die Hochzeit von Auschwitz* (2003), Helmut Kraussers *Eros* (2005), Jenny Erpenbecks *Heimsuchung* (2007) und Marcel Beyers *Kaltenburg* (2009). Die Gewinner des Deutschen Buchpreises in den Jahren 2011 und 2012 – Eugen Ruges

1 Georg Lukács: *Der historische Roman.* Berlin: Aufbau 1955, S. 33.

2 Umberto Eco: *Nachschrift zum ‚Namen der Rose'*, aus d. Ital. v. Burkhart Kroeber. München: dtv 2003, S. 21.

In Zeiten des abnehmenden Lichts (2011) und Ursula Krechels *Landgericht* (2012) – fallen ebenfalls unter diese Kategorie.
Zwar variiert der Historisierungsgrad in diesen Texten, aber im Allgemeinen erfreuen sich historische Stoffe vielfacher Realisierungsformen im Gegenwartsroman. Dabei scheint die heutige Literatur weder Auseinandersetzungen mit Geschichte anzuregen noch die Dimensionen historischer Ereignisse zu offenbaren und Aufarbeitungsdebatten anzustoßen – damit hat sich schon eine Reihe von Nachkriegsautoren wie Grass, Lenz, Koeppen und viele andere ausgiebig beschäftigt. Texte der Gegenwart thematisieren aber mehr einzelne historisch bedeutungslose Lebensläufe auf großer historischer Bühne: Ein märkisches Landhaus ist in Erpenbecks *Heimsuchung*[3] der Schauplatz einer Reihe von Fragmenten mehrerer Lebensgeschichten, die sich vor dem Hintergrund historischer Zäsuren im 20. Jahrhundert überkreuzen, aufschichten und auseinanderlaufen. Die unglückliche Liebesgeschichte in Kraussers *Eros*[4] steht im Zeichen historischer Ereignisse von den Bombardierungen im 2. Weltkrieg, über die 68er-Spannungen bis hin zu Staatsaffären zwischen DDR und BRD. Die große Geschichte eines katastrophalen Jahrhunderts wird in diesen Texten (nur) als Begleitumstand individueller Lebensläufe thematisiert, die ihre eigenen Vergangenheiten vor dem Hintergrund historischer Umwälzungen reflektieren. Aus der Perspektive eng personalisierter Erzählhaltungen in beiden Texten werden private Geschichten mit ständigem, wenn auch gedämpftem Rekurs auf die große Geschichte erzählt. Angesichts stark individualisierter Vergangenheitsreflexionen stellt sich die Frage nach historischer Referenz in diesen Texten: Bleibt sie bestehen oder wird sie degeneriert? Ferner ist nach dem Mehrwert historischer Zeichen im literarischen Text zu fragen: Wie werden historische Zeichen in den Dienst literarischer Diegese gestellt? Am Beispiel von *Heimsuchung* und *Eros* wird dem problematischen Verhältnis zwischen historischem Material und literarischer Verarbeitung im vorliegenden Beitrag nachgegangen.

3 Jenny Erpenbeck: *Heimsuchung*. München: Random House 2010.

4 Helmut Krausser: *Eros*. Köln: DuMont 2006.

1. Referenzverschiebungen historischer Zeichen in *Heimsuchung*

1.1 Individuelle Vergangenheit und große Geschichte

Der Schauplatz der Handlung in Jenny Erpenbecks Roman *Heimsuchung* ist ein märkisches Landhaus, gebaut von einem Berliner Architekten in den 1930er Jahren. Als die Judenverfolgung in vollem Gange war, kauft der Architekt den jüdischen Nachbarn ihr Grundstück für wenig Geld ab, weil diese Ende der 1930er Jahre fliehen müssen.[5] Doch nach dem Ende des Krieges muss die Architektenfamilie selbst die Flucht ergreifen, und das Haus fällt einem aus dem russischen Exil in die DDR zurückgekehrten Schriftstellerpaar zu. Anschließend wird es von Unterpächtern bewohnt usw. Mit jeder historischen Zäsur ändern sich Gesetzeslage und Besitzer des Hauses, nach dem Mauerfall und der Wiedervereinigung erheben mehrere Parteien ihren Anspruch auf das Haus. Der Rechtsstreit dauert lange und das Haus wird am Ende des Romans sogar abgerissen.

12 Figuren, die alle namenlos bleiben, verbringen Teile ihres Lebens im Haus bzw. in seiner unmittelbaren Nähe. Meist sind es historische Entwicklungen, die diese Figuren ins märkische Landhaus bringen oder sie daraus verjagen. Im luxuriös errichteten Haus genießt die Frau des Architekten zunächst wie eine „Zirkusprinzessin" (HS, S. 73) das Leben:

> Heute kann heute sein, aber auch gestern oder vor zwanzig Jahren, und ihr Lachen ist das Lachen von heute, von gestern und genauso das Lachen von vor zwanzig Jahren, die Zeit scheint ihr zur Verfügung zu stehen wie ein Haus, in dem sie mal dieses, mal jenes Zimmer betreten kann. (HS, S. 70)

Dieses Idyll währt aber nicht lange, da der Zweite Weltkrieg beginnt und damit die Unruhen: Als die Russen auf Polen zumarschierten, „schwindelte ihr oft mehrmals am Tag" (HS, S. 72), und zu einer Begegnung mit dem russischen Feind kommt es tatsächlich in einem versteckten Schrank in ihrem Haus, als es russische Soldaten besetzen. Sie wird von einem „Rotarmisten" (HS, S. 94) entdeckt. Nach der DDR-Gründung muss sie in den Westen gehen und „in ihrem Testament wird sie das Grundstück am See [...] ihren Nichten vererben und den Frauen ihrer Neffen. Jedenfalls keinem Mann." (HS, S. 76) Eine weitere Verschränkung menschlicher Schicksale mit der großen

5 Erpenbeck: *Heimsuchung*, S. 60. Im Folgenden wird der Text mit der Sigle HS und der entsprechenden Seitenangabe nachgewiesen.

Geschichte veranschaulicht die jüdische Familie, die ihren Wohnsitz neben dem Architekten am See durch Enteignung verliert. Ein Teil der Familie wandert frühzeitig genug nach Südafrika aus, ein anderer Teil wird ins Konzentrationslager deportiert:

> Zwei Monate nachdem Arthur und Hermine in Kulmhof bei Litzmannstadt den Gaswagen bestiegen haben, nachdem Arthurs Augen aus ihren Höhlen getreten sind, während er erstickte, und Hermine im Todeskampf einer Frau, die sie nie vorher gesehen hat, auf die Füße geschissen hat, wird ihrer beider und ihres ausgewanderten Sohnes Ludwig in Deutschland zurückgebliebenes Vermögen eingezogen, werden sämtliche Sperrkonten aufgelöst und der Hausrat versteigert. Der gesamte Besitz von Arthur und Hermine, darunter auch der Erlös aus dem Verkauf des Grundstücks am See, bebaut mit 1 Badehaus und 1 Steg, fällt an das Deutsche Reich, vertreten durch den Reichsfinanzminister. (HS, S. 60–61)

Ähnlich historisch gebunden ist die Geschichte einer Schriftstellerin, die aus dem russischen Exil nach dem Ende des Krieges zurückkehrt, und einer Besucherin aus den masurischen Gebieten Polens, die der Krieg dazu zwingt, ihr Heimatdorf in Polen zu verlassen: „Als sie jung war, hat sie die masurischen Seen im Sommer durchschwommen und durchtaucht, auch in ihnen gefischt" (HS, S. 132). Doch auch diese friedliche Zeit währt nicht lange, da sie von den historischen Ereignissen eingeholt wird, Hab und Gut verliert und doppelt fremd wird, zunächst in der masurischen Heimat, dann als Vertriebene im Exil im märkischen Haus.

So wirken historische Großereignisse auf das individuelle Schicksal einzelner Figuren, die vielleicht keinen Begriff von der großen Geschichte haben; gleichwohl offenbaren sie in ihren Einzelerfahrungen die Grausamkeiten von Krieg, Vertreibung, Enteignung und Holocaust:

> Die große Geschichte mischt sich mit den Schicksalen einzelner Figuren, Weltkriege mit den Kleinkriegen an der Gartenhecke, das Glück idyllischer Kindheitstage mit der Trauer um immer neue Verluste und Vertreibungen aus dem Garten Eden.[6]

Doch ist im Text zu erkennen, dass der historische Hintergrund ohne große Thematisierung in die einzelnen Geschichten eingespeist wird; mehrfach wird er signalisiert: So spielt die „Entjudungsgewinnabgabe" (HS, S. 60) auf die Enteignung der Juden im Nationalsozialismus an,

6 Roman Bcheli: Am Ufer des Märkischen Meers. http://www.nzz.ch/aktuell/feuilleton/buchrezensionen/am-ufer-des-maerkischen-meers-1.664000 (Zugriff am 10.08.2013).

die „masurischen Seen“ werden in einem Erinnerungs- und Sehnsuchtsdiskurs implementiert und weisen als Chiffre auf das Schicksal der Vertriebenen und den Verlust ihrer Heimat hin. Kurz vor ihrer Reise in den Westen „blickt [die Frau des Architekten] auf den inzwischen Volkseigentum gewordenen See“ (HS, S. 75) und indiziert die Enteignungspolitik der DDR. Minimal sind also die Verknüpfungshinweise auf die große Geschichte des 20. Jahrhunderts in den Geschichtsfragmenten der Figuren. Der Text aktualisiert historische Elemente, ohne den historischen Diskurs auszubreiten: „Schlüsselereignisse der deutschen Geschichte werden nicht expliziert, sondern angedeutet“[7], befindet Inga Probst zu Recht. Was aber vorwiegt, sind Reflexionen der einzelnen Figuren über ihre eigene Vergangenheit und die Veränderungen, die sie im Laufe der Zeit hinnehmen müssen. Demnach werden die Schicksalsschläge, die die Menschen erfahren, dahingehend auf den zeitlichen Verlauf gelenkt; eine Geste, die die Relation zwischen literarischer Diegese und historischem Stoff problematisiert.

Mnemotisch rücken Vergleiche zwischen Vergangenheit und Gegenwart der Figuren in den Vordergrund. So sinniert die Besucherin, die ihre masurische Heimat nach dem Krieg verloren hat:

> Daheim zu sein, war schon die eine Hälfte der Fremdheit, ohne daß sie es damals, als sie noch daheim war, schon gewußt hätte, Kapitel eins sozusagen, und das Fortgehen dann nur die andere Hälfte, Kapitel zwei, die Fremdheit von außen gesehen, beide Hälften gleich groß und einander entsprechend […]. Sie hat das Verlieren gelernt, Kapitel eins: das Haben, und Kapitel zwei: das Verlieren, sie hat so lange verloren, bis sie das Verlieren beherrschte. (HS, S. 136)

Die Schicksalsschläge, die die Figuren erfahren müssen, sind ohne Zweifel historisch bedingt, jedoch leiten sie einen Reflexionsmodus über Zeit ein, die als unaufhaltsam erfahren wird und die Menschen von ihrer Vergangenheit, von ihrer Geschichte, abtrennt. Nahezu alle Figuren müssen den Ort wechseln, alle werden von vergangenen Lebensabschnitten abgetrennt, teilweise mehrfach. Das prägt ihre Reflexionen:

> Wahrscheinlich vergeht die Zeit. Zeit, die sie wahrscheinlich immer weiter und weiter entfernt von dem Mädchen, das sie vielleicht einmal war: Doris Tochter

7 Inga Probst: Auf märkischem Sand gebaut. Jenny Erpenbecks *Heimsuchung* zwischen verorteter und verkörperter Erinnerung. In: Ilse Nagelschmidt / Inga Probst / Torsten Erdbrügger (Hrsg.): *Geschlechtergedächtnisse. Gender-Konstellationen und Erinnerungsmuster in Literatur und Film der Gegenwart.* Berlin: Frank & Timme 2010, S. 67–88, hier S. 72.

> von Ernst und Elisabeth zwölf Jahre alt geboren in Guben. Es ist niemand mehr da, der ihr sagen könnte, ob diese Worte herrenlos sind und sich nur zufällig in diese Kammer, in diesen Kopf verirrt haben, oder ob sie wirklich zu ihr gehören. Zeit hat sich zwischen sie und ihre Eltern, zwischen sie und alle übrigen Menschen geschoben, Zeit hat sie mit sich fortgerissen und in diese dunkle Kammer gesperrt. (HS, S. 79–80)

Sicherlich versinnbildlichen die agonischen Ängste des Mädchens die individuelle Erfahrung eines Kindes, dessen einzige Überlebenschance im Versteck in einer Kammer besteht, die so schwarz ist, dass das Mädchen an der Präsenz seiner eigenen Körperlichkeit zweifelt. Die Auseinandersetzung mit der Zeit dominiert aber diese Reflexionen und leitet eine Transformation des historischen Moments ein. Die Erfahrung der Isolation im Versteck illustriert nicht nur die Abtrennung des Mädchens von der eigenen Familie und dem Rest der Menschen, sondern auch von sich selbst. In diesem Gefühl der Entfernung von der eigenen Identität geschieht gleichzeitig eine Entrückung vom historischen Geschehen. Doris weiß in der Kammer nicht mehr, was draußen passiert. Mit der Ent-bindung von der eigenen Geschichte, von den Eltern und Verwandten vollzieht sich eine Abtrennung von der Geschichte überhaupt. Im Versteck, in der dunklen Kammer, hat das Mädchen keinen Konnex zur äußeren Welt. Ein ähnliches Bild ist bei der Schriftstellerin und der Vertriebenen zu finden: Nach den Wirrnissen des Krieges führt die Vertriebene ein doppelt verfremdetes Leben und die Schriftstellerin findet ihre Heimat nicht wieder. Die Sentenz, „I-c-h k-e-h-r-e h-e-i-m" (HS, S. 112), bei der die Schriftstellerin jeden Buchstaben einzeln betont, erweist sich trotz mehrfacher eindringlicher Wiederholung als leer. Als sie ins Exil gegangen ist, hat sich die Heimat von ihr für immer getrennt. Bei der Rückkehr kann sie die zeitliche Distanz, die sich zwischen ihr und ihrer Heimat aufgetan hat, nicht mehr überbrücken. Die Zeiterfahrung, die die Menschen durchgehen müssen, schneidet sie von ihrer eigenen Geschichte aber auch von der großen Geschichte ab, da beide in der Vergangenheit zurückliegen. Damit ändert sich jedoch das Gesamtbild der Historie.

1.2 Körperlosigkeit der Geschichte

Eine stark individualisierte, an die Figuren gekoppelte elegische Tonlage dominiert über weite Strecken den Erzählnexus und fokussiert sich stärker auf innerlich erlebte Verlusterfahrungen und Enttäuschungen als auf die historisch bedingten Zäsuren in ihren

Biographien: Für die Schriftstellerin, die aus dem russischen Exil zurückgekehrt ist, „[hatte sich] daheim [...] in die Zeit selbst verwandelt, die hinter ihm lag, Deutschland sich auf Nimmerwiedersehen in etwas Körperloses, in den verlorenen Geist, mit dem man all jene Schrecken weder wußte, noch sich vorstellen mußte." (HS, S. 116) Sie wurde ins „Unbehauste gestoßen, unabhängig davon, ob sie zurückkehrte [...] oder nicht [...]. Aber ihr, der kein Land mehr, sondern die Menschheit die Heimat sein sollte, blieb der Zweifel für immer als Heimweh." (HS, S. 116). Das Daheim verwandelt sich in die Zeit, die sich immer mehr von ihr entrückt. Den gleichen wehmütigen Ton schlägt ebenfalls die Frau des Unterpächters an, als sie mit einem „Leben Verspätung" (HS, S. 149) erfährt, dass ihre Familiengeschichte nicht die richtige war, dass ihr Vater nicht ihr Vater war und dass sie und ihre Schwester von Kriegsflüchtlingen im Riesengebirge aufgefunden wurden:

> Beide, sie und diese andre, seien damals als kleine Kinder von Kriegsflüchtlingen aus dem Riesengebirge hierher gebracht worden und dann in verschiedene Dörfer zu verschiedenen Eltern gegeben, hat ihre Freundin gesagt. Jeder im Dorf hätte das gewußt. Nur sie nicht. Ach, das tut mir leid, sagt die Freundin. (HS, S. 148–149)

Ihre Kindheit, von der sie behauptet, sie „sei [...] wie im Märchen gewesen" (HS, S. 148), entpuppt sich als eine falsche. In diesen Reflexionen wird deutlich, dass für beide Figuren die Vergangenheit mit der Zeit nicht die gleiche bleibt. Die Frau des Unterpächters erfährt, dass ihre eigene Vergangenheit keine wirkliche war, sondern ein Märchen. Der *Vater* ihrer vergangenen Kindheit ist heute „nicht echt" (HS, S. 148), sondern nur noch der „*Stiefvater*" (HS, S. 147). Das Zeichen *Vater*, das sich in ihrer ganzen Vergangenheit mit der väterlichen Instanz abdeckte, muss nach langer Zeit eine Referenzverschiebung erfahren: Das Zeichen *Vater* rekurriert nun auf eine andere Referenz, nämlich auf den Stiefvater. Diese zeitlich bedingten Referenzdemarkationen vollziehen sich nicht nur auf privater Ebene, sondern sie betreffen auch historische Zeichen. Die Schriftstellerin findet Deutschland, das sie zurückgelassen hat, nicht mehr wieder. Deutschland, das Land, die Erde, das historisch fixierte Territorium, wird in die Zeit überführt und zugleich körperlos. Dies markiert eine Dichotomie zwischen Zeichen der Vergangenheit und ihren Signifikaten. Der Signifikant, *Deutschland*, ist das gleiche geblieben, das Signifikat aber nicht. Die zeitliche Distanz trennt den Terminus von seiner

Referenz; der historische Begriff stimmt mit der historischen Referenz auf Dauer nicht mehr überein. Diesem semiotischen Prozess begegnen die Menschen in diesem Text mit voller Entrüstung. Es ist eine Entkopplung der Zeichen der Vergangenheit von der Vergangenheit selbst. Dies löst immer wieder ein Verlustgefühl aus. Die enge Relation zwischen Signifikanten und Signifikaten dehnt sich aus, bis beide nicht mehr deckungsgleich werden. Der Versuch der Schriftstellerin zu schreiben, ist nichts anders als ein therapeutisches Mittel, um zu retten, was man noch retten kann:

> Seit ihrer Rückkehr nach Deutschland hatte all ihre Leidenschaft dem Versuch gegolten, durch die Buchstaben hindurch ihre Erinnerungen in die Erinnerungen anderer zu verwandeln, ihr Leben auf dem Papier wie auf einer Fähre in andere Leben überzusetzen. (HS, S. 122)

Das ist der Versuch, die Vergangenheit zu aktualisieren, sie in die Gegenwart hinüberzuretten. Doch der Versuch kann nicht viel helfen, denn selbst „die Worte [scheinen] alt geworden" zu sein, „ohne daß sie [die Schriftstellerin] es gemerkt hat (HS, S. 122). In diesem resignativen Ton wird den Figuren deutlich, dass mit der Überwindung bzw. mit dem Überleben vergangener Bedrängnis auch ein Stück Identität verloren geht. Dass mit der Zeit das Zeichen dem Bezeichneten nicht mehr adäquat bleibt, weil die Erlebnisse in der Vergangenheit einmalig sind, während ihre Signifikanten weiterhin bestehen, problematisiert das Verhältnis zur individuellen Vergangenheit, aber auch zur Geschichte überhaupt. Der Romantext zeigt anhand dieser Geschichten, dass je weiter die historische Situation zurückliegt, desto größer ihr Abstand von ihren sprachlichen Platzhaltern ist. Mit diesem Abstand geht immer mehr von der Geschichte verloren, zumal dieser Abstand nicht nur zeitlicher Natur ist, sondern auch räumlich.

Alle Figuren müssen den Ort wechseln, sie müssen fliehen, werden deportiert oder vertrieben. Diese Deterritorialisierungen[8], die sie

8 Den Terminus haben Deleuze und Guattari in ihren Schriften geprägt. Deterritorialisierung ist laut diesen eine Funktion, die den Ausbruch aus hergestellten Ordnungen, seien diese territorialer, geistiger, sozialer oder auch psychischer Natur, erlaubt bzw. provoziert: „Les sociétés modernes civilisées se définissent par des procès de décodage et de déterritorialisation. Mais, ce qu'elles déterritorialisent d'un côté, elles le reterritorialisent de l'autre. Ces néo-territorialités sont souvent artificielles, résiduelles, archaïques ; seulement, ce sont des archaïsmes à fonction parfaitement actuelle, notre manière moderne de ‚briqueter', de quadriller, de réintroduire des fragments de code, d'en ressusciter d'anciens, d'inventer des pseudo-codes ou des jargons." (Gilles Deleuze / Félix Guattari: *Capitalisme et Schizophrénie 1. L'Anti-Oedipe.* Paris: Éditions de minuit 1972, S. 306). Präzisier und in Bezug auf Raum wird

erfahren, zwingen sie dazu, allmählich Abschied von ihrer Vergangenheit zu nehmen: Die Besucherin schildert diese Erfahrung folgendermaßen:

> [V]on Schritt zu Schritt wird auf der Flucht das Gepäck weniger und das, was man zurückläßt, mehr, und irgendwann hält man an und sitzt nur noch, und dann ist gerade noch das Leben vom Leben übrig, und alles andere liegt in vielen Gräben vieler Straßen, in einem Land, das so groß ist wie die Luft [...]. (HS, S. 131)

Hier ist eine territoriale Abtrennung zu erkennen, die die Verlusterfahrung in den Vordergrund stellt; eine Erfahrung die nahezu alle Figuren durchmachen müssen. Diese deterritorialisierten Figuren tragen die Signaturen räumlich ausgelöschter Geschichten, zu denen sie keinen Zugang mehr haben. Deshalb verwischen sich die Geschichten für diese: Die metaphorische Transponierung des Landes in „Luft" drückt nicht nur die Größe aus, sondern markiert auch eine Art Auflösung des Territoriums in Luft. Das Gebiet, von dem man sich für immer abtrennt, verliert seine materielle Präsenz und verwandelt sich in eine abstrakte Größe. Dies korrespondiert stark mit dem für die Schriftstellerin körperlos gewordenen Deutschland. Die Deterritorialisierung der Menschen, ihre „Übersetzung" an neue Räume und Zeiten trennt sie radikal von ihrer Geschichte ab; es ist wie ein „Übersetzen ans Ufer des Todes" (HS, S. 118). Der Teil der jüdischen Familie, der frühzeitig genug ausgewandert ist, kann keinen Kontakt mehr zur Familie herstellen: „Ludwigs Antwortbrief von Kapstadt nach Warschau geht sechs Wochen hin, sechs Wochen her, er kommt ungeöffnet zurück." (HS, S. 61) Die Vergangenheit verschließt sich den Figuren; mit der Geschichte ist keine Kommunikation zu erwarten; so düster ist die Diagnose, weil sie sich zeitlich und räumlich von den Menschen demarkiert. Was bleibt also von der Historisierung in diesem Text?

1.3 Umfunktionierung historischer Zeichen

Die Abtrennung von der eigenen Geschichte geht an den Figuren nicht spurlos vorbei, sondern sie stürzt sie in krampfhafte Krisen: Für die unberechtigte Eigenbesitzerin – eine Enkelin der Schriftstellerin – fällt die Zeiterfahrung wie folgt aus:

die Geste der Bewegung von einem Raum in den anderen als ein Akt der Deterritorialisierung aufgefasst, den frühe sowie moderne Formen des Nomadentums vertreten. (Vgl. dies.: *Capitalisme et Schizophrénie 2. Mille Plateaux*. Paris: Éditions de minuit 1980, S. 592–626, v. a. S. 599.)

> Sie hatte ihrem Mann nicht erklären können, daß von dem Moment an, als sich abzeichnete, daß sie in diesem Haus nicht alt werden würde, die vergangene Zeit in ihrem Rücken zu wuchern begann, daß da ihre sehr schöne Kindheit ihr, die längst erwachsen war, mit so großer Verspätung noch über den Kopf wuchs und sich als sehr schönes Gefängnis erwies, das sie für immer einschließen würde. Wie mit Schlingen band die Zeit den Ort dort fest, wo er war, band die Erde an sich selbst fest, und band sie an dieser Erde fest, band sie und den Kinderfreund [...] (HS, S. 183)

Als die unberechtigte Eigenbesitzerin erfährt, dass sie das Haus nicht lange behalten werden wird, verwandelt sich für sie die Chiffre *Zeit* in eine unheimliche Macht, die Raum und Figur regelrecht fesselt. Als die Frau begreift, dass das Haus ihrer Kindheitserinnerungen nicht mehr zu retten ist, gerät sie in depressive Stimmung, und ihre Klage richtet sich gegen die Zeit, die übermächtig zu sein scheint; eine Übermacht, die auch andere Romanfiguren erfahren: Zwei Schüler aus der DDR planen eine Woche vor den Schulabschlussprüfungen, über die Elbe in den Westen zu fliehen und dort das Schuljahr zu wiederholen. „Neu anfangen [...]. Hier sei keine Chance, denn hier liefen die Kaderakten und damit die Zeit ja immer weiter." (HS, S. 151). So sind sie „in den Fluß gestiegen, um ein Jahr rückwärts zu schwimmen" (HS, S. 152). Der Versuch misslingt aber und die Jugendlichen kommen vor Gericht. Die Menschen sind nicht in der Lage, die Zeit umzukehren oder gegen den Lauf der Dinge zu agieren. Diese Notwendigkeit macht aus den historischen Ereignissen, die die Verlusterfahrungen provozieren, ebenfalls eine Notwendigkeit, die als Begleiterscheinung der Zeiterfahrung wahrgenommen wird:

> [D]er Gang der Dinge und Menschen war wohl, umgerechnet aufs Leben, im Grunde genommen immer der gleiche wie auf der Flucht. Im Frieden war es die Armut, und im Krieg war es die Front, die die Menschen vor sich herschob wie eine lange Reihe von Dominosteinen [...]. (HS, S. 130)

In dieser Reflexion der Besucherin wird erkennbar, dass die historischen Erfahrungen den Zeiterfahrungen gleichgestellt werden. Das Leben, ob im Frieden oder im Krieg, ist ein Leben auf der Flucht. Damit fügt sich die historische Erfahrung, die Erfahrung des Krieges, in die Lebenserfahrung ein. Dies entkoppelt geschichtliche Zeichen von ihrem historischen Gewicht – das Leben im Krieg wie ein Dominospiel – und gliedert sie in eine figurenspezifische Sichtweise ein.

Für die Frau des Architekten „war der Russe gekommen" (HS, S. 73), aber weniger signalisiert dieser „Russe" eine Synekdoche für die weit in Deutschland eingerückte russische Armee – wie es von historischen Zeichen in historischer Romanschreibung der Fall ist[9]. Tatsächlich macht die Frau die Bekanntschaft eines jungen russischen Soldaten, der sie im Schrank entdeckt hat und mit ihr in diesem Versteck, im heterotopischen Raum[10], hinter dem Rücken der Geschichte einen Sexualakt vollführt. In der Szene, die anfangs wie eine Vergewaltigung aussieht, vertauschen sich schnell die Rollen, da die Frau die Kontrolle übernimmt: „Vielleicht besteht der Krieg nur in der Verwischung der Fronten, denn jetzt, da sie seinen Kopf zwischen die Beine schiebt, […], übernimmt sie die Führung […].“ (HS, S. 100) Er aber „bleibt […] zu den Füßen der Frau knieen und schluchtzt jetzt hörbar“ (HS, S. 101). Angesichts seiner Hilflosigkeit kippt die Szene gänzlich: Sie „reibt sich an ihm, er stößt sie, sie reißt sich die Bluse auf, klatscht ihre Brüste in sein Gesicht, und er hört sich stöhnen, hört sich Nein sagen auf Russisch, und sie sagt Doch […].“ (HS, S. 103) In diesem Zusammenhang ist sie „endlich zum Feind übergelaufen“ (HS, S. 74) und setzt mit ihm gemeinsam die historischen Fronten für einen Augenblick außer Kraft. Dies ist eine drastische Individualsierung geschichtlicher Signaturen. Zeichen der großen Geschichte und der individuellen gehen hier ineinander und stützen einen Reflexionsmodus über die Zeit:

> Und dabei rinnt nun schon seit etwa sechs Jahren durch das Loch, das der Russe gegen Ende des Krieges in ihre Ewigkeit gebohrt hat, die Zeit fortwährend aus […]. Die Zeit rinnt, während die Frau des Architekten am Arm ihres Mannes die Freunde noch bis vor das Tor geleitet und ihnen ins Dunkle nachwinkt, rinnt, während die beiden Eheleute wieder hineingehen […], rinnt aus und aus […]. Aus. Bald wird sie in einer Zweizimmerwohnung in Westberlin leben, und später in einem Altersheim in der Nähe des Bahnhofs Zoo. (HS, S. 76)

Im Roman artikuliert sich eine Auseinandersetzung mit der Zeit und den geschichtlichen Ereignissen, von denen die Figuren nicht verschont bleiben. Sie gelten für sie als Teile dieser deterministischen Macht, der sie nur mit Resignation begegnen. So formuliert die Frau

9 Zur Synekdoche als Trope im historischen Erzählen sagt Fabian Lampart Folgendes: „Die Synekdoche umgreift all jene zwischen Autor, Text und Leser ablaufenden Prozesse, die der imaginären Verinnerlichung einer vergangenen Epoche dienen. Indem bestimmte repräsentative Teile der Vergangenheit in den Vordergrund geraten, wird sie in der Vorstellung des Lesers als sinnfällige Totalität rekonstruiert.“ (Fabian Lampart: *Zeit und Geschichte*. Würzburg: Königshausen & Neumann 2002, S. 156).

10 Vgl. Michel Foucault: Des espaces autres. In: Ders. : *Dits et écrits*, hrsg. v. Daniel Defert / François Ewald. Paris: Gallimard 1994, Bd. 4, S. 752–762.

des Architekten – im Modus der erlebten Rede – ihre Enttäuschung ob der Enteignung nach der Gründung der DDR und der nahenden Zwangsmigration in den Westen: „Nur, weil es eine schwere Zeit ist, tritt so etwas wie ein historisches Trägheitsmoment ein, nur, weil die Zeit so schwer ist, daß sie sich sogar mit dem Davon laufen Zeit lassen muß“ (HS, S. 75). Die Schwere der Zeit trifft mit aller Wucht die meisten Figuren des Romans. Das jüdische Mädchen, Doris, das sich vor den Nazis in einem Schrank versteckt, fragt sich, ob die „schwarze Zeit immer weiter lief“ (HS, S. 80). Die historischen Zeichen werden in diesem Text individualisiert und stützen einen überdeterminierten Zeitbegriff, der schwer auf dem Leben der Menschen lastet. Im Bewusstsein der unmöglichen Rückgewinnung von Vergangenem zeigen die Zeichen also auf das Substrat *Zeit* als eine deterministische Macht, die alle Figuren entmutigt. Nicht die historischen Ereignisse an sich erfüllen die Figuren mit resignativer Bitterkeit, sondern die Erfahrung der Vergänglichkeit, die immer der Verlust begleitet: „Der narrative Fokus wird auf die innerweltliche Zeitlichkeit […] gelegt, Parameter der historischen Zeit rücken in den Hintergrund.“[11]

So kann festgehalten werden, dass in der Reflexion über Vergangenheit eine Segregation eintritt. Das Vergangene zu erzählen, geht mit einem betonten Verlustbegriff einher, und zwar in individueller, aber auch in allgemeiner Hinsicht. Die Zeichen der Vergangenheit erbleichen mit der Zeit und die Geschichte selbst verliert ihr Gewicht; ihre Zeichen aber werden in individualisierte Reflexionen übergesetzt und eingeordnet. So zeigen historische Zeichen in diesem Text auf einen Zeitbegriff, der symbolhaft seine Widerspielgelungen in allen Geschichten findet.

2. *Eros*: Metafiktionales Liebesspiel vor historischer Kulisse

2.1 Macht der Liebe über die Geschichte

Helmut Kraussers *Eros* verhandelt wie Erpenbecks *Heimsuchung* geschichtliche Stoffe, jedoch handelt es sich hier um eine zusammenhängende Geschichte und nicht um mehrfache Geschichtsfragmente. *Eros* erzählt die Geschichte eines Schwerindustriellen, der einen Schriftsteller – den er für den besten der Republik hält – damit beauftragt, seine Liebesgeschichte zu schreiben:

11 Probst: Auf märkischem Sand gebaut, S. 76.

> Es wird Zeit etwas festzuhalten. Nicht unbedingt mein Leben, aber die Geschichte einer Liebe. Meiner Liebe. Sie ist bisher unerzählt, muß aber erzählt werden, sonst geht sie verloren und ist nie geschehen. ich möchte, daß Sie ein Buch für mich schreiben. Einen Roman.[12]

Tatsächlich spricht der Protagonist auf ein Tonband und liefert dem Schriftsteller Materialien, mit denen dieser Alexander von Brückens Liebesgeschichte zu einem Roman durchkomponieren soll. Abgesehen davon, dass Alexander stellenweise wie die Mehrzahl der Figuren in *Heimsuchung* in resignative Melancholie verfällt – schließlich ist seine Liebesgeschichte keine glückliche –, unterscheidet sich *Eros* von *Heimsuchung* doch immens: Während die Figuren bei Erpenbeck aufgrund historischer Umwälzungen alles verlieren, scheint Alexander über die Manipulierung von Geschichte zu verfügen. Als Sohn einer schwer reichen Familie verliebt er sich im Alter von 14 Jahren, noch während der Zweite Weltkrieg tobt, in ein Mädchen aus dem Arbeitermilieu. Die einseitige Liebe überdauert den Krieg. Alexander verfolgt obsessiv den Lebenslauf seiner Angebeteten und wendet ihr Schicksal immer zum Guten. Dabei scheint er zu allem fähig zu sein: er sorgt für gute Noten in der Schule, rettet sie aus jeder schwierigen Situation. Als sie in ein linksradikales Milieu abdriftet und aktives Mitglied einer RAF-nahen Gruppe wird, steht er ihr bei und verfolgt ihre Entwicklung, nachdem sie in die DDR geflüchtet ist. Von allem Beistand erfährt sie nichts, denn Alexander hat einen großen Apparat[13] aufgestellt, der alles erledigt, ohne, dass sie es weiß.

Die intimsten Momente zwischen beiden – und das sind nicht viele – ereignen sich synchron mit Ereignissen historischer Dimension: Ein für 50 Mark erkaufter Kuss in der frühen Jugend findet in einem Graben unter dem Donner der Maschinen und Bomben der Alliierten in den letzten Tagen vor Kriegsende statt: „Über uns ein todbringendes Feuerwerk am Himmel, und Sofie küßte mich, wie eine schon erwachsene Frau einen Mann küßt, dem sie sich hingeben will." (ER, S. 35) und weiter heißt es:

12 Krausser: *Eros*, S. 10. Im Folgenden wird der Text mit der Sigle ER und Seitenangabe nachgewiesen.

13 Alexander baut einen gigantischen Apparat aus Spitzeln, Informanten und Beobachtern, die Sofies Leben verfolgen und Alexander darüber informieren. Der Kontrollapparat reicht bis in die Behörden und Ministerien: „Sofie Kramer wird nie gefaßt. Nach der Wende kam heraus, daß sie Inge Schulz gewesen war, und Inge Schulz war tot. Das BKA hatte noch Zweifel, es gab eine Exhumierung mit DNA-Vergleich. Ich bog das hin. Seither wird nicht mehr nach ihr gefahndet." (ER, S. 313)

> Vielleicht ist es für die Geschichte ganz egal, aber als wir uns küßten, war droben das Feuerwerk bereits vorbei, die angreifenden Maschinen hatten abgedreht [...]. Als Sofie und ich, vielmehr unsere Lippen, nur unsere Lippen, sich trennten, wurde gerade Entwarnung gegeben, und sie sagte, sie müsse jetzt heim. (ER, S. 35)

Bereits diese Szene zeigt die Stoßrichtung in Alexanders Schilderungen seiner Liebesgeschichte. Der Liebeskuss im Graben sorgt für eine Entwarnung für die ganze Stadt; als ob sämtliche Piloten der Maschinen der Alliierten diesen Kuss zur Kenntnis nehmen und daraufhin der sofortige Waffenstillstand beschlossen wurde. Diese erkaufte Liebesszene kehrt die Relationen vom historischen Geschehen und individueller Erfahrung um. Nicht die pubertierenden Kinder geraten im Freien während der Bombardierung in Gefahr, sondern der naive Liebeskuss bringt vorübergehend Frieden in die Stadt. In dieser Situation scheint die private Liebesgeschichte auf die Historie zu wirken – und nicht umgekehrt. Diese Haltung hat im ganzen Text Bestand: Alexander behauptet, die „verdammte Mauer bauen lassen" [zu müssen], „nur um Sofie nicht aus den Augen zu verlieren." (ER, S. 143). Mit dieser Drastik – wenn auch die Behauptung von Alexander selbst relativiert wird – greift nicht nur die individuelle Geschichte in die Makrogeschichte ein. Auch wird die deutsche Geschichte in den Dienst der privaten Geschichte gestellt: Das markante Zeichen der deutschen Zeitgeschichte, die *Berliner Mauer*, wird im Bericht des Schwerindustriellen Alexander zum privaten Anliegen. Dieses Bauwerk der Abtrennung zweier deutscher Staaten wird von einem Mann erbaut, der alles daran setzt, seine geliebte Frau nicht aus den Augen zu verlieren; so seine Behauptung jedenfalls. Er ist in der Lage, „in Prozesse der ‚großen Geschichte einzugreifen."[14] In diesem Gestus werden historische Zeichen ihrer Bedeutung beraubt und in Alexanders Berichten neu besetzt. Das ist ein Umgang mit historischem Material, der eine Umfunktionierung der Zeichen der Geschichte zugunsten individueller Lebensläufe unternimmt; ein Verfahren, das auch Erpenbecks Roman *Heimsuchung* dominiert.

In der Drastik signalisiert *Eros* aber, dass es nicht darum geht, eine *fabula* vor einer historischen Kulisse spielen zu lassen, sondern um eine Indienststellung historischer Zeichen in einer privaten Geschichte, ohne Rücksicht auf historische Wirklichkeiten. Damit

14 Martin Rehfeldt: Helmut Krausser: *Eros*. In: *Deutsche Bücher. Forum für Literatur* 36,3 (2006), S. 203–209, hier S. 206.

speist Alexander viel historisches Material in seine doch gewöhnliche Liebesgeschichte ein. Abgesehen von der Berliner Mauer, die er im Jahr 1961 bauen lässt, berichtet er, dass Sofie 1967 Mitglied im Sozialistischen Deutschen Studentenbund (SDS) wird:

> Sofie ist Mitglied des SDS geworden, des Sozialistischen Deutschen Studentenbundes. Aus ihrer Perspektive sind die großen Parteien kaum mehr voneinander zu unterscheiden, was folgerichtig in die Große Koalition von SPD und CDU münden mußte [...]. Sofie, die inzwischen eine echte Kurzhaarfrisur (sog. *Meckischnitt*) und liebend gerne Blue Jeans trägt, kämpft für Hochschulreformen bzw. gegen verkrustete Gesellschaftsstrukturen. (ER, S. 160)

Sofie wird eine Linksaktivistin und demonstriert mit der Menge gegen den Schahbesuch. Unter falschem Namen steht Alexander ihr bei, als Benno Ohnesorg in den Unruhen der 68er erschossen wird: „Mein Herz pochte so stark, daß ich jeden Augenblick fürchtete, die Besinnung zu verlieren. Ich war meiner Geliebten nah wie zuletzt in den Bombennächten, vor über zwei Jahrzehnten." (ER, S. 170) In den 70er Jahren ist Sofie bereits Mitglied einer RAF-nahen Gruppierung. Bei einer polizeilichen „Routinekontrolle" (ER, S. 243) feuern Sofies Kumpanen auf die Polizisten. Danach sieht sich die Organisation genötigt, Sofie zu entfernen, weil sie den Mut verloren hat: „Mit der Meinhof starb mehr als nur ein Idol, mit ihr starb auch ein großes Stück von Sofies Mut und Widerstandskraft." (ER, S. 245) Ihre Flucht in die DDR wird organisiert und vollzogen. Dort bekommt sie den Namen „Inge Schulz". Sie wird depressiv: „Über Inge Schulz ist Gras gewachsen, genau so fühlt sie sich manchmal" und „begreift, daß das Leben an ihr vorüberzugehen droht. Ergebnislos und irreversibel. Das mühsam errichtete Gebäude ihres Selbstbetrugs gerät ins Wanken." (ER, S. 279) Alexander kann dies natürlich nicht lange mitansehen. Ebenfalls unter falschem Namen reist er in die DDR und bringt sie zurück in die BRD, wo er sie später allerdings für immer aus den Augen verliert.

Im Bericht über seine Liebesgeschichte bedient sich Alexander, der über weite Strecken des Romans zur Erzählinstanz avanciert, der ganzen Nachkriegsgeschichte. Mit dieser historischen Prägung wird Sofie sogar zur Figur von „geschichtliche[m] Interesse" (ER, S. 230). Sofie, die Kindergärtnerin war und „Kindergärtnerin [...] bleiben" (ER, S. 101) wollte, rückt zur transdeutschen historischen Figur auf. Damit gerät der Romantext in die Kritik. Der Vorwurf lautet wie folgt: „Im Eiltempo wird hier ein Zeit-Panorama vom Kriegsende über das so genannte ‚Wirtschaftswunder', die Studentenbewegung bis hin zum ‚Deutschen Herbst' samt Sofies suizidalem Terroristinnen-Exil in der DDR gepinselt."[15] In einer weiteren Rezension in der *Süddeutschen Zeitung* heißt es: Krausser wolle „sich diesmal offenbar damit begnügen, im Gestus eines gehobenen Lore-Romans eine mäßig spannende, wohldosiert melodramatische, mit politisch-historischen Reizsignalen durchsetzte Story zu erzählen."[16] In der Tat wirkt diese Liebesgeschichte zu sehr aufgebläht und ihre Verwicklung in historische Spannungen erreicht geradezu filmreife dramaturgische Effekte; v.a. in der Flucht aus der DDR wird der Romantext zum Thriller, der mehr auf oberflächliche Spannung setzt, als die Komplexität dieser Lebensläufe tief zu ergründen. Gleichwohl ist das Unbehagen der Rezensenten angesichts der Menge historischer Materialien und ihrer Rolle in der Liebesgeschichte nicht berechtigt. Die Kritik verkennt die eminente Rolle der Erzählhaltung. Denn wie eingangs dargelegt, intendiert der Text keine Aufzeichnung zweier spannenden Lebensläufe, die das „investigative Bild einer kaputten HJ- und BDM-Generation zu zeichnen"[17] vermag, sondern er stellt von Anfang an das gesellschaftliche historische Paradigma auf den Kopf: „Die politische Geschichte nutzte Krausser lediglich als Dekor für die Liebesgeschichte von Alexander und Sofie."[18] Alexander betont, dass ihm nicht viel an Geschichte und Gesellschaft liegt. Im Gegenteil instrumentalisiert er die Geschichte für die Charakterisierung seiner privaten Obsession nach Lust und Laune und gibt die Figur des unzuverlässigen Erzählers, die neue Fragen aufwirft: Sind alle Geschichtssignaturen in diesem Text wie das Beispiel der Berliner Mauer einfach nur Einfälle einer notorisch verliebten größenwahnsinnigen Erzählerfigur? Führt die Drastik der Geschichtsinstrumentalisierung letztendlich zur Aushöhlung der Liebesgeschichte selbst?

15 Jan Süselbeck: Wenn Millionäre zu sehr lieben. Warum Helmut Kraussers schulmäßig gebauter Roman *Eros* misslungen ist. http://www.literaturkritik.de/public/rezension.php?rez_id=9958 (Zugriff am 13.05.2013).

16 Kristina Maidt-Zinke: von der Sehnsucht, bedeutend zu sein. http://www.sueddeutsche.de/kultur/helmut-kraussers-eros-von-der-sehnsucht-bedeutend-zu-sein-1.892030 (Zugriff am 20.04.2013). Als Lore-Roman bezeichnet man Heftromane mit einfacher Struktur und einfachem Inhalt, deren Handlung meist um eine Liebesgeschichte kreist und gesellschaftliche Klischees bedient. Das Genre wird der Trivialliteratur zugeordnet.

17 Süselbeck: Wenn Millionäre zu sehr lieben.

18 Steffen Maratus: Am Ende. Zu Helmut Kraussers *Eros*. In: *Text + Kritik* 187 (2010), S. 94–107, hier S. 98.

2.2 Unzuverlässige Geschichtserzählung

Trotz der Viehlzahl von Verschränkungen der Liebesgeschichte mit historischen Elementen werden diese von den Figuren selbst immer wieder relativiert oder ganz zurückgenommen. Sofie taugt z. B. nicht zur historisch relevanten Figur: „Ich bin nur Sofie. Eine Marginalie in der Geschichte des Klassenkampfs“ (ER, S. 250). Über ihre Liebschaften in den 68er Kreisen sagt Alexander: „Vielleicht ist es ihr tiefliegendes Minderwertigkeitsgefühl, das ihr den muskulösen, geistig etwas schlichten, doch offenbar sehr ehrlichen (‚ich will dich‘) Kerl attraktiv erscheinen läßt“ (ER, S. 162). Als Sofie vom SDS erzählt, berichtet sie über „halbe Wilde, sexgeile Säufer“ und über „haufenweise Egoscheiße, die unter dem Zelt, der Revolte am Dampfen und Stinken sei.“ (ER, S. 217) Solche Aussagen diffamieren die Gruppierung, ihre geschichtliche Rolle und v. a. Sofies Status als eine überzeugte wirkende Klassenkämpferin. In dieser Geste hört die Anpassung der Geschichte an die Liebesgeschichte auf. Der Text macht an manchen Stellen klare Differenzierungen, die sowohl Alexander als auch Sofie als zwei historisch unbedeutende Figuren zeigt und trennt so ihre Geschichte vom historischen Geschehen ab. Seine Behauptung, die Berliner Mauer bauen lassen zu haben, nimmt er im gleichen Atemzug zurück: ein kleiner „Scherz“ (ER, S. 143), sagt er selbst. Der kleine Scherz unterstreicht aber eine Erzählstruktur, die die Liebesgeschichte einerseits historisch auflädt, anderseits aber diese historische Aufladung entkräftet. Demzufolge reduziert der Text die historische Überdimensionierung, die sich an einigen Stellen – von Alexander, dem eigentlichen Erzähler – geschaffen wird. So folgt der Roman zwei entgegengesetzten Verfahren: einerseits der Historisierung der Liebesgeschichte, andererseits deren Demontage, die nicht nur die Liebesgeschichte abschwächt, sondern auch das historische Narrativ. Aus welchem Grund verfolgt der Text eine Technik der historischen Aufladung und deren Zurücknahme?

Alexander neigt zur Hyperbolisierung und als Mann mit viel Geld kann er die Situationen der Annährung mit Sofie aussuchen und gut inszenieren; ihm gelingt alles, nur nicht Sofies Herz zu erobern. Seine Macht über die Wirklichkeit ist mit der Macht des Schriftstellers über fiktive Figuren vergleichbar. Die Parallele wird im Text explizit gemacht. In einem Gespräch zwischen dem Schriftsteller und Lukian, Alexanders treuem Diener, stellt dieser fest:

> Wir beide, Alexander und ich, seien uns ja wesensverwandt. Im Grunde würde ich innerhalb meiner Romane dasselbe tun, was Alexander getan habe, ich auf dem Papier, er im Freiluftgehege des Lebens. Alle Menschen würden irgendwann zu Figuren, und die Macht, die ich als Autor ausüben würde, sei vergleichbar mit jener Alexanders über die Wirklichkeit. (ER, S. 209)

Diese Schilderung aus Lukians Perspektive, der Alexander am besten kennt, stattet den Schwerindustriellen mit Fähigkeiten aus, die sonst nur in der Fiktion möglich sind: Er kann mit seiner Macht die Wirklichkeit in eine Fiktion verwandeln und das tut er auch mithilfe seines großen Apparats: Er fälscht Akten, lässt für Lebendige Todesurkunden ausstellen, schafft Identitäten und Realitäten. Für den reichen Mann ist die Modellierung von Wirklichkeit so leicht wie in der Fiktion. Dies beginnt bereits am Anfang des Romans. Er berichtet: Unter dem Bombenhagel am Ende des Krieges fängt das Familienhaus Feuer, sowohl Eltern als auch Schwestern verbrennen darin; als einziger Überlebender habe er viel später erfahren, „daß die Leichen im Eispalast alle so stark verbrannt waren, daß niemand deren wahre Todesursache bemerkte." (ER, S. 66) Die Symbolhaftigkeit dieser Szene, die radikale Auslöschung der nationalsozialistischen Vergangenheit der Familie, die zugleich für den überlebenden Familienerben den Befreiungsschlag aus dem Schatten der unrühmlichen Vergangenheit der Familie bedeutet, erweist sich als erfunden. Am Ende des Romans, und zwar nach Alexanders Tod, korrigiert eine der Schwestern, die dem Schriftsteller einen Brief aus Paraguay schickt, die Version: Die Eltern haben sich umgebracht, weil der Vater

> sich als überzeugter Nationalsozialist eine Welt ohne Hitler nicht habe vorstellen können. Seine Kinder aber seien kurz vor Kriegsende […] über Italien nach Paraguay ausgeflogen worden, auch Alexander […]. 1950 sei er nach München zurückgekehrt, um den Betrieb zu übernehmen. (ER, S. 317).

Alexander reichert also seine Liebesgeschichte mit fiktiven Momenten an, die sich ins historische Paradigma einordnen, und entpuppt sich damit als unzuverlässiger Erzähler. Der Bericht pflegt also ein freies Spiel mit Wirklichkeit, geschichtlichen Elementen und Fiktion. In diesem Spiel sind die historischen Signaturen ein Mittel in der Hand einer Figur, die mit der Wirklichkeit wie mit Fiktion umgeht, und dadurch wird der eigentliche Mehrwert historischer Momente in eine figurenspezifische Perspektive transponiert. Diese Implikation ist auch in Erpenbecks *Heimsuchung* festzumachen, wenngleich sich *Eros* durch das unzuverlässige Erzählen als ein postmodernes Spiel der relativen Wahrheiten ausnimmt, denn eine Implikation der Postmoderne besteht darin,

> dass wir Zugang zur Welt und Wirklichkeit einzig und allein über und durch die Sprache haben, dass wir uns ausschließlich in Sprachspielen bewegen und dass diese Sprachspiele keine gesicherte Referenz in der Außenwelt haben.[19]

Für ungesicherte Referenzen sorgt in Kraussers Roman eine unzuverlässige Instanz, der ein Großteil des Erzählten zufällt und ihre Geschichte historisch verbürgen will; ein Gestus, der aber nicht von der ganzen Diegese getragen wird. Die Unglaubhaftigkeit der Figur Alexander offenbart mithin die Dissoziation zwischen Geschichtserzählung und geschichtlicher Wirklichkeit. Der Text reflektiert auf metafiktionaler Ebene seine Instrumentalisierung des Historischen in einer individuellen Erzählung und zeigt geradezu demonstrativ, dass historische Texturen – etwas überspitzt formuliert – nur individuelle Geschichtsfiktionen sind, die jederzeit widerlegt werden können.

3. Schluss

Beide Texte, Erpenbecks *Heimsuchung* und Kraussers *Eros*, machen vom historischen Material Gebrauch, jedoch nicht mit dem Ziel, historische Geschichten zu präsentieren. Während Erpenbecks Text das Historische mit dem Begriff der Zeit verschaltet und somit für einen kontinuierlichen Modus der Reflexion über Zeit sorgt, der die historischen Zeichen in individuelle Geschichten integriert und ihren historischen Mehrwert in einen literarischen ummünzt, demonstriert *Eros* ein erzählerisches Spiel mit der Geschichte, das einerseits die Diegese historisch verbürgt, andererseits aber auf einer metanarrativen Ebene die Funktionalisierung historischer Elemente offenlegt. Dies reflektiert ein neues Bewusstsein im Umgang mit der Geschichte in der Gegenwartsliteratur: eine historische Wirklichkeitsillusion wird nicht mehr angestrebt, sondern die ausdrückliche Funktionalisierung von Historie betont. Nach diesem Befund können solche Texte nicht unbedingt als historische Romane klassifiziert werden. Nicht weil sie historisches Material zum Teil der Fiktion machen – was eher legitim im historischen Schreiben ist –, sondern weil sie die Distanz zur Vergangenheit geradezu akzentuieren: Die Figuren bei Erpenbeck halten die Geschichte(n) für verloren. In *Eros* sorgt die Unzuverlässigkeit

19 Carsten Rohde: Der Roman in der Postmoderne. In: Andrea Hübener / Jörg Paulus / Renate Stauf (Hrsg.): *Umstrittene Postmoderne. Lektüren.* Heidelberg: Winter 2010, S. 185–203, hier S. 194.

des Erzählens für die genannte Distanz. Somit setzen sich solche Texte von einer Grundvoraussetzung des historischen Diskurses ab. Ricœur proklamiert, dass eine der Hauptaufgaben historischen Schreiben darin besteht, diese Distanz zu überbrücken:

> Die erste Art, das Vergangensein der Vergangenheit zu denken, besteht darin, ihm den Stachel der zeitlichen Distanz zu nehmen. Die historische Operation erweist sich in diesem Fall als eine *De-distanzierung, als eine Identifizierung* mit dem was einst war.[20]

Eine *De-distanzierung* wird in beiden Texten nicht begehrt. Ganz im Gegenteil wird die Distanzierung ausdrücklich markiert. Es wird nicht wie im klassischen historischen Roman die Darbietung einer historischen Wirklichkeit angestrebt, von der Lukács schwärmt, weniger ist ebenfalls an diesen Beispielen die viel beschworene Fiktionalisierung oder Poetisierung als Grundlage historischen Erzählens auszumachen, von der zum Beispiel Hayden White spricht, und die eine mimetische Relation zwischen sprachlicher Signifikation und historischen Ereignissen erkennt:

> The form of the discourse, the narrative, adds nothing to the content of the representation, but is rather a simulacrum of the structure and processes of real events. And insofar as this representation resembles the events of which it is a representation, it can be taken as a true account. The story told in the narrative is a „mimesis" of the story lived in some region of historical reality.[21]

In diesen literarischen Fiktionen – selbst wenn Erpenbecks Text autobiographische Züge beinhaltet – werden keine Ähnlichkeitsrelationen zwischen sprachlichen Zeichen und historischen Referenzen gebaut, was die Etablierung historischer Narrative oder die Kreation einer historischen Wirklichkeit verhindert. In diesen Texten der Gegenwartsliteratur ändert sich die Richtung der Referenz: Nicht das sprachliche Material verweist auf außerliterarische Referenzen und Realitäten, sondern die Zeichen aus dem historischen Reservoir erhalten eine enthistorisierte Funktion. Historische Referenzialität wird gebrochen und segregiert, die historischen Zeichen aber gliedern sich in innerliterarische Referenzverhältnisse ein.

20 Paul Ricœur: *Zeit und Erzählung I. Zeit und historische Erzählung.* aus. d. Franz. v. Rainer Rochlitz. München: Fink 1988, S. 225.

21 Hayden White: The Question of Narrative in Contemporary Historical Theory. In: *History and Theory* 23,1 (1984), S. 1–33, hier S. 3. Vgl. auch ders: *Metahistory. The Historical Imagination in Nineteenth-Century Europe.* Baltimore: Johns Hopkins University Press 1975, S. 30–31.

Erinnertes Vergessen

Narrative Historiographie im 21. Jahrhundert am Beispiel von Umberto Ecos *La misteriosa fiamma della regina Loana*

Erik Schilling

1. Einleitung

Seit Umberto Eco mit *Il nome della rosa* (1980) zum ersten Mal das literarische Parkett betreten hat, kreisen seine Romane (auch) um die Frage, wie Geschichte im Rahmen von Fiktion dargestellt werden kann. Besonders eindrücklich lassen sich die verschiedenen Vorschläge, die er entwickelt, anhand der Autor-Figuren verfolgen, die in seinen Romanen auftreten. Zeigt sich Adso im Epilog von Ecos erstem Roman weniger als Autor denn in Roland Barthes' Sinne als Schreiber, der intertextuelle Fragmente (re-)kombiniert, so wird der ‚Tod des Autors' in *Il pendolo di Foucault* (1988) noch radikaler in Szene gesetzt, indem Belbo, selbst Autor auf der Ebene der Diegese, am Ende des Romans ermordet wird. Ähnliche fiktionsimmanente Auseinandersetzungen mit der Figur des Autors lassen sich für *L'isola del giorno prima* (1994) und *Baudolino* (2000) beobachten.[1]

Einen neuen Akzent im Hinblick auf die Autor-Figur – und damit auch im Hinblick auf die Frage, wer Geschichte darstellen kann und wie dies geschieht – bieten die beiden jüngsten Romane Ecos, *La misteriosa fiamma della regina Loana* (2004) und *Il cimitero di Praga* (2010),

1 Vgl. zur dieser Entwicklung der Autorfigur in den ersten drei Romanen Ecos Erik Schilling: Umberto Eco zwischen Literatur und Theorie. In: Ders. / Klaus Birnstiel (Hrsg.): *Literatur und Theorie seit der Postmoderne.* Mit einem Nachwort v. Hans Ulrich Gumbrecht. Stuttgart: Hirzel 2012, S. 67–80, für weitere Akzente in *Baudolino* ders.: *Der historische Roman seit der Postmoderne. Umberto Eco und die deutsche Literatur.* Heidelberg: Winter 2012, S. 217–236.

von denen hier der erste herausgegriffen sei. Der Protagonist leidet an Amnesie und versucht, in einem ‚existentiellen Spiel' mit Erinnern und Vergessen zu seiner Identität zurückzufinden bzw. – wo dies nicht gelingt – sie neu zu entwerfen. Da diese (Re-)Konstruktion von Identität sich vor dem Hintergrund der italienischen Geschichte des 20. Jahrhunderts vollzieht, handelt es sich nicht nur um einen Erinnerungsroman, der mit verschiedenen Formen und Funktionen des Gedächtnisses operiert, sondern auch um einen historischen Roman, der über die mikrogeschichtliche Perspektive die Möglichkeiten und Grenzen von Geschichtsschreibung im frühen 21. Jahrhundert auslotet.

Wie dies im Detail geschieht und inwiefern sich der Roman dabei einem engagierten Umgang mit der Historie annähert, der im Gegensatz zu dem postmodern-distanzierten Spiel mit der Vergangenheit steht, das frühere Romane Ecos prägt, möchte dieser Beitrag untersuchen. Zugrunde gelegt wird das theoretische Instrumentarium, das Ansgar Nünning für eine literaturwissenschaftliche Untersuchung historischer Romane entwickelt hat und das es ermöglicht, diese in einem weiten Spektrum zwischen ‚fiktionalisierter Historie' und ‚metahistoriographischer Fiktion' zu fassen.[2] Auf der Basis dieses methodischen Zugangs soll die These vertreten werden, dass der literarische Umgang mit Historie im frühen 21. Jahrhundert in zentralen Aspekten ein anderer ist als derjenige der Postmoderne und dass sich dies am Werk Umberto Ecos exemplarisch belegen lässt.

2. Kulturelles Gedächtnis, *ars oblivionalis* und historisches Erzählen

Um einige Begrifflichkeiten zu entwickeln, die für die folgenden Untersuchungen unverzichtbar sind, seien die Termini ‚kulturelles Gedächtnis', ‚*ars oblivionalis*' sowie ‚historisches Erzählen' knapp umrissen. Seit den 1980er Jahren hat das kulturelle Gedächtnis Hochkonjunktur in den Geisteswissenschaften.[3] Jan Assmann versteht

2 Vgl. grundlegend Ansgar Nünning: *Von historischer Fiktion zu historiographischer Metafiktion*, Bd. 1: Theorie, Typologie und Poetik des historischen Romans. Trier: Wissenschaftlicher Verlag Trier 1995; einführend ders.: Von der fiktionalisierten Historie zur metahistoriographischen Fiktion. Bausteine für eine narratologische und funktionsgeschichtliche Theorie, Typologie und Geschichte des postmodernen historischen Romans. In: Daniel Fulda / Silvia Serena Tschopp (Hrsg.): *Literatur und Geschichte. Ein Kompendium zu ihrem Verhältnis von der Aufklärung bis zur Gegenwart.* Berlin / New York: de Gruyter 2002, S. 541–569.

3 Vgl. etwa die Beiträge in Jan Assmann / Tonio Hölscher (Hrsg.): *Kultur und Gedächtnis.* Frankfurt am Main: Suhrkamp 1988 sowie einführend Astrid Erll: *Kollektives*

darunter den „jeder Gesellschaft und jeder Epoche eigentümlichen Bestand an Wiedergebrauchs-Texten, -Bildern und -Riten [...], in deren ‚Pflege' sie ihr Selbstbild stabilisiert und vermittelt".[4] Dabei wird ein Zusammenhang zwischen kultureller Erinnerung, der Herausbildung kollektiver Identität sowie politischer Legitimierung konstituiert.[5] Erinnerungskulturen weisen – nach Astrid Erll – drei Dimensionen auf: (a) die *materiale Dimension* beschreibt die „Kodierung in kulturellen Objektivationen",[6] (b) die *soziale Dimension* umfasst „Personen und gesellschaftliche Institutionen, die an der Produktion, Speicherung und dem Abruf des für das Kollektiv relevanten Wissens beteiligt sind",[7] und (c) zur *mentalen Dimension* gehören alle „kulturspezifischen Schemata und kollektiven Codes, die gemeinsames Erinnern durch symbolische Vermittlung ermöglichen".[8] Literarische Texte tragen dabei als Medien in vielfältiger Weise zum kollektiven Gedächtnis bei,[9] historische Romane etwa unterstützen die „Konstruktion von kollektiver Identität".[10]

Als dialektisches Gegenstück zum Gedächtnis hat das Vergessen in der Kulturwissenschaft der vergangenen Jahrzehnte ebenfalls – wenngleich deutlich weniger – Aufmerksamkeit erfahren.[11] Umberto

Gedächtnis und Erinnerungskulturen. Eine Einführung. Stuttgart / Weimar: Metzler ²2011.

4 Jan Assmann: Kollektives Gedächtnis und kulturelle Identität. In: Ders. / Hölscher (Hrsg.): *Kultur und Gedächtnis*, S. 9–19, hier S. 15.

5 Vgl. Erll: *Kollektives Gedächtnis*, S. 30.

6 Ebd., S. 116.

7 Ebd.

8 Ebd.

9 Vgl. ebd., S. 173–199.

10 „Der postmoderne historische Roman erweist sich nicht nur als eines von vielen Projekten zur Wiederaneignung vergessener Geschichte, zur kulturellen Erinnerung und zur Konstruktion von kollektiver Identität, sondern er stellt auch selbst eine der Manifestationsformen des kulturellen Gedächtnisses dar" (Ansgar Nünning: ‚Beyond the Great Story'. Der postmoderne historische Roman als Medium revisionistischer Geschichtsdarstellung, kultureller Erinnerung und metahistoriographischer Reflexion. In: *Anglia* 117 (1999), S. 15–48, hier S. 46).

11 Vgl. grundlegend die Sammelbände Anselm Haverkamp / Renate Lachmann (Hrsg.): *Memoria. Vergessen und Erinnern.* München: Fink 1993; Günter Butzer / Manuela Günter (Hrsg.): *Kulturelles Vergessen. Medien – Rituale – Orte.* Göttingen: Vandenhoeck & Ruprecht 2004. Darüber hinaus vgl. Harald Weinrich: *Lethe. Kunst und Kritik des Vergessens.* München: Beck 1997; Egon Flaig: Soziale Bedingungen des kulturellen Vergessens. In: Georges Didi-Huberman (Hrsg.): *Die Ordnung des Materials.* Berlin: Akademie 1999, S. 31–100; Elena Esposito: *Soziales Vergessen. Formen und Medien des Gedächtnisses der Gesellschaft.* Mit einem Nachwort von Jan Assmann. Frankfurt am Main: Suhrkamp 2002.

Eco selbst untersucht das Paradoxon einer *ars oblivionalis*,[12] die darauf abziele, Techniken für das Vergessen zu entwickeln.[13] Das Problem einer solchen Technik ist offensichtlich: „[It] allows one not to forget something but to remember that one wanted to forget it."[14] Auf dieser Basis überlegt Eco, inwieweit ein semiotischer Zugriff auf kulturelle Phänomene zumindest dazu verwandt werden kann, das Erinnern schwieriger zu gestalten. Er zieht das Fazit, dass Vergessen nicht in der Auslöschung von Erinnerung besteht, sondern in der (bewussten) Überlagerung mit anderer Erinnerung: „One forgets not by cancellation but by superimposition, not by producing absence but by multiplying presences."[15] Zu welchem Grad ein solcher Zugang zum Phänomen des Vergessens für die *Loana* relevant ist, muss sich zeigen. Bereits angedeutet sei jedoch, dass er sich tendenziell eher – wie auch der Begriff des kulturellen Gedächtnisses – als Kontrastfolie erweisen wird zu dem, was den Roman prägt.[16]

Im Anschluss an Linda Hutcheon beschreibt Ansgar Nünning schematisierend verschiedene Formen des historischen Romans. Stelle man einem ‚postmodernen' historischen Roman das ‚klassische' Modell nach Scott gegenüber, ergäben sich zwei Extrempole: Bei der traditionellen Ausprägung handle es sich um fiktionalisierte Historie; historisch belegte Ereignisse bildeten den dominanten außertextlichen Referenzbereich. Die Postmoderne hingegen bringe eher Texte hervor, die als historiographische Metafiktion zu bezeichnen seien;[17] die (meta)fiktionalen Elemente seien dominant gegenüber den Verweisen auf die außertextliche Realität.[18] Analog ließen sich zwei Extrempole bei den Erzählebenen unterscheiden: Auf der einen Seite handle es sich um Romane mit einer dominant diegetischen Form narrativ-fiktionaler Geschichtsdarstellung (d. h.

12 Vgl. Umberto Eco: An *Ars Oblivionalis*? Forget It! In: *PMLA* 103,3 (1988), S. 254–261.

13 „[E]laborate techniques for forgetting" (ebd., S. 254).

14 Ebd.

15 Ebd., S. 260.

16 Dies ist ganz anders, als es etwa für *Il pendolo di Foucault* zu konstatieren wäre, für das die beiden Phänomene des kulturellen Gedächtnisses und der *ars oblivionalis* mehr als einschlägig sind. Vgl. Umberto Eco: *Il pendolo di Foucault*. Milano: Bompiani 1988.

17 Nünning bevorzugt den Begriff ‚metahistoriographische Fiktion', der an Hutcheons Begriff der ‚historiographischen Metafiktion' angelehnt, dabei aber präziser ist und auch in diesem Beitrag verwendet wird (vgl. Nünning: Von der fiktionalisierten Historie, S. 549).

18 Vgl. Nünning: *Von historischer Fiktion*, S. 221–223; ders.: Von der fiktionalisierten Historie, S. 549–550.

mit einer ereignisreichen, chronologischen, kohärenten und teleologischen Handlung), auf der anderen Seite um Romane mit einer explizit gestalteten extradiegetischen Ebene, auf der historiographische oder geschichtstheoretische Fragen verhandelt würden. Auch nach den Erzählgegenständen, auf die sich die außertextuellen Referenzen beziehen, könne man differenzieren: Entweder werde vorwiegend das Geschehen erzählt (im Sinne von *res gestae*) oder vorwiegend Geschichte (im Sinne von *historia rerum gestarum*).[19]

3. Erinnern, Vergessen und die (Re-)Konstruktion des Ich in Ecos *Loana*

In seiner Makrostruktur ist der Roman in drei Teile gegliedert, die drei unterschiedlichen ‚Optionen' historischen Erzählens entsprechen. Der erste Teil – das Wiedererwachen des Protagonisten Yambo aus dem Koma und die darauf folgende Reintegration in das alltägliche Leben – ist von intertextuellen Verweisen geprägt, die die Suche Yambos nach seiner Identität überlagern, ja verdecken.[20] Der zweite

19 Auf dieser Basis skizziert Nünning für den historischen Roman ein narratives Kontinuum, das sich grob in fünf Typen einteilen lässt: in den *dokumentarischen* historischen Roman (quellenmäßig belegbare geschichtliche Ereignisse und Personen stehen im Zentrum), den *realistischen* historischen Roman (in weitgehend fiktives Geschehen wird in einem präzise gestalteten historischen Milieu angesiedelt, meist mit chronologischer Darstellung und teleologischer Implikation), den *revisionistischen* historischen Roman (es zeigt sich eine kritische Haltung gegenüber der Vergangenheit; fiktionale und innovative Formen der Geschichtsdarstellung werden verwendet, die Auseinandersetzung mit der Historie dient der Geschichts- und Zeitkritik), den *metahistorischen* Roman (Probleme der Historiographie werden durch literarische Techniken formal reflektiert; die Funktionen der kulturellen Erinnerung, der retrospektiven Sinnstiftung und der kollektiven Identitätskonstruktion spielen eine zentrale Rolle) und in *metahistoriographische Fiktion* (Probleme der Historiographie werden direkt thematisiert; es lassen sich ein argumentativer Diskurs über die Bedingungen historischer Erkenntnis sowie eine offene Darstellung der Distanz zwischen dem historischen Geschehen und dessen Fiktionalisierung beobachten; didaktische und kognitive Aspekte sowie poetologische, epistemologische und metahistoriographische Selbstreflexion prägen den Text). Vgl. Nünning: ‚Beyond the Great Story', S. 26–32; ders.: Von der fiktionalisierten Historie, S. 551–552. Eine reine ‚Verortung' in dieser Typologie ist im Folgenden freilich nicht angestrebt; dennoch können die Begriffe, die Nünning entwickelt, für die Analyse und Interpretation von Ecos *Loana* behilflich sein.

20 Zu diesem Zeitpunkt scheint auch noch die Einschätzung JoAnn Cannons zuzutreffen, die jedoch rasch zu relativieren und schließlich ganz zu verabschieden ist: „Yambo is the paradigmatic postmodern character. [H]e is all surface, suspended in the present with no beginning or end" (JoAnn Cannon: Lost in the Fictional Woods with Umberto Eco. *La misteriosa fiamma della Regina Loana* in the Context of Eco's Oevre. In: *Forum Italicum* 41,2 (2007), S. 403–416, hier S. 404).

Teil – die detektivische Suche Yambos nach seiner Vergangenheit auf dem Dachboden seines Elternhauses – verknüpft Geschichtliches mit Bildern im Text zur einer ‚multimedial' angelegten Hypertextualität. Im dritten Teil schließlich verschwimmen die Grenzen zwischen Autobiographie, Geschichte und Realität, um einem narrativen Konstrukt Platz zu machen, das Rocco Capozzi als „a neorealist type of fiction" bezeichnet:[21] Über den ‚Ausflug' in den Bereich des kollektiven Gedächtnisses, den der zweite Teil geliefert hatte, kehrt der Roman zu Yambos persönlicher Geschichte zurück, indem er in den Kapiteln 15–18 Informationen zu psychischen Dispositionen des Protagonisten nachliefert (z. B. zu dessen Begeisterung für Nebel und Flammen sowie zu seiner Einstellung gegenüber dem Faschismus).

Während Capozzi, dem meine Ausführungen zur Struktur in Teilen folgen,[22] sich auf den zweiten Teil konzentriert, um daran die ‚Hypertextualität' des Werkes herauszuarbeiten,[23] möchte ich die Abschnitte des Romans in den Blick nehmen, die sich mit der (Re-)Konstruktion der Identität des Protagonisten befassen. Dazu ist zunächst Teil I der *Loana* detailliert zu untersuchen. Der Roman geht, was die Problematik von Erinnern, Vergessen und die damit verbundene Subjektkonstruktion des Ich anbelangt, sofort *medias in res*: Das erste Kapitel, programmatisch mit „Il più crudele dei mesi" überschrieben, beginnt mit dem Dialog: „E lei, come si chiama?" – „Aspetti, ce l'ho sulla punta della lingua" (S. 7).[24] Der Protagonist erwacht aus dem Koma, und zentrale Elemente seiner Identität sind verloren. An ihre Stelle treten Fragmente von Texten, die ihm nicht nur Orte und Erlebnisse

21 Rocco Capozzi: *The Mysterious Flame of Queen Loana.* A Postmodern Historiographic Illustrated Novel of a Generation. In: *Forum Italicum* 40,2 (2006), S. 462–486, hier S. 466.

22 Ich folge damit Capozzi: The Mysterious Flame, S. 466.

23 Capozzi expliziert ‚Hypertextualität' folgendermaßen: „[H]ypertextuality is meant primarily as non-linear reading, as an intricate web of possibilities of reading, and above all as a cognitive process of making associations among words and images as well as of connecting links, nudes, fragments, lexias, texts, etc. selected by the reader who may choose to follow a variety of paths in his search, depending on his curiosity, knowledge and experience" (ebd., S. 468).

24 Zitiert wird hier und im Folgenden nur unter Angabe der Seitenzahl nach Umberto Eco: *La misteriosa fiamma della regina Loana. Romanzo illustrato.* Milano: Bompiani 2004. Die deutschen Übersetzungen folgen Umberto Eco: *Die geheimnisvolle Flamme der Königin Loana. Illustrierter Roman*, aus d. Ital. v. Burkhart Kroeber. München / Wien: Hanser 2004. Hier: „Der grausamste Monat", „‚Und wie heißen sie?' – ‚Warten Sie, ich hab's auf der Zunge.'" (Ebd., S. 7.)

suggerieren, sondern sogar seinen Namen: „Mi chiamo Arthur Gordon Pym“ (S. 7). Bereits an dieser Stelle fällt auf, dass das, was in *Il nome della rosa* ein weitgehend unkompliziertes und bedingungsloses Spiel mit Zitaten und geschichtlichen Ereignissen war,[25] hier unter andere Vorzeichen gestellt ist: Es geht nicht um die Erschaffung einer fiktionalen Welt des Mittelalters aus Fragmenten von Texten, sondern um ein konkretes (freilich literarisches) Subjekt, das ein ebenso konkretes Anliegen hat, den Verlust seines Ich.

Zwar birgt die Identifikation mit einer Romanfigur Edgar Allan Poes zunächst durchaus komisches Potential, doch diese Komik schlägt schnell in ein tragisches Moment um, wenn dem Leser – schon anhand des Kursivdrucks, mit dem die Zitate gekennzeichnet sind – auffällt, dass sich die Persönlichkeit von Ecos Protagonisten beinahe ausschließlich aus fiktionalen Elementen zusammensetzt. Auch die Überschrift des Kapitels gewinnt eine geänderte Valenz: Sie ist nun ebenfalls als Zitat zu erkennen,[26] als Anspielung auf T. S. Eliots *The Waste Land* und dessen erstes Gedicht *The Burial of the Dead*, das mit dem Vers „April is the cruellest month“ beginnt und dem Monat in der Folge zuschreibt, er vermische „memory and desire“.[27] Nicht nur diese Vermischung von Erinnerungsfragmenten und die damit einhergehende Sehnsucht (deren genaue Lesart freilich interpretationsbedürftig wäre), sondern auch die im Anschluss entwickelte Jahreszeitenmetaphorik kann übertragen werden auf die Situation des Protagonisten in der *Loana*: „Winter kept us warm, covering / Earth in forgetful snow […]. Summer surprised us.“[28]

Wenngleich es in der *Loana* keine Handschriftenfiktion gibt (anders als in allen vorangegangenen Romanen mit Ausnahme des *Pendolo*), integriert Eco also auch in dieses Werk grundlegende Aussagen zur ‚Textualität der Wirklichkeit‘. Allerdings sind die Anspielungen auf Palimpseste, Textfragmente und Zitate anders begründet:[29] über den Gedächtnisverlust des Protagonisten, der sich auf dessen

25 Vgl. dazu mit weiterführender Literatur Schilling: *Der historische Roman*, S. 73–103.

26 Vgl. dazu Emilio Giordano: Una memoria di carta. Alla ricerca della Regina Loana. In: *Rivista di Studi Italiani* 22,2 (2004), S. 173–183, hier S. 173.

27 Zit. n. T. S. Eliot: *Ausgewählte Gedichte. Englisch und Deutsch.* Frankfurt am Main: Suhrkamp 1951, S. 20.

28 Ebd.

29 Aus diesem Grund teile ich die Einschätzung Capozzis nicht, Eco scheine diese Techniken für seinen fünften Roman nicht mehr aufgegriffen zu haben (vgl. Capozzi: The Mysterious Flame, S. 462).

episodisches, autobiographisches Gedächtnis bezieht, nicht aber auf sein semantisches, faktenbezogenes. Anders als im *Pendolo* stellen Historie und Literatur hier also keine Fundgrube für ein beliebiges Aufgreifen von Fakten und Fiktionen dar, sondern – ähnlich wie in *Baudolino* – eine Möglichkeit für den Protagonisten, ein existentielles Defizit (den Verlust der eigenen Identität) zu beheben.

In den zweiten und dritten Teil des Romans ist eine Vielzahl an Abbildungen integriert (über einhundert Stück). Diese haben zum einen die Funktion, die für die fiktionale Erzählung postulierte Authentizität auf einer weiteren medialen Ebene zu unterstreichen:[30] „These images provide the historical background and political realism within which is grounded Yambo's second (re)awakening – that is, the reacquiring, temporarily, of his autobiographic memory, and just as important, the awareness of his anti-Fascism."[31] Zum anderen aber dienen die Illustrationen dazu, Distanz zum Gesagten herzustellen – und dies wird besonders anhand des Protagonisten deutlich, den Eco für seine Reise in die Vergangenheit auswählt. Weil Yambo sein Gedächtnis verloren hat, unterstreichen die Abbildungen von Comic-Heften, Schulbüchern, Zeitschriften etc. gerade nicht eine als authentisch postulierte fiktionale Geschichte, die sie durch die Bildwirkung glaubwürdiger gestalten, sondern sie stellen die Fiktionalität des Gesagten selbstreflexiv aus. Das, was zunächst – mit Nünning – ein realistischer historischer Roman zu sein scheint, entpuppt sich als Diskurs über die Möglichkeiten von Geschichtsschreibung und somit als metahistoriographisch.

Am Beispiel seines Protagonisten illustriert der Text, in welch entscheidendem Maße Bio- und Historiographie eine Fiktion ist – eine Erkenntnis, die sich auf der Basis neuerer Forschungen der Historiographie auch auf solche Figuren oder Personen übertragen ließe,

30 Analog ist dies etwa für W.G. Sebalds Roman *Austerlitz* zu konstatieren, wie Alexandra Tischel: Aus der Dunkelkammer der Geschichte. Zum Zusammenhang von Photographie und Erinnerung in W.G. Sebalds *Austerlitz*. In: Michael Niehaus / Claudia Öhlschläger (Hrsg.): *W. G. Sebald. Politische Archäologie und melancholische Bastelei.* Berlin 2006, S. 31–45, oder Silke Horstkotte: *Nachbilder. Fotografie und Gedächtnis in der deutschen Gegenwartsliteratur.* Köln: Böhlau 2009, zeigen konnten, allerdings mit den Einschränkungen, die hier für die *Loana* postuliert werden und in ähnlicher Weise für *Austerlitz* bei Erik Schilling: Literarische Konzepte von Zeit nach dem Ende der Postmoderne. In: Silke Horstkotte / Leonhard Herrmann (Hrsg.): *Poetologien des deutschsprachigen Gegenwartsromans.* Berlin / Boston: de Gruyter 2013, S. 171–185, dokumentiert sind.

31 Capozzi: The Mysterious Flame, S. 463.

die nicht ihr Gedächtnis verloren haben, ihre Vergangenheit aber dennoch *ex post* konstruieren und zu einem nicht unerheblichen Teil fiktional überformen.[32] Das kollektive Gedächtnis, wie es in den Abbildungen zum Ausdruck kommt, ist also nichts anderes als die materiale Basis für eine jeweils individuelle Fiktion.

Entsprechend ist die *Loana* oft (und zu Recht) als Roman einer Generation gefasst worden: der Generation Ecos.[33] Für diese Lesart des Textes spricht zusätzlich die Verortung im theoretischen Werk des Autors, etwa im Kontext der Schriften von *Das offene Kunstwerk* über *Lector in fabula* bis hin zu *Die Grenzen der Interpretation*, in denen er das Konzept eines Modell-Lesers entwickelt, der auf der Basis bestimmter ‚Ökonomie-Kriterien' eine kontextgestützte Interpretation vornimmt.[34] Modell-Leser, die die *Loana* als ein (in Grenzen) ‚offenes

32 Auf die Problematik einer ‚narrativen Historiographie' kann ich hier nicht eingehen; ich verweise auf Hayden Whites einschlägiges Werk *Metahistory. Die historische Einbildungskraft im 19. Jahrhundert in Europa.* Frankfurt am Main: Fischer 1991 [engl. 1973], sowie die daran anschließende Forschungsdiskussion, die etwa in Schilling: *Der historische Roman*, S. 25–32, nachgezeichnet ist.

33 Capozzi spricht von „double coded hypertextual strategies that make the novel less about the personal story of Yambo's quest for identity, and more about the story/history of a generation that Yambo defines as ‚schizophrenic'" (Capozzi: The Mysterious Flame, S. 465).

34 In *Das offene Kunstwerk* (Frankfurt am Main: Suhrkamp 1977 [ital. 1962]), seinem ersten breit rezipierten Werk, legt Umberto Eco das Fundament seiner theoretischen Positionen. Seine Idee besteht darin, Kunst als Kommunikationsphänomen zu fassen. Jeder Rezeptionsvorgang beinhaltet einen interpretativen Dialog zwischen einem Kunstwerk und seinem Rezipienten. Offene Kunstwerke sind – im Gegensatz zu geschlossenen Kunstwerken, die primär in eine Richtung interpretiert werden ‚wollen' – deswegen als offen zu bezeichnen, weil sie vom Interpreten im Augenblick der Vermittlung erst vollendet werden. Durch die Aufwertung des Betrachters zum aktiven Interpreten löst Eco Kunst und Literatur aus einem rein ‚dozierenden' Verständnis und überführt sie in ein kommunikatives. Einer solchen Auffassung sind allerdings Grenzen gesetzt, die Eco in *Die Grenzen der Interpretation* erläutert: Er stellt fest, dass weder die Fokussierung auf die Absicht des Autors (*intentio auctoris*) noch die Gewährung völliger Freiheit für den Interpreten durch einen leserzentrierten Zugang (*intentio lectoris*) einem literarischen Werk gerecht werden können. Aus diesem Grund bietet sich eine dritte Variante an: die Orientierung an der *intentio operis*. Diese ergibt sich durch die interpretative Kooperation von Text und Interpret; dabei wird die Perspektive des Interpreten gelenkt durch die Strukturen des Textes (vgl. Umberto Eco: *Die Grenzen der Interpretation.* München / Wien: Hanser 1992 [ital. 1990], S. 49; vgl. auch ders.: *Lector in fabula. Die Mitarbeit der Interpretation in erzählenden Texten.* München / Wien: Hanser 1987 [ital. 1979]). Indem – so Eco – eine Interpretation auf diese Weise verfährt, werden willkürliche Ansätze des Lesers ausgeschlossen; es zeigt sich, welche der unendlich vielen Interpretationsvarianten vom Text gedeckt sind, dabei aber nicht von der (unergründlichen) Intention des Autors oder der (anfechtbaren) Intention des Lesers abhängen. Gegen eine sinnvolle, eine

Kunstwerk' rezipieren, sind in jedem Fall die Generationsgenossen des Autors, denen die Abbildungen zu der gleichen Tätigkeit Veranlassung geben können, die Yambo vollzieht: zu einer (Re-)Konstruktion der eigenen Jugend auf der Basis kollektiver Erinnerungen. In einem zweiten Schritt gilt dies selbstverständlich auch für jüngere Leser. Angeleitet durch Yambo können sie Historie und Fiktion, Wahrheit und Erfindung, Individuelles und Kollektives verbinden – und darüber hinaus ein kritisches Bewusstsein dafür entwickeln, was das Schwanken zwischen den jeweiligen Extrempolen bedeutet.

Und dennoch liefert Eco gerade nicht die scheinbar objektive Basis für eine individuelle (Re-)Konstruktion der eigenen Biographie bzw. (in einem größeren Kontext) der Historie. Eine solche Auffassung, die Yambo als ‚Detektiv', ‚Historiker' oder ‚Archäologe' ansieht (wie der zweite Teil des Romans es durchaus nahelegt),[35] wird durch den dritten Teil infrage gestellt. Ich schließe zunächst zwar erneut an Capozzi an, wenn dieser sagt, dass das „double coding" im zweiten Teil sehr wenig mit Nostalgie und Ironie zu tun habe, viel hingegen mit „historicizing (and politicizing) memorabilia".[36] Im dritten Teil aber nimmt etwas seinen Lauf, das als eine narrative (Re-)Konstruktion des Subjekts zu beschreiben ist und sich von dem zuvor eingenommenen breiten Blick auf das Kollektiv zu dem auf das eine Individuum verengt. Es geht nicht darum, eine vergnügliche Handlung zu konstruieren, die mit Elementen der Historie aus der sicheren Distanz des Erzählers spielt, sondern es wird die existenzielle Frage nach der eigenen Identität gestellt: „The protagonist's goal [...] is not to discover ‚whodunnit' but ‚who am I?'."[37]

Erst hier entwickelt sich die Enzyklopädie des kollektiven Gedächtnisses, die der zweite Teil des Romans entworfen hatte, zu einer persönlichen Geschichte. Als Yambo die Fähigkeit, seine Geschichte zu erzählen, (wieder)erlangt hat, als also die ‚mentale Dimension' des

‚ökonomische' Interpretation setzt Eco den Begriff des ‚Gebrauchs'. Ein Text wird vom Leser lediglich ‚gebraucht', wenn dieser willkürlich eigene Deutungen in den Text hineinlegt, die nicht durch die Textkohärenz gedeckt sind (vgl. ebd., S. 47–48). Eine Interpretation hingegen zielt auf das Verstehen des Textes mittels semiotischer Verfahren ab.

35 Vgl. die Belege bei Capozzi: The Mysterious Flame, S. 471, der entsprechend folgert: „This is Eco's way of underlining Yambo's objectivity, or better yet his ability to maintain aesthetic and critical distance while recovering innumerable archived items from the past."

36 Ebd., S. 478.

37 Cannon: Lost in the Fictional Woods, S. 408.

Gedächtnisses keine Fiktion mehr ist, fällt dies nicht zufällig mit seiner vorübergehenden Gesundung zusammen: Er gewinnt sein autobiographisches Gedächtnis zurück. Obwohl er in einen komaähnlichen Schlaf versinkt, ist er hellwach,[38] was zu einem völlig neuen Zeitempfinden führt:

> [P]osso spostarmi da un ricordo all'altro e vivo ciascuno come un *hic et nunc.* (S. 313)
>
> [I]l vantaggio è che ora posso rivivere tutto, senza che ci sia più un avanti e un indietro, in un circolo che potrebbe durare per ere geologiche e in questo cerchio, o spirale, Lila mi è sempre e di nuovo accanto [...]. (S. 412)[39]

Dies bedingt zudem eine paradoxe Umkehr von Yambos Gedächtnisleistung, die sich an Ecos Konzept der *ars oblivionalis* rückbinden lässt. Vor seinem Unfall kann er Lila – als einzige Person in seinem Leben – nicht vergessen, danach kann er sie sich – ebenfalls als einzige – nicht bildlich vor Augen rufen:

> Avevo rimosso tutto, salvo il volto di Lila, e lo cercavo ancora tra la folla, sperando di rincontrarlo non andando all'indietro [...], ma in avanti, in una ricerca che ora so vana. (S. 412)[40]

Es zeigt sich, dass Narrativität für die mentale Gesundheit des Subjekts unverzichtbar ist.[41] Aus diesem Grund ist mit Recht von der *Loana* als Ecos ‚autobiographischstem Roman' zu sprechen.[42] So wie der Protagonist Yambo rekonstruiert der Autor Eco fundamentale Aspekte seiner Biographie.[43] Nicht nur stellt der Roman minutiös

38 Vgl. ebd., S. 412. Capozzi überlegt, ob es sich um einen Traum in einem Traum handelt, und spricht bei den sich an diese Episode anschließenden Gegebenheiten von einer „spectacular Technicolor vision" (Rocco Capozzi: Love Flames and Memorabilia in Eco's *La Misteriosa fiamma della regina Loana.* In: *Forum Italicum* 38,2 (2004), S. 601–608, hier S. 605).

39 „[I]ch kann mich aus einer Erinnerung in die andere versetzen und erlebe jede als ein *hic et nunc.*" (Eco: *Die geheimnisvolle Flamme der Königin Loana*, S. 350) – „[D]er Vorteil ist, daß ich jetzt alles wiedererleben kann, ohne daß da noch ein Vorher oder Nachher wäre, in einem Kreislauf, der über Erdzeitalter andauern könnte, und in diesem Kreis ist Lila mir immer von neuem ganz nahe [...]" (ebd., S. 459).

40 „Ich hatte alles verdrängt außer dem Antlitz von Lila, und ich suchte es immer noch in der Menge, mit der Hoffnung, ihm nicht beim Zurückgehen zu begegnen [...], sondern beim Vorwärtsgehen, auf einer Suche, von der ich nun weiß, daß sie vergeblich war" (ebd., S. 458).

41 Vgl. Capozzi: Love Flames, S. 605.

42 So, allerdings ohne die obige Begrünung, ebenfalls Capozzi: The Mysterious Flame, S. 479.

43 Vgl. Cannon: Lost in the Fictional Woods, S. 406–407, die dazu etwa Yambos Faszination für Kataloge, Listen und Enzyklopädien rechnet. Darüber hinaus wären

Ecos ‚Denken' dar, wenn er aus einer Vielzahl an Text- und Bildfragmenten ein Leben entwickelt, das in vielen Punkten dem des Autors ähnelt, auch umreißt Eco performativ seine eigene Poetik: Was er in *Das offene Kunstwerk* explizit als Aufgabe des Rezipienten beschrieben hatte, wird im zweiten Teil der *Loana* Wirklichkeit der Lektüre. Was er in *Il nome della rosa* als implizites Prinzip der Konstruktion verfolgt und erst im Epilog aufgedeckt hatte (den Aufbau der fiktionalen Welt aus Zitaten), ist in der *Loana* bereits im ersten Teil des Romans klar markiert und durch Yambos Gedächtnisverlust motiviert.

Nicht zuletzt ist es für Eco durchaus plausibel, dass er als ein Autor, der sich zeitlebens gegen eine ‚naive' Repräsentation von Wirklichkeit gewandt hat (man denke etwa an die postmoderne Liebeserklärung aus der *Postille a ‚Il nome della rosa'*),[44] keine ‚wirkliche Autobiographie' schreibt, sondern eine literarische, die sich nichtsdestoweniger sehr konkret auf die Spuren seines Gedächtnisses, seines Lebens und seiner Identität macht. Diese autobiographische Komponente wird dadurch unterstrichen, dass Eco ein einziges Mal seinem Protagonisten ein Foto von sich selbst ‚unterschiebt'. Es zeigt ihn als Kind zusammen mit seiner Schwester[45] und unterstreicht, wie in der *Loana* Erinnern, Vergessen und die (Re-)Konstruktion des Ich zusammenspielen und damit am Beginn des 21. Jahrhunderts eine neue, nicht postmoderne Form narrativer Historiographie entwickeln. Die metahistoriographische Fiktion, die an die Stelle des scheinbar realistischen historischen Romans getreten war, wird ihrerseits ersetzt: durch einen realistischen Roman von der Historie.

Nachdem in der Postmoderne – etwa im Anschluss an Lyotards Thesen von der narrativen Struktur der *grands récits* oder an Hayden Whites narrative Historiographie[46] – das Verhältnis von *facta* und *ficta* problematisch geworden war und die Gattung des historischen Romans, der das entsprechende Spannungsverhältnis *ab ovo* inhärent

die Erfahrungen des Jungen mit Faschismus und Widerstand hierzu zu zählen; auch die geographische Verortung ist eines der vielen auch für Eco stimmigen biographischen Details.

44 Im Zeitalter der Postmoderne müsse man, wolle man eine Liebeserklärung machen, eine fremde Liebeserklärung ironisch zitieren, um ‚falsche Unschuld' zu vermeiden, aber dennoch zu einer ernsthaften Aussage gelangen zu können. Vgl. Umberto Eco: *Nachschrift zum ‚Namen der Rose'.* München / Wien: Hanser 1984 [ital. 1983], S. 78–79.

45 Vgl. Capozzi: The Mysterious Flame, S. 472.

46 Vgl. z. B. Jean-François Lyotard: *Das postmoderne Wissen. Ein Bericht.* Graz / Wien: Böhlau 1986 [frz. 1979]; White: *Metahistory.*

ist, für Eco in paradigmatischer Weise das Feld geboten hatte, diese Erkenntnisse literarisch auszudiskutieren, ist bei seinen jüngeren Texten somit das Schwanken zwischen Realität und Fiktion zugunsten der Fiktion entschieden. Er nimmt die narrative Komponente einer jeden Geschichtsdarstellung als gegeben und zögert nicht, sie zu betonen. Die ‚Objektivität' des Historikers oder Archäologen wird in der *Loana* zwar zitiert, jedoch als fiktiv entlarvt und daher zugunsten einer subjektiv begründeten Fiktion verabschiedet.

Ob diese Rekonstruktion von Identität auf der Basis eines individuellen Narrativs dauerhaft tragfähig ist, sagt der Roman jedoch nicht. Die Ambiguität der Situation des Protagonisten wird zunächst durch einen Verweis auf Ecos dritten Roman, *L'isola del giorno prima*, vorbereitet: „L'Isola Non-Trovata invece rimane, in quanto inattingibile, sempre mia" (S. 401).[47] In der *Isola* ist die Insel, vor der das Schiff des Protagonisten Roberto gestrandet ist, unerreichbarer Sehnsuchtsort für dessen Phantasien. Dort verortet er seine verlorene Geliebte, dort erhofft er sich eine (metaphysisch anmutende) Erlösung, dort sollen Vergangenheit und Gegenwart verschmelzen, weil durch die Insel scheinbar die Datumsgrenze verläuft. Der Roman schließt damit, dass Roberto ins Wasser steigt und sich von den Wellen ins Nichts zwischen den Orten und Zeiten treiben lässt. Ob er mit dieser Drift ins Ungewisse Erfolg hat, wird nicht gesagt; der Roman bietet das endgültige Scheitern wie die subjektive Erfüllung als plausible Optionen.[48]

Am Ende der *Loana* lassen sich in einem längeren Abschnitt zudem Anspielungen auf *Il nome della rosa* finden:

> Non so se sia la misteriosa fiamma della regina Loana che sta ardendo nei miei lobi incartapecoriti, se un qualche elisir stia tentando di lavare i fogli bruniti della mia memoria di carta, ancora affetti da molte gore che rendono illeggibile quella parte del testo che ancora mi sfugge, o se sia io che cerco di spingere i miei nervi a uno sforzo insopportabile. [N]el mio cervello i corpi cavernosi si riempiono di sangue, qualcosa sta per esplodere – o per sbocciare. (S. 444)[49]

47 „Die Nichtgefundene Insel hingegen bleibt, da sie unerreichbar ist, immer mein" (Eco: *Die geheimnisvolle Flamme der Königin Loana*, 447).

48 Vgl. dazu Schilling: *Der historische Roman*, S. 194–213.

49 „Ich weiß nicht, ob es die geheimnisvolle Flamme der Königin Loana ist, die in meinen zusammengeschrumpften Gehirnlappen brennt, ob irgendein Elixier versucht, die vergilbten Blätter meines papiernen Gedächtnisses zu reinigen, auf denen noch immer viele Stockflecken jenen Teil des Textes unlesbar machen, der mir noch entgeht, oder ob ich es bin, der versucht, meine Nerven zu einer äußersten Anstrengung zu treiben. [I]n meinem Gehirn füllen sich die Hohlkörper wieder mit

Diese letzten Sätze sind sowohl syntaktisch als auch inhaltlich parallel zum Schluss von Ecos erstem Roman konzipiert:

> Fa freddo nello scriptorium, il pollice mi duole. Lascio questa scrittura, non so per chi, non so più intorno a che cosa: stat rosa pristina nomine, nomina nuda tenemus.[50]

Die doppelte Referenz auf frühere Romane Ecos am Ende der *Loana* unterstreicht die autobiographische Komponente. Was Eco ikonographisch durch das Bild von sich selbst und seiner Schwester vorbereitet hatte, führt er hier intertextuell fort.

4. Fazit

Die Untersuchung von Umberto Ecos Roman *La misteriosa fiamma della regina Loana* hat einen mehrfachen Wechsel des Paradigmas gezeigt, das dem historischen Erzählen zugrunde liegt. Scheint der Text zunächst das intertextuelle Spiel mit Zitaten auf die Spitze zu treiben und somit seine historische ‚Bedingtheit' explizit auszustellen, bringt der zweite Teil verschiedene Formen des kulturellen Gedächtnisses und damit verbundene Möglichkeiten einer Rekonstruktion der Historie aufs Tapet. Im dritten Teil ändern sich die Prämissen dahingehend, dass im Rahmen einer historischen Erzählung Identität erzeugt wird. Entsprechend weist der Roman einen Ich-Erzähler auf, der autodiegetisch seine Lebensgeschichte erzählt und aus der Auseinandersetzung mit der Vergangenheit einen Nutzen für die Gegenwart ziehen will. Diese Beschäftigung mit der eigenen Identität tritt an die Stelle des pluralen und multiperspektivischen Ansatzes, den zahlreiche historische Romane in der Postmoderne verfolgt hatten und der in den ersten beiden Teilen der *Loana* zitiert wird. Für die Konfrontation mit der Vergangenheit ist es zwar nicht unerheblich zu wissen, dass es beliebig viele Möglichkeiten gibt, diese zu fassen (wie dies im zweiten Teil über die Offenheit der Lektüre präsentiert wird); für den Effekt der Identitätsbildung, der den Protagonisten motiviert, ist aber der subjektive Blick auf die Historie relevant.

Blut, etwas ist kurz davor zu explodieren – oder aufzugehen" (Eco: *Die geheimnisvolle Flamme der Königin Loana*, S. 494).

50 Umberto Eco: *Il nome della rosa.* Milano: Bompiani 1980, S. 503 bzw. Umberto Eco: *Der Name der Rose.* München / Wien: Hanser 1982, S. 635: „Kalt ist's im Skriptorium, der Daumen schmerzt mich. Ich gehe und hinterlasse dies Schreiben, ich weiß nicht, für wen, ich weiß auch nicht mehr, worüber: *Stat rosa pristina nomine, nomina nuda tenemus.*"

Yambo erlebt seine Situation als krisenhaft, weil durch den Gedächtnisverlust seine Identität infrage gestellt ist. Um die Krise zu überwinden, wendet er sich der Geschichte zu, seiner eigenen, aber auch dem Kontext der ‚großen Geschichte'. Bei der (Re-)Konstruktion seiner Biographie erkennt er die Verschränkung von Mikro- und Makrohistorie sowie von individuellem und kollektivem Gedächtnis. Durch die Auseinandersetzung mit der Vergangenheit errichtet er eine neue Basis für seine Gegenwart, die narrativ grundiert ist. Ob diese allerdings dauerhaft tragfähig ist oder nicht vielmehr eine Illusion darstellt, löst der Roman nicht auf; der dritte Teil kann daher sowohl als Erlösung wie auch als Katastrophe verstanden werden.

Ähnlich wie *Baudolino* und *Il cimitero di Praga* stellt *La misteriosa fiamma della regina Loana* damit ein literarisches Beispiel dar, das die Phänomene des Erinnerns, Vergessens und einer (Re-)Konstruktion des Ich zusammenbindet und auf diese Weise eine gegenüber der Postmoderne neue Form narrativer Historiographie im 21. Jahrhundert erschafft.

II.
Peripherie, Revolution und Zäsur

Die Funktionalisierung des haitianischen Revolutionsführers Toussaint Louverture als Vollender der Französischen Revolution

Isabell Lammel

Der einstige Sklave Toussaint Louverture, der in der damals reichsten Kolonie Frankreichs, Saint-Domingue, geboren wurde, spielte bei der Haitianischen Revolution eine maßgebliche Rolle. Zwar konnte Toussaint die Schlacht um Saint-Domingue auf militärischer Ebene nicht für sich entscheiden, sondern wurde 1802 auf Befehl Napoleons nach Frankreich deportiert, wo er 1803 in seiner Gefängniszelle starb; jedoch zeigte sich sein Wirken auf politischer Ebene insofern erfolgreich, als am 1. Januar 1804 die Unabhängigkeit Haitis, der sogenannten Perle der Antillen, erklärt wurde. Nach den USA war Haiti der zweite Staat des amerikanischen Kontinents, der sich aus eigener Kraft seinen Weg in die Unabhängigkeit gebahnt hatte. Auf die Gründung dieses Staates, der sich bereits 1801 unter Toussaint Louverture eine eigene Verfassung gegeben hatte und eine Vorreiterrolle im Prozess der Dekolonisation übernahm, reagierte Frankreich mit einem großen Schock. Laut Michel-Rolph Trouillot war die Haitianische Revolution vor und während ihres Verlaufs ein undenkbares Ereignis.[1] Sowohl in Saint-Domingue als auch in Europa und Nordamerika konnte die Entwicklung der Meinungen mit der Schnelligkeit der Ereignisse nicht Schritt halten.[2] Da ein von ehemaligen Sklaven regierter Staat sich der allgemeinen Vorstellungskraft entzog, setzte insbesondere nach dem endgültigen Verlust der Kolonie durch die Unabhängigkeitserklärung im Jahre 1804 ein Mechanismus des

1 Vgl. Michel-Rolph Trouillot: *Silencing the Past. Power and the Production of History*. Boston: Beacon 1995, S. 73.

2 Vgl. ebd., S. 94.

Vergessens ein, der Haiti und seinen Anführer aus der französischen Kolonialgeschichte löschte[3] und die Revolution in der Historiographie zu einem Nichtereignis[4] machte. Im Gegensatz zur Historiographie bot jedoch die Literatur sowohl der Haitianischen Revolution als auch dem ‚schwarzen Spartakus' die Möglichkeit, sich einen Weg ins kollektive Gedächtnis zu bahnen. In diesem Beitrag wird die literarische Rezeption des Toussaint-Mythos in Frankreich skizziert, die Repräsentation und Funktionalisierung Toussaint Louvertures in zwei Werken aus dem 21. Jahrhundert untersucht sowie mögliche Gründe für das Ende des 20. und zu Beginn des 21. Jahrhunderts neu entflammte Interesse am haitianischen Freiheitskämpfer genannt.

1. Der Toussaint-Mythos und seine Rezeption

Ende des 18. und zu Beginn des 19. Jahrhunderts, also im Verlauf und im direkten Anschluss an die Haitianische Revolution, entstand eine Vielzahl literarischer Rezeptionszeugnisse. Dabei handelt es sich hauptsächlich um Memoiren, Romane, Essays, Berichte, Tagebücher und Reiseberichte, die von Augen- und Zeitzeugen verfasst wurden. Diese Informationen der Zeitzeugen wurden von den Romantikern, die Toussaint einerseits als idealisierten Sklavenführer und andererseits als programmatischen Widerpart Napoleons[5] funktionalisierten, aufgegriffen. Nachdem Toussaint Louverture Gegenstand einer zunächst machtvollen literarischen Mythisierung geworden war, schien er auch in der Literatur dem Vergessen anheimzufallen. Seine Rückkehr in die Literatur nahm in der zweiten Hälfte des 20. Jahrhunderts als Ikone der *Négritude*-Bewegung und im Zuge der modernen Kolonialismusdebatten ihren Beginn. Diese bedeutenden Toussaint-Texte sind hauptsächlich der frankokaribischen Literatur zuzuordnen. Toussaint Louverture schien zu einer mythischen Gründerfigur eines neuen postkolonialen Selbstverständnisses geworden zu sein.

Auffällig ist, dass die Rezeption fortgeführt wurde und am Ende des 20. und zu Beginn des 21. Jahrhunderts eine neue Welle literarischer

3 Vgl. Marcel Dorigny: Aux origines: l'indépendance d'Haïti et son occultation. In: Pascal Blanchard / Nicolas Bancel / Sandrine Lemaire (Hrsg.): *La fracture coloniale. La société française au prisme de l'héritage colonial.* Paris: La Découverte 2006, S. 47–57, hier S. 49.

4 Vgl. Trouillot: *Silencing the Past*, S. 98.

5 Vgl. Isabell Lammel: Toussaint Louverture in der französischen Romantik: Die Transformation des haitianischen Revolutionsführers zum Widerpart Napoleon Bonapartes. In: Dies. / Sonja Georgi / Julia Ilgner / Cathleen Sarti / Christine Waldschmidt (Hrsg.): *Geschichtstransformationen. Medien, Verfahren und Funktionalisierungen historischer Rezeption.* Bielefeld: Transcript 2014 (im Erscheinen).

Rezeptionszeugnisse auf den Markt schwappte und Toussaint mehrfach zum Gegenstand literarischer Werke wurde. Der haitianische Revolutionsführer wurde in zahlreichen Biographien, Essays, Gedichten, Theaterstücken, Romanen, Kinder- und Jugendbüchern sowie einem Comic rezipiert.[6] Des Weiteren erhielt der Mythos nun auch Eingang in andere Medien, insbesondere ins Medium des öffentlichen Raums[7] sowie in audiovisuelle Medien. Durch die Aufnahme des schwarzen Helden in andere literarische Gattungen – wie beispielsweise in Kinder- und Jugendbücher und in einen Comic – sowie ins Massenmedium Film und in den öffentlichen Raum findet der Toussaint-Mythos eine weitaus größere Verbreitung als in den vorausgehenden Epochen, was für eine Rückkehr Toussaints ins kollektive Gedächtnis Frankreichs spricht. War Toussaint Louverture in der zweiten Hälfte des 20. Jahrhunderts hauptsächlich eine Identifikationsfigur für die Franzosen aus den französischen Übersee-Departements und wurde von antillanischen Autoren wie u. a. Raphaël Tardon[8], Aimé Césaire[9], Édouard Glissant[10] rezipiert, wenden sich im

6 Literarische Werke über Toussaint Louverture vom Ende des 20. und Beginn des 21. Jahrhunderts sind u. a. Anne-Sophie Chilard: *Toussaint Louverture, le défenseur des Noirs d'Haïti*, illustr. v. Christian Epanya. Paris: Cauris 2003; Alain Foix: *Toussaint Louverture*. Inéd. Paris: Gallimard 2007; ders.: *Noir. De Toussaint Louverture à Barack Obama*. Paris: Galaade 2009. Bernard Gilles / Serge Quadru: *Le Chouan de Saint-Domingue*. Paris: Presses de la Renaissance 1979; Édouard Glissant: Proféré à un autre spectre. In: *La cohée du Lamentin*. Paris: Gallimard 2005, S. 242; Jean Métellus: *Toussaint Louverture, le précurseur*. Roman. Pantin: Temps des Cerises 2004; Fabienne Pasquet: *La deuxième mort de Toussaint-Louverture*. Arles: Actes sud 2001; Michel Peyramaure: *Les roses noires de Saint-Domingue*. Paris: Presses de la Cité 2007; Claude Ribbe: *L'expédition*. Monaco: Rocher 2003. Nicolas Saint-Cyr: *Toussaint Louverture. Le Napoléon noir*, Zeichnungen v. Pierre Briens. Paris: Hachette BD 1985; Éric Sauray: *Fort de Joux, avril 1803. Toussaint Louverture face à Napoléon Bonaparte*. Paris: L'Harmattan 2003; Bertrand Solet: *Les révoltés de Saint-Domingue*. Paris: Flammarion 2010; Lilian Thuram: *Mes étoiles noires. De Lucy à Barack Obama*, in Zusammenarbeit mit Bernard Fillaire. Paris: Rey 2010; Jacques Vénuleth: *Toussaint Louverture*, illustr. v. Frédéric Rébéna. Arles: Actes Sud junior 2011.

7 Im Jahr 1998 wurde zur Erinnerung an Toussaint Louverture eine Gedenktafel im Pantheon in Paris angebracht, auf der Folgendes geschrieben steht: „À LA MÉMOIRE DE TOUSSAINT LOUVERTURE. COMBATTANT DE LA LIBERTÉ, ARTISAN DE L'ABOLITION DE L'ESCLAVAGE, HÉROS HAITIEN MORT DÉPORTÉ AU FORT-DE-JOUX EN 1803."

8 Raphaël Tardon: *Toussaint Louverture: le Napoléon noir*. Paris: Éditions Bellenand 1951.

9 Aimé Césaire: *Toussaint Louverture. La révolution française et le problème colonial*. Paris: Présence Africaine 1981.

10 Édouard Glissant: *Monsieur Toussaint*. Paris: Gallimard 1998.

21. Jahrhundert mehr und mehr Autoren ohne antillanische Wurzeln dem Thema zu.

Im Folgenden wird die Funktionalisierung Toussaints im Kinderbuch des elsässischen Schriftstellers Jacques Vénuleth sowie im ersten französischen Spielfilm über Toussaint Louverture[11] des Regisseurs Philippe Niang[12], Sohn eines Senegalesen und einer Französin, herausgearbeitet. Die Repräsentation des haitianischen Revolutionsführers und seiner Gegenspieler wird anhand verschiedener Mytheme des Toussaint-Mythos untersucht, wobei der Begriff ‚Mythem' nach Claude Lévi-Strauss verwendet wird, der in Anlehnung an das Saussuresche Sprachmodell der Auffassung ist, dass der Mythos wie jedes andere Sprachgebilde aus konstitutiven Einheiten besteht und diese Mytheme nennt.[13] Laut Lévi-Strauss lassen sich die Mytheme bei jeder Mythosaktualisierung neu und verschieden anordnen, wobei das Mytheminventar auch widersprüchliche Einheiten umfassen kann. Diesen Prozess des Mythenmachens bezeichnet Lévi-Strauss als *bricolage*.[14] Da die verschiedenen Mytheme bei jeder neuen Anordnung eine unterschiedliche Gewichtung erfahren, wird nachfolgend insbesondere auf die in den beiden Werken dominierenden Mytheme eingegangen. Anhand dieser Mytheme, die die Funktionalisierung Toussaints und seiner Antagonisten maßgeblich beeinflussen, soll

11 Dokumentarfilme über Toussaint Louverture wie beispielsweise der in Frankreich produzierte Film *Toussaint Louverture. Haïti et la France* (Frankreich 2005, R: Laurent Lutaud) oder der amerikanische Dokumentarfilm *Égalité for all: Toussaint Louverture and the Haitian Revolution* (USA 2009, R: Noland Walker), der von Arte 2011 mit dem Titel *Toussaint Louverture, le libérateur d'Haïti* bzw. *1791 – Der Sklavenaufstand von Haiti* ausgestrahlt wurde, erschienen bereits zuvor. Allerdings erlangten sie in Frankreich keine so große öffentliche Aufmerksamkeit wie der Fernsehfilm, den im Durchschnitt 3 Millionen Zuschauer sahen. Vgl. Premiere: Toussaint Louverture: la fiction de France 2 récompensée à Los Angeles. http://tele.premiere.fr/News-Tele/Toussaint-Louverture-la-fiction-de-France-2-recompensee-a-Los-Angeles-3126694 (Zugriff am 08.04.2013). Danny Glover wollte bereits vor 30 Jahren einen Film über Toussaint Louverture drehen und bekam 2006 die finanzielle Unterstützung Hugo Chávez' zugesichert, aber der Film wurde bisher noch nicht gedreht. Vgl. Stuart Jeffries: Danny Glover: the Good Cop. http://www.guardian.co.uk/film/2012/may/18/danny-glover-good-cop (Zugriff am 30.04.2013) Falls dieser Film doch noch realisiert wird, könnte er für eine weitere Verbreitung des Toussaint-Mythos sorgen, da Hollywoodfilme bekanntlich auch in Europa ein großes Publikum finden.

12 Philippe Niang: *Toussaint Louverture*. DVD. France Télévisions Distribution 2012.

13 Vgl. Claude Lévi-Strauss: *Strukturale Anthropologie I*, aus d. Franz. v. Hans Naumann. Frankfurt am Main: Suhrkamp 1991, S. 231.

14 Vgl. Claude Lévi-Strauss: *Das wilde Denken*, aus d. Franz. v. Hans Naumann. Frankfurt am Main: Suhrkamp 1973, S. 29.

die Frage geklärt werden, welche Appellfunktion Toussaint Louverture in diesen Rezeptionszeugnissen für die Gegenwart in Frankreich einnimmt und ob ein neues Geschichtsbild gezeichnet wird. Wie Wodianka aufzeigt, findet bei Lévi-Strauss nicht nur die synchrone, sondern implizit auch die diachrone Dimension des Mythos Berücksichtigung, und durch Umdeutungen können neue Mytheme entstehen.[15] Die Frage, ob eine solche Herausbildung neuer Mytheme in den Werken erfolgte, wird ebenfalls Teil der Untersuchung sein.

2. Die Darstellung Toussaints bei Vénuleth und Niang[16]

2011 wurde Jacques Vénuleths Kinderbuch *Toussaint Louverture* mit Zeichnungen von Frédéric Rébéna in der Reihe *T'étais qui, toi?* veröffentlicht, wo Toussaint Louverture in eine Liste mit Persönlichkeiten wie Leonardo da Vinci, Josef Stalin, Benjamin Franklin und Katharina von Medici aufgenommen wurde. Wie auf der Rückseite des Buchs vermerkt wurde, sollen die Kinder durch diese Bücher, „découvrir les hommes et les femmes qui ont fait l'Histoire, parfois héroïques, parfois peu recommandables, ou tout simplement humains."[17] Das Kinderbuch beleuchtet den gesamten Mythos des haitianischen Nationalhelden und beginnt mit dem Tod Toussaints und der Aufforderung an den Leser, sich vorzustellen, dass kurz nach dessen Ableben ein Gecko aus der Gefängniszelle floh. Nachdem die Geschichte Toussaints bis zu seinem Tod chronologisch wiedergegeben wurde, findet im letzten Kapitel der Gecko, der die Abolition der Sklaverei in der ganzen Welt verkündet haben soll, erneut Erwähnung.

Der zweiteilige französische Fernsehfilm *Toussaint Louverture*, der 2011 produziert, im Frühjahr 2012 von France 2 zur besten Sendezeit

15 Vgl. Stephanie Wodianka: Mythos und Erinnerung. Mythentheoretische Modelle und ihre gedächtnistheoretischen Implikationen. In: Günter Oesterle (Hrsg.): *Erinnerung, Gedächtnis, Wissen. Studien zur kulturwissenschaftlichen Gedächtnisforschung*. Göttingen: Vandenhoeck & Ruprecht 2005, S. 211–230, hier S. 216.

16 Eine genauere Betrachtung des Kinderbuchs und des Films habe ich in meiner am 18.08.2014 an der Universität Mainz / Germersheim eingereichten Dissertation mit dem Titel *Die Transformation des Toussaint Louverture-Mythos in der französischen Literatur: Vom grausamen Afrikaner zum Vollender der Französischen Revolution* vorgenommen, die 2015 erscheinen soll.

17 Vénuleth: *Toussaint Louverture*, Buchrückseite. („die Männer und Frauen kennenlernen, die Geschichte geschrieben haben, teils heroisch, bisweilen verwerflich oder ganz einfach menschlich.") Sofern nicht anders vermerkt, stammen die deutschen Übersetzungen von der Verfasserin.

ausgestrahlt wurde und beim 20. Kinofestival *Panamerican Pan African Film* insgesamt drei Preise erhielt, beginnt mit der Trennung Toussaint Louvertures im schneebedeckten Juragebirge von seiner Familie und mit seiner Überführung ins Gefängnis Fort de Joux. Nachdem der von Napoleon beauftragte General Caffarelli Toussaint, der von Jimmy Jean-Louis verkörpert wird, das Versteck seines Schatzes nicht hat entlocken können, sendet der Erste Konsul einen jungen französischen Offizier namens Pasquier zu Toussaint. Dieser fasst zunehmend Vertrauen zu dem jungen Mann, der im Gegensatz zu den anderen Darstellern keine historische Person verkörpert, und erzählt ihm rückblickend seine komplette Lebensgeschichte und somit die Geschichte der Haitianischen Revolution. Innerhalb des Films gibt es demnach zwei Zeitebenen: zum einen die Zeit der Gefangenschaft Toussaints bis zu seinem Tod und zum anderen Toussaints Lebensgeschichte mit all den Entwicklungen der Haitianischen Revolution bis zu seiner Deportation und Inhaftierung in Frankreich. Kurz vor seinem Tod enthüllt Toussaint Pasquier den Ort, wo sein Schatz vergraben liegt, und dieser begibt sich zusammen mit anderen französischen Offizieren nach Saint-Domingue, um den Schatz zu bergen.

Wie auch das Kinderbuch nimmt der Film beinahe alle Mytheme des Toussaint-Mythos auf und orientiert sich stark an der historischen Geschichte des haitianischen Nationalhelden. Eine Besonderheit ist, dass der Regisseur Philippe Niang sich bei der Umsetzung des Films Freiheiten herausnahm und – aus Gründen der Dramaturgie[18] – verschiedene zusätzliche Mytheme hinzufügte, die der Geschichtsschreibung diametral entgegenstehen. Beispiele für solch fiktive Mytheme sind die Separation der Familie Toussaints im verschneiten Juragebirge[19], die Ertränkung seines Vaters durch Sklavenhändler[20] sowie die heimtückische Erschießung seines treuen Dieners.[21]

Beiden Verarbeitungen des Stoffes ist außerdem der Schatz Toussaints als vorherrschendes Mythem gemein. Insbesondere daran kann nachfolgend die Funktionalisierung Toussaints und seiner Gegner

18 Vgl. Muriel Frat: Toussaint Louverture provoque une polémique. http://tvmag.lefigaro.fr/programme-tv/article/telefilm/67823/toussaint-louverture-provoque-une-polemique.html (Zugriff am 09.04.2013).

19 Vgl. Niang: *Toussaint Louverture*, DVD 1, 0:01.

20 Vgl. ebd., DVD 1, 0:11.

21 Vgl. ebd., DVD 2, 1:08.

deutlich gemacht werden. Das Mythem wird in beiden Werken auf zwei Arten argumentativ in Anspruch genommen. Einerseits gibt es den realen, angeblich irgendwo in Haiti vergrabenen Goldschatz Toussaints, der in vielen literarischen Darstellungen zu Toussaints Person bereits Erwähnung fand, dessen Existenz jedoch von Historikern angezweifelt wird.[22] Andererseits wird auf einen metaphorischen Schatz Bezug genommen, der in beiden Rezeptionen als der veritable Schatz angesehen wird. Während die Jagd der Widersacher Toussaints nach dem realen Schatz zu deren Dämonisierung verwendet wird, kann Toussaint durch den metaphorischen Schatz glorifiziert werden, wie im Folgenden aufgezeigt wird. Weitere bedeutende Mytheme in den Werken sind die Gefangennahme, der Tod Toussaints sowie seine Nationalität.

2.1 Die Dämonisierung Napoleons: Napoleon als Verräter

Anhand dieser in den Werken dominierenden Mytheme werden Napoleon und seine Generäle dem ‚schwarzen Napoleon' – wie Chateaubriand ihn einst als Erster bezeichnete[23] – als Widerpart diametral gegenübergestellt.

In Vénuleths Kinderbuch beginnt die Dämonisierung Napoleons bereits auf der ersten Seite, auf der es heißt, dass er an Toussaint durch dessen Gefangennahme einen Verrat beging: „C'est Bonaparte, Napoléon Bonaparte, qui l'a fait arrêter par traîtrise, puis transporter et enfermer ici pour qu'il meure en secret."[24] Der Ablauf der Verhaftung wird später im Buch genauer beschrieben und auch in der Zeichnung Rébénas dargestellt.[25]

Die Gefangennahme wird als eine Falle bezeichnet, die Toussaint von General Brunet im Auftrag von Leclerc und Napoleon gestellt wurde:

> Le camp de Toussaint doute, ne sait plus pourquoi il se bat, et lui-même se voit encore en position de négocier. C'est peut-être pour cela qu'il tombe dans le piège qu'on lui tend en l'invitant, quinze jours après la signature de la trêve, à une rencontre amicale. Il y va sans escorte. Le général Brunet qui l'a invité l'accueille

22 Vgl. z. B. Gabriel Debien: A propos du trésor de Toussaint-Louverture. Auszug aus *Revue d'histoire et de géographie d'Haïti* 17,62 (1946).

23 Vgl. François-René de Chateaubriand: *Mémoires d'outre-tombe*, Bd. 4: Livres XXXIV–XLII. Paris: Garnier / Librairie Générale Française 1998, S. 382.

24 Vénuleth: *Toussaint Louverture*, S. 5. („Es war Bonaparte, Napoleon Bonaparte, der ihn erst auf verräterische Weise verhaften, dann deportieren und schließlich hier einsperren ließ, damit er im Verborgenen stirbt.")

25 Vgl. ebd., S. 64.

> aimablement, puis s'excuse et quitte la pièce, qui est aussitôt envahie par des soldats. Ils entourent Toussaint, le désarment et le mettent aux fers.[26]

Napoleon wird ebenso wie seinem Schwager Leclerc vorgeworfen, Toussaint in einen Hinterhalt gelockt und damit Verrat begangen zu haben.

Im Gegensatz zum Film spielt der von Napoleon ins Fort de Joux gesandte General Caffarelli bei Vénuleth nur eine untergeordnete Rolle, und auch auf den realen Schatz Toussaints wird nur an einer Stelle Bezug genommen: „[…] Bonaparte, qui lui envoie son aide de camp, Caffarelli, uniquement pour savoir où il aurait caché un éventuel trésor."[27] Allerdings tritt durch diesen einen Satz die Habgier Napoleons zur Genüge ans Licht.

In Vénuleths Buch, das mit dem Tod Toussaints beginnt[28], wird Napoleon überdies vorgeworfen, dass Toussaint nach seiner Gefangennahme und Deportation nach Frankreich während der sieben Monate bis zu seinem Tod Qualen aufgrund der schlechten Haftbedingungen ausstand: „[…] il est enfermé en août 1802. Il lui reste un peu plus de sept mois à vivre, ou plutôt à souffrir."[29] Für diesen langsamen und grausamen Tod wird explizit Napoleon verantwortlich gemacht: „Sa morte lente est programmée par Bonaparte […]. On l'isole […]. On l'humilie."[30] Dadurch werden im Kinderbuch vor allem Napoleon sowie seine Generäle Leclerc und Caffarelli zu Dämonen stilisiert.

Auch im Film dient das Mythem der Gefangennahme der Verteufelung Napoleons. Zwar wird aufgezeigt, dass Leclerc den Vereinbarungen des unterzeichneten Waffenstillstands zum Trotz durch

26 Vénuleth: *Toussaint Louverture*, S. 64. („Das Lager Toussaints hat Zweifel, weiß nicht mehr, weshalb es kämpft, und Toussaint selbst sieht sich noch in der Position zu verhandeln. Wahrscheinlich ist dies der Grund, warum er in die Falle tappt, die man ihm in Form einer Einladung zu einem freundschaftlichen Treffen vierzehn Tage nach der Unterzeichnung des Waffenstillstands stellt. Er begibt sich ohne Geleit zu dem Treffen. General Brunet, der ihn eingeladen hat, empfängt ihn freundlich, entschuldigt sich daraufhin und verlässt den Raum, der sodann von Soldaten gestürmt wird. Sie umstellen Toussaint, entwaffnen ihn und legen ihn in Ketten.")

27 Ebd., S. 74. („[…] Bonaparte, der ihm seinen Adjutanten Caffarelli schickt, nur um zu wissen, wo er einen eventuellen Schatz versteckt hat.")

28 Vgl. ebd., S. 4–5.

29 Ebd., S. 72. („[…] im August 1802 wird er eingesperrt. Es bleiben ihm etwas mehr als sieben Monate zu leben beziehungsweise zu leiden.")

30 Ebd., S. 74. („Sein langsamer Tod ist von Bonaparte beabsichtigt […]. Er wird isoliert […]. Er wird gedemütigt.")

die Verhaftung Toussaints den Verrat beging, wie Toussaint Pasquier im Gefängnis berichtet: „Quelques jours plus tard, Leclerc a donné l'ordre de m'arrêter avec toute ma famille. Nous avons été déportés pour la France à bord du […] ‚Héros'."[31] Allerdings wird dem Zuschauer durchaus suggeriert, dass General Leclerc in Erfüllung seines Auftrags nur als Handlanger Napoleons diente und der Verrat somit Napoleon zur Last gelegt werden muss.

Konträr zum Kinderbuch wird im Film die Jagd nach dem realen Schatz Toussaints sehr ausführlich dargestellt. Dieses Mythem zieht sich wie ein roter Faden durch beide Teile des Spielfilms. Obwohl Napoleon einzig zu Beginn des Films einen Auftritt hat, scheint er in den Filmdialogen dennoch omnipräsent zu sein, und der Zuschauer gewinnt den Eindruck, dass Napoleons oberstes Ziel die Bergung des Schatzes von Toussaint ist. Während die Geschichtsschreibung vorgibt, dass allein General Caffarelli von Napoleon ins Gefängnis Fort de Joux entsandt wurde, um mehr über den Verbleib des Goldschatzes zu erfahren, wird bei Niang im Auftrag Napoleons ein zweiter Mann, ein junger ehrgeiziger Offizier namens Pasquier, für diese Aufgabe eingesetzt: „[…] quelqu'un qui gagnera sa confiance par naïveté et non par malice. Nous avons l'œil sur un jeune officier qui sort de l'école militaire, un garçon brillant, déjà ambitieux, mais pas encore corrompu."[32]

Trotz der physischen Abwesenheit Napoleons ist seine Macht im Film deutlich zu spüren. Auf der ersten Zeitebene übermittelt Napoleons Gesandter Caffarelli an Pasquier die Befehle des Ersten Konsuls, deren Grausamkeit insbesondere durch die Demütigung Toussaints im Gefängnis deutlich wird: „Ce nègre est malin, retors. Bonaparte en a assez d'attendre! Il veut savoir où se trouve ce foutu trésor de guerre! […] Vous n'obtiendrez rien par la douceur. C'est un homme fier. Humiliez-le!"[33] Um an den Schatz Toussaints zu gelangen,

31 Niang: *Toussaint Louverture*, DVD 2, 1:23. („Wenige Tage später erteilte Leclerc den Befehl, mich mitsamt meiner Familie zu verhaften. Wir wurden an Bord der ‚Héros' nach Frankreich deportiert.")

32 Ebd., DVD 1, 0:04. („[…] jemand, der sein Vertrauen durch Natürlichkeit und nicht durch Böswilligkeit gewinnt. Wir haben einen jungen Offizier im Auge, der gerade aus der Militärschule kommt, ein brillanter Junge, schon ehrgeizig, aber noch nicht korrupt.")

33 Ebd., DVD 1, 0:51. („Dieser Neger ist schlau und durchtrieben. Bonaparte ist es leid zu warten! Er will wissen, wo sich dieser verdammte Kriegsschatz befindet! […] Mit Milde erreichen Sie nichts. Er ist ein stolzer Mann. Demütigen Sie ihn!")

scheint den Franzosen im Film jede Methode recht zu sein, auch die Erniedrigung Toussaints. Auf Befehl Caffarellis, dem Sprachrohr Napoleons, wird Toussaint gedemütigt, und seine Haftbedingungen verschlechtern sich zunehmend. Zunächst wird Toussaint degradiert: „[…] vous avez été dégradé par l'armée française et ce jusqu'à nouvel ordre."[34] Später wird ihm seine Uniform abgenommen.[35] Toussaint versucht mit dem Versprechen, das Geheimnis seines Schatzes zu lüften, Napoleon zu einem Treffen zu bewegen, was ihm allerdings nicht gelingt: „Oui, j'ai amassé une fortune. Elle est là-bas. Dans un endroit connu de moi seul. Que Bonaparte ait le courage de me rencontrer et je lui dirai où se trouve mon trésor."[36]

Als die anfänglichen Demütigungen keine Wirkung zeigen, setzt Caffarelli – wiederum auf Anweisung Napoleons – Pasquier unter Druck, um endlich das Versteck des Schatzes in Erfahrung zu bringen. „Vous me décevez beaucoup, Pasquier. Le temps passe et on n'a pas de nouvelles du trésor de Louverture. […] Supprimez son bois de chauffage et réduisez sa nourriture à un seul repas par jour."[37] Pasquier, der Toussaint mit wachsender Sympathie und Bewunderung begegnet, setzt dem entgegen, dass der bereits kranke Gefangene dann genauso gut umgebracht werden könnte, da eine Verschlechterung der Haftbedingungen unweigerlich zu seinem Tod führt.[38] Ferner entrüstet sich Pasquier darüber, dass Caffarelli die Toussaint gehörenden Waffen in seinen Besitz bringt.[39] Während Toussaint noch in seinem 17. Brief an Napoleon um dessen Antwort ringt – eine Tatsache, die Napoleon in den Augen der Zuschauer weiter herabsetzt –, wird ihm jeglicher Briefwechsel untersagt. Damit wird seinem Kontakt zur Außenwelt ein jähes Ende gesetzt.[40] Am Schluss wird ihm die einzig verbliebene vertraute Person an seiner Seite genommen, sein Diener

34 Niang: *Toussaint Louverture*, DVD 1, 0:07. („[…] Sie wurden von der französischen Armee bis auf Weiteres degradiert.")

35 Vgl. ebd., DVD 1, 0:55.

36 Ebd., DVD 1, 1:12. („Ja, ich habe ein Vermögen angehäuft. Es ist dort, an einem nur mir bekannten Ort. Möge Bonaparte den Mut haben, mich zu treffen, und ich verrate ihm, wo sich mein Schatz befindet.")

37 Ebd., DVD 2, 0:09–10. („Sie enttäuschen mich sehr, Pasquier. Die Zeit vergeht und es gibt keine Nachrichten bezüglich des Schatzes von Louverture. […] Streichen Sie ihm das Feuerholz und reduzieren Sie seine Nahrung auf eine Mahlzeit am Tag.")

38 Vgl. ebd., DVD 2, 0:10.

39 Vgl. ebd., DVD 2, 0:11.

40 Vgl. ebd., DVD 2, 0:31.

Mars Plaisir, wie Pasquier ihm mitteilt: „Le général Caffarelli vient d'arriver. Il a donné l'ordre qu'on vous retire votre serviteur."[41] Der Zuschauer kann nicht umhin, als angesichts dieser sich zuspitzenden Haftumstände wachsendes Mitleid für Toussaint zu empfinden und die Verantwortlichen dieser grausamen Taten – Caffarelli und Napoleon – als Verbrecher zu betrachten.

Aber auch auf der zweiten Zeitebene – in den im Rückblick zu den Erzählungen Toussaints eingespielten Szenen – dient das Mythem des Schatzes der Dämonisierung Napoleons und Leclercs. Leclerc, der von Napoleon zur Rückeroberung der Kolonie und Wiedereinführung der Sklaverei nach Saint-Domingue geschickt wurde, ist von der Existenz eines Schatzes überzeugt.[42] Seine eigene sowie Napoleons Habgier treiben ihn sogar so weit, dass er das Grab von Toussaints Schwester entweihen lässt, da er dort den Schatz vermutet: „Ils ont retourné la tombe de ma sœur où j'avais soi-disant caché mon trésor. Mon trésor… Un charognard, ce Leclerc."[43]

Zunächst wird dem Zuschauer glauben gemacht, dass Leclerc und Napoleon mit ihren Vermutungen richtig lagen, denn kurz vor seinem Tod offenbart Toussaint bei seiner letzten Begegnung mit Pasquier dem jungen Offizier das Geheimnis des Schatzes, wobei dem Zuschauer dies noch nicht enthüllt wird.[44] Unabhängig davon, ob letzten Endes ein Schatz existiert, zeichnen diese Obsession und die eingesetzten grausamen und unmenschlichen Methoden zur Erlangung des Schatzes ein dämonisiertes Bild Leclercs, Caffarellis und Napoleons. Alle drei Generäle werden durch das Mythem des Schatzes als Gegenpart Toussaints funktionalisiert und übernehmen die Rolle der Bösewichte, die die Prinzipien der Französischen Revolution, insbesondere den Wert der Freiheit, ihrer Hab- und Machtgier opferten.

Das Mythem des Todes ist eng mit den bereits beschriebenen sich verschärfenden Haftbedingungen verknüpft. Wie auch bei Vénuleth wird im Film eine kausale Verbindung zwischen Toussaints Tod und seiner Behandlung im Gefängnis hergestellt. Toussaint, der im Film

41 Ebd., DVD 2, 1:04. („General Caffarelli ist gerade angekommen. Er hat den Befehl erteilt, dass man Ihnen Ihren Diener wegnimmt.")

42 Vgl. ebd., DVD 2, 1:15.

43 Ebd., DVD 2, 1:22. („Sie haben das Grab meiner Schwester durchsucht, wo ich angeblich einen Schatz versteckt hatte. Meinen Schatz… Ein Aasgeier, dieser Leclerc.")

44 Vgl. ebd., DVD 2, 1:24.

zunehmend als frierend und hustend dargestellt wird, um die Auswirkungen der schlechten Behandlung zu veranschaulichen, stirbt schließlich, nachdem er zuvor noch einen letzten Holzscheit ins Feuer gelegt hatte, auf seinem Stuhl vor dem Kamin sitzend.[45] Da Napoleon und Caffarelli für diese Leidenszeit verantwortlich sind, macht sie dies laut Film zu Mitschuldigen an seinem Tod.

Eine gewichtige Funktion wird auch den bereits erwähnten fiktiven Mythemen des Films zuteil. Zum einen beginnt der Film mit der Trennung der Familie im verschneiten Juragebirge, bei der Caffarelli zugegen ist und Toussaint anschließend ins Gefängnis Fort de Joux begleitet.[46] Gemäß Historikern auf dem Gebiet der Haitianischen Revolution wurde die Familie bereits nach der Ankunft in Frankreich getrennt. Zum anderen wird dem treuen Diener Toussaints, der ihm im Gefängnis zunächst noch Gesellschaft leistet, ein der Wirklichkeit widersprechendes Schicksal zuteil. Nachdem Toussaint sein Diener entzogen wurde, geht Mars Plaisir zunächst davon aus, ein neues Leben in Freiheit führen zu dürfen. Als Caffarelli auch in einer letzten Befragung des Dieners dem Geheimnis um den Schatz nicht auf die Spur kommt, erschießt er den nun für Frankreich wertlosen Mars Plaisir hinterrücks.[47] Der echte Mars Plaisir verstarb hingegen Jahre später in Paris. Beide fiktiven Mytheme knüpfen an die grausamen Taten Napoleons und Caffarellis an, um eine noch stärkere Dämonisierung der französischen Generäle zu provozieren.[48]

Anhand der verschiedenen Mytheme konnte deutlich gemacht werden, dass der Erste Konsul in beiden Werken zum Gegenspieler Toussaints stilisiert wird. Während bei Vénuleth hauptsächlich Napoleon als Bösewicht funktionalisiert wird, erstreckt sich diese Dämonisierung bei Niang auf mehrere Personen. Neben Napoleon werden im Film Caffarelli sowie der Anführer der Expedition von Saint-Domingue Leclerc als übelgesinnte Franzosen dargestellt. Die Funktionalisierung dieser historischen Personen zu Schurken bewirkt gleichzeitig eine Verkörperung des Guten durch Toussaint.

45 Vgl. Niang: *Toussaint Louverture*, DVD 2, 1:26.

46 Vgl. ebd., DVD 1, 0:01.

47 Vgl. ebd., DVD 2, 1:08.

48 Ein weiteres zusätzliches Mythem, die Ertränkung des Vaters von Toussaint durch Sklavenhändler, denen er aufgrund seines hohen Alters kein Geld mehr einzubringen verspricht, prangert die Grausamkeit der damaligen Sklavenhaltergesellschaft in Saint-Domingue an.

2.2 Die Glorifizierung Toussaints: Toussaint als Vollender der Französischen Revolution

Die glorifizierende Darstellung Toussaints erfolgt in beiden Werken insbesondere anhand der metaphorischen Verwendung des Mythems des Schatzes. Dadurch wird Toussaint als großer Abolitionist und Verteidiger der Werte der Französischen Revolution inszeniert. Zudem kommen Toussaint sämtliche seiner historischen Person anhaftenden Widersprüche abhanden. Die Komplexität, die Toussaint in den Werken in der zweiten Hälfte des 20. Jahrhunderts prägte, ist verschwunden und Toussaint verkörpert nicht mehr, wie noch im Werk Édouard Glissants, einen zwischen seinen afrikanischen Wurzeln und republikanischen Idealen zerrissenen Anführer[49], sondern einen makellosen Helden, der die Werte der Französischen Revolution hochhält und verteidigt.

Der metaphorische Schatz Toussaints wird im Kinderbuch Vénuleths zunächst als Gecko präsentiert, wie auch die Zeichnung Rébénas verdeutlicht.[50]

Der Leser wird angehalten, sich vorzustellen, dass Toussaint einen solchen Gecko unter seinem Kopftuch versteckte, damit dieser nach seinem Tod das Ende der Sklaverei und des Rassismus in den verschiedenen Ländern der Welt verkünden kann:

> Toussaint aurait jusqu'à sa mort caché un document sous son *mouchwa tèt*, un texte dont le contenu est illisible... Et si ce n'était pas un document, qui était caché là? Si c'était le gecko, celui que nous imaginions au début? Un lézard qui n'aura ensuite aucun mal à s'échapper par l'étroite ouverture, pour aller annoncer en France la nouvelle fin de l'esclavage en 1848, aux États-Unis la fin de la ségrégation raciale en 1964, en Afrique du Sud la fin de l'apartheid en 1991...[51]

49 Vgl. Peter-Eckhard Knabe: Der haitianische General Toussaint Louverture auf der Bühne (Lamartine, Glissant, Dadié). In: *Jahrbuch für Geschichte von Staat, Wirtschaft und Gesellschaft Lateinamerikas* 28 (1991), S. 427–440, hier S. 440.

50 Vgl. Vénuleth: *Toussaint Louverture*, S. 4.

51 Ebd., S. 75–76. („Angeblich hatte Toussaint bis zu seinem Tod ein Dokument unter seinem *mouchwa tèt* aufbewahrt, einen Text dessen Inhalt unleserlich ist... Und wenn es sich nicht um ein Dokument handelte, das dort versteckt war? Wenn es der Gecko war, den wir uns zu Beginn vorgestellt haben? Eine Eidechse, die anschließend kein Problem hatte, durch die schmale Öffnung zu entkommen, um in Frankreich 1848 das Ende der Sklaverei, in den USA 1964 das Ende der Rassentrennung, in Südafrika 1991 das Ende der Apartheid zu verkünden...")

Der Gecko verkörpert die Hoffnung, dass diese Nachricht sich im Bewusstsein der Menschen festsetzen wird.[52] Toussaints metaphorischer Schatz ist demnach ein Symbol für den von ihm begonnenen Kampf gegen die Sklaverei und die damit verbundene Verbreitung der Werte der Französischen Revolution in der Welt. Toussaint wird in diesem Werk eine Appellfunktion für Toleranz und gegen Rassismus zugewiesen. Er gilt als Wegbereiter, der schon Ende des 18. Jahrhunderts die Abschaffung der Sklaverei und Freiheit, Gleichheit, Brüderlichkeit für alle Menschen – unabhängig von Herkunft und Hautfarbe – erreichen wollte: „Il faut dire que ces idées sont celles de la Révolution française, ‚Liberté, Égalité, Fraternité', mais étendues au-delà des frontières de l'Europe, à toute l'humanité, quels que soient le continent, le pays d'origine et, surtout, la couleur de la peau."[53] Explizit wird bei Vénuleth aufgezeigt, dass Toussaint – von dem unter Rückgriff auf Aimé Césaire gesagt wird, dass er seiner Zeit um eineinhalb Jahrhunderte voraus war[54] – nur ein einzig wahres Ziel verfolgte und zwar die Abolition der Sklaverei: „Toussaint a toujours su tracer sa route vers un seul objectif : la liberté des Noirs, la fin de l'esclavage."[55] Dieses Ziel spiegelt sich in der Zeichnung Frédéric Rébénas auf dem Bucheinband deutlich wider, auf dem Toussaint Louverture die zerrissenen Ketten der Sklaverei zum Zeichen des Triumphes in die Höhe hält.

Eine Analogie zum Gecko Vénuleths stellt im Film eine Kette aus Muscheln und einem hölzernen Kreuz dar. Nachdem Toussaint Pasquier kurz vor seinem Tod das Versteck seines Schatzes verraten hat, begibt sich dieser an besagte Stelle in Saint-Domingue. Französische Offiziere graben nach dem Goldschatz, finden allerdings nur die besagte Kette, woraufhin ein französischer Offizier voller Enttäuschung und Ungläubigkeit ausruft: „C'est ça, le trésor?"[56] Dem Zuschauer ist diese Kette – die einst dem bei der Repression der ersten Sklavenaufstände ums Leben gekommenen Anführer Bouk-

52 Vgl. Vénuleth: *Toussaint Louverture*, S. 77.

53 Ebd., S. 7. („Diese Ideen sind jene der Französischen Revolution, ‚Freiheit, Gleichheit, Brüderlichkeit', jedoch über die Grenzen Europas hinausgehend, ausgeweitet auf die ganze Menschheit, unabhängig vom Kontinent, dem Herkunftsland und vor allem der Hautfarbe.")

54 Vgl. ebd., S. 57.

55 Ebd., S. 49. („Toussaint bahnte sich stets seinen Weg zu einem einzigen Ziel: die Freiheit der Schwarzen, das Ende der Sklaverei.")

56 Niang: *Toussaint Louverture*, DVD 2, 1:30. („Ist dies der Schatz?")

Abb. 1: Toussaint Louverture mit den zerrissenen Ketten der Sklaverei.

man gehörte – bekannt, denn sie wurde Toussaint nach Boukmans Tod von einer Voodoo-Priesterin überreicht, die ihn davor warnte, diese Kette zu verlieren, da er ohne sie selbst verloren sei: „Ne le perds jamais, sans quoi tu seras perdu…“[57]

Während die französischen Offiziere angesichts dieses Schatzes unfassbar enttäuscht sind, erkennt Pasquier, der durch die Zeit mit Toussaint im Gefängnis und dessen Erzählungen begriffen hat, was für ein bedeutender Mann Toussaint Louverture war und voller Bewunderung von ihm spricht, den wahren, metaphorischen Schatz Toussaints und offenbart diesen im Schlusswort dem Zuschauer:

57 Ebd., DVD 1, 0:41–42. („Verliere sie nie, denn ohne sie bist du verloren…“)

> Le véritable trésor de Toussaint Louverture, c'était cette flamme qu'il avait allumée en triomphant des plus grandes puissances coloniales. C'est cette même flamme qui anima le général Dessalines lorsqu'il proclama un an plus tard l'indépendance d'Haïti, le 1 janvier 1804.[58]

Als den veritablen Schatz Toussaints interpretiert Pasquier Toussaints begonnenen Kampf für die Freiheit, der auch nach seinem Tod fortgesetzt wird. Während Pasquier dem Zuschauer diese Erkenntnis kommuniziert, wird Toussaint in seiner Uniform, stolz auf einem Pferd an der Küste Saint-Domingues entlangreitend, eingeblendet.

Sein eigentlicher Nachlass und die seiner Figur im Film zugrunde liegende Appellfunktion ist sein Kampf für die Freiheit sowie die Verbreitung der Werte der Französischen Revolution in der Welt. Diese Intention Toussaints wird, ebenso wie bei Vénuleth, im Film von ihm selbst mehrmals betont: „Je me bats pour libérer tous les esclaves : la liberté générale."[59]

Durch diese glorifizierende Darstellung scheint ein neues Geschichtsbild des haitianischen Sklavenführers entstanden zu sein. Toussaint, der für die Werte Freiheit, Gleichheit, Brüderlichkeit kämpft, wird als Vollender der Französischen Revolution funktionalisiert. Einher mit dieser Geschichtstransformation geht auch eine Veränderung des Napoleon-Mythos, da dieser laut den beiden Werken genau jene Werte verrät, für die Toussaint nun steht.

2.3 Die instrumentalisierte Admiration und Indignation

Diese in beiden Rezeptionen vorhandene dichotomisierte Darstellung von Gut und Böse führt einerseits zu einer Bewunderung des haitianischen Freiheitskämpfers Toussaint Louverture, seiner Beweggründe und seiner durch die Haitianische Revolution gewonnenen Errungenschaften. Andererseits kommt beim Zuschauer bzw. Leser angesichts der grausamen und kaltblütigen Taten der Franzosen Empörung auf.

Bemerkenswert ist, dass bei Niang diese Admiration und Indignation sogar durch eine Person Verkörperung findet, und zwar durch die Figur Pasquiers, die im Gegensatz zu den anderen erwähnten Personen

58 Niang: *Toussaint Louverture*, DVD 2, 1:31. („Der wahre Schatz Toussaint Louvertures ist die Flamme, die er entzündete, als er über die bedeutendsten Kolonialmächte siegte. Die gleiche Flamme loderte in General Dessalines, als er ein Jahr später, am 1. Januar 1804, die Unabhängigkeit Haitis verkündete.")

59 Ebd., DVD 1, 1:05. („Ich kämpfe für die Befreiung aller Sklaven: die allgemeine Freiheit.")

Abb. 2: Der Freiheitskämpfer Toussaint Louverture.

keine historische Gestalt ist, denn in den Werken der Geschichtsschreibung wird nur vom Gesandten Caffarelli berichtet, der im Auftrag Napoleons Toussaint zum Verbleib seines Schatzes befragen sollte. Pasquier sorgt im Film dafür, die Glorifizierung Toussaints auf der einen Seite sowie die Dämonisierung Napoleons, Caffarellis und Leclercs auf der anderen Seite für den Zuschauer besser perzeptibel zu machen.

Die Verherrlichung Toussaints kann sich durch seinen Dialog mit Pasquier im Fort de Joux herausbilden, denn die historische Figur erhält durch die rückblickende Erzählweise die Möglichkeit, ihre Taten aus seiner Sicht darzustellen, zu begründen und teils auch zu rechtfertigen. Dadurch wird offensichtlich, dass Toussaint stets nur das Beste für sein Volk, aber auch für Frankreich vorgeschwebt hat, denn dem Film zufolge strebte er nicht die Unabhängigkeit der Kolonie an, sondern wollte sie lediglich nach bestem Wissen und Gewissen für das Mutterland verwalten.[60] Außerdem bekommt der junge französische Offizier die Gelegenheit, eingehendere Fragen an Toussaint zu richten, wodurch einige Mytheme auch metamythisch aufgenommen werden. Beispielweise konfrontiert Pasquier Toussaint mit der Behauptung, er sei ein Frauenheld gewesen und dass aus diesen außerehelichen Verhältnissen ‚Bastarde' hervorgegangen seien – ein Mythem, das in vielen literarischen Rezeptionen enthalten ist.

60 Vgl. ebd., DVD 2, 1:02.

Toussaint demythisiert dieses Mythem, indem er aufzeigt, dass diese Verleumdung jeglicher Wahrheit entbehrt und sich, von Frankreich instrumentalisiert, einzig dazu eignet, ihn bei seinem Volk zu diskreditieren.[61] Der Zuschauer erhält von Toussaint dementsprechend das Bild eines treuen Ehemanns und fürsorglichen Familienvaters. Die Erzählungen Toussaints und vor allem die Offenlegung seines ihn stets leitenden Beweggrunds – die Abolition der Sklaverei – wecken bei Pasquier Bewunderung für den haitianischen Nationalhelden, die auch den Zuschauer überzeugen soll, dass es sich bei Toussaint Louverture um eine bedeutende, in der Geschichtsschreibung zu oft vergessene Persönlichkeit handelt, die eine Vorreiterstellung im Kampf für die Freiheit aller Menschen einnahm. Zwar ergreift die Admiration Pasquiers durchaus den Zuschauer, allerdings geht diese Übertragung auch mit einem gewissen Grad der Verkitschung des schwarzen Sklavenführers einher. Insbesondere die Schlussszene, in der Pasquier die wahre Bedeutung des Schatzes erkennt und Toussaint heroisch auf einem schwarzen Pferd am Meer entlangreitend eingeblendet wird, lässt die Verfilmung Toussaints ins Triviale abgleiten (s. Abb. 2).

Durch den Dialog zwischen Toussaint und Pasquier und die rückblickende Erzählweise entsteht nicht nur eine glorifizierende Darstellung Toussaints, sondern dem Zuschauer wird ebenso die Dämonisierung der französischen Generäle oktroyiert. Toussaint prangert in seinen Erzählungen u. a. das Verhalten seines direkten Kontrahenten auf der Insel, General Leclercs, an. Wie bereits aufgezeigt, macht Toussaint ihm insbesondere seine Gefangennahme zum Vorwurf, da zuvor ein Waffenstillstandsabkommen unterzeichnet worden war.[62] Napoleon wird in erster Linie sein Machthunger angelastet, denn er hätte einfach keinen zweiten ‚Adler' – einen *aigle noir* neben dem *aigle blanc* – dulden können, wie Pasquier vermutet.[63] Des Weiteren liegt der Fokus auf seiner Habgier, die durch seine Obsession für den Schatz Toussaints zum Ausdruck kommt.[64] Insbesondere durch die Gespräche zwischen Pasquier und Caffarelli, in denen zutage tritt, dass Letzterer die Verantwortung für die sich verschlechternden Haftbedingungen trägt, sowie durch die zusätzlich aufgenommenen fiktiven Mytheme der Erschießung des Dieners und das Auseinanderreißen der Familie

61 Vgl. Niang: *Toussaint Louverture*, DVD 1, 0:26.

62 Vgl. ebd., DVD 2, 1:23.

63 Vgl. ebd., DVD 2, 1:03.

64 Vgl. ebd., DVD 1, 4, 0:51.

Toussaints im Juragebirge wird die Dämonisierung Caffarellis ersichtlich. Die von französischen Generälen an Toussaint verübten Ungerechtigkeiten sorgen für immer mehr Unverständnis bei Pasquier, der die Signifikanz Toussaints erkennt und aus Empörung über die Taten des französischen Militärs schließlich seine militärische Karriere beendet und bis zum Schluss darauf besteht, den degradierten General mit seinem Titel zu bezeichnen. Gleichermaßen löst bei Pasquier, und dadurch beim Zuschauer, die Grausamkeit der Sklaverei Entrüstung aus. Diese Institution wird insbesondere durch den Verkauf des jungen Toussaints und die Ermordung seines Vaters während eines Sklavenhandels in grausames Licht gerückt.[65] Ebenso wie die Bewunderung Toussaints überträgt sich diese von Pasquier empfundene Empörung auf den Zuschauer.

Diese instrumentalisierte Bewunderung für Toussaint und die Empörung angesichts der von Franzosen begangenen Verbrechen, die im Film durch die Figur Pasquier deutlich aufgezeigt werden, aber ebenso im Kinderbuch enthalten sind, führen zu einem veränderten Geschichtsbild Toussaints, der nun als Vollender der Französischen Revolution sowie bedeutender Abolitionist und Vorreiter im Kampf für die Freiheit gefeiert werden kann.

Die Repräsentation in beiden Werken ist jedoch auch problematisch zu bewerten. Zum einen werden sämtliche Widersprüche der Figur Toussaint Louverture in ihnen aufgehoben, was zu einer stark simplifizierten Darstellung sowie einem Verlust der Komplexität führt. Zum anderen liegt durch die Instrumentalisierung Toussaints für das republikanische Frankreich ein Versuch der Vereinnahmung des haitianischen Mythos Toussaint Louverture vor.[66] Während bei Vénuleth zumindest ersichtlich wird, dass Toussaint nicht nur Träger der Werte der Französischen Revolution, sondern auch Kreole ist[67] sowie Gründer eines neuen, durch seine Hilfe entstandenen Landes[68], wird er bei Niang in erster Linie als Franzose dargestellt. Im Film bekennt sich Toussaint zu Frankreich, indem er dementiert, sich von Frankreich

65 Vgl. ebd., DVD 1, 0:11.

66 Auch die 1998 im Pariser Pantheon angebrachte Gedenktafel für Toussaint kann entweder als versöhnliche Geste oder als Vereinnahmung bzw. Instrumentalisierung Toussaints für das republikanische Frankreich ausgelegt werden. Vgl. Charles Forsdick: The Black Jacobin in Paris. In: *Journal of Romance Studies* 5,3 (2005), S. 9–24, hier S. 15.

67 Vgl. Vénuleth: *Toussaint Louverture*, S. 13.

68 Vgl. ebd., S. 65.

lösen zu wollen. Vielmehr sei es seine Absicht gewesen, unter französischer Aufsicht die Kolonie zu regieren.[69] Außerdem argumentiert der französische Gouverneur Laveaux im Film, dass Toussaint Franzose ist[70], da er schließlich Französisch spreche: „Vous êtes de la nation dont vous parlez la langue : la France."[71] Vor allem durch den Film wird dem Zuschauer vermittelt, Toussaint habe sich als Franzose gefühlt.[72]

Allerdings erfährt bei Niang und Vénuleth nicht nur das Geschichtsbild Toussaints, sondern anhand der dämonisierten Darstellung auch das von Napoleon eine Transformation. Das Bild des einst bedeutendsten Nationalhelden Frankreichs scheint Risse zu bekommen, wobei die Entwicklung nicht erst mit diesen Werken einsetzte. Eine Diskussion um Napoleon Bonaparte wurde insbesondere bereits durch das 2005 veröffentlichte Buch *Le crime de Napoléon* des Historikers Claude Ribbe[73] ausgelöst. Die beiden analysierten Rezeptionen scheinen diesen Bruch mit der glorifizierenden Repräsentation des Ersten Konsuls aufzunehmen und zu bestärken.

69 Vgl. Niang: *Toussaint Louverture*, DVD 2, 1:02.

70 Bereits Anfang des 19. Jahrhunderts argumentierte Chateaubriand in seinem Essay „De Buonaparte et des Bourbons", dass Toussaint Franzose sein müsse, da er in einer französischen Kolonie mit französischen Gesetzen aufgewachsen sei. Vgl. François-René de Chateaubriand: De Buonaparte et des Bourbons, 30 mars 1814. In: Ders.: *Œuvres complètes de Chateaubriand*, Bd 7: Mélanges politiques – Polémique, hrsg. v. Charles-Augustin Sainte-Beuve. Paris: Garnier frères 1861, S. 9–29.

71 Niang: *Toussaint Louverture*, DVD 1, 1:19. („Sie gehören zu der Nation, deren Sprache Sie sprechen: Frankreich.")

72 Es gibt aber auch durchaus literarische Stimmen im 21. Jahrhundert, die dieser Tendenz der Vereinnahmung des Helden vonseiten Frankreichs diametral entgegenstehen. Insbesondere die Werke Saurays und Pasquets setzen eine Distanzierung Toussaints von Frankreich in Szene. In Saurays Theaterstück rechtfertigt sich Toussaint in einer fiktiven Begegnung mit Napoleon zunächst für sein Vorgehen, wobei er – wie er hervorhebt – stets im Interesse Frankreichs gehandelt habe. Im Laufe des Dialogs erfolgt angesichts der von Napoleon und Frankreich begangenen Taten eine Desillusionierung Toussaints, und es kommt insbesondere durch die Einhüllung des Leichnams in eine haitianische Flagge zu einer Distanzierung von Frankreich. Vgl. Sauray: *Fort de Joux*, S. 78. In Pasquets Roman muss Toussaint sich seiner weißen Maske, die er sich während seiner Herrschaft angelegt hat, entledigen und sich wieder seiner kreolischen Identität erinnern, um einen erfolgreichen Tod sterben und zu seinen Vorfahren zurückkehren zu können. Vgl. Pasquet: *La deuxième mort*, S. 208–209.

73 Ribbe wirft Napoleon Bonaparte in seinem Pamphlet vor, die Sklaverei wiedereingeführt sowie grausame Taten in Saint-Domingue sowie auf Guadeloupe begangen zu haben. Außerdem bezeichnet er ihn als Rassisten und Antisemiten, der eine Inspiration für Hitler darstellte. Vgl. Claude Ribbe: *Le crime de Napoléon*. Paris: Privé 2005, S. 55.

3. Gründe für das wachsende Interesse am Toussaint-Mythos

Die antikolonialistischen Debatten und die in Frankreich begonnene Aufarbeitung der Kolonialvergangenheit, die in den vergangenen Jahren vorangetrieben wurde, dürften Gründe für das wachsende Interesse am Toussaint-Mythos und seine umfangreiche Rezeption in verschiedenen Medien sein. Nach vielen Jahren des absoluten Vergessens der ersten Welle der Kolonialisierung im Allgemeinen und der Haitianischen Revolution im Besonderen kam es in den letzten Jahren zu einer Wiederbelebung des kolonialen Gedächtnisses. Es wurde der Versuch unternommen, die Geschichte und auch die Helden der ehemaligen Kolonien in das französische kollektive Gedächtnis zu integrieren. In diesem Sinne wurden beispielsweise verschiedene *Lois mémorielles* erlassen und Gedenktafeln für Toussaint Louverture, Louis Delgrès und Aimé Césaire im Pantheon angebracht. Wenn die seit 1990 in Frankreich in Kraft getretenen *Lois mémorielles* auch umstritten sind, konnten die dadurch ausgelösten Diskussionen – ebenso wie die zunehmende Präsenz bedeutender Persönlichkeiten Haitis und der *Départements d'outre-mer* im öffentlichen Raum Frankreichs – zu einer Bewusstwerdung der ersten französischen Kolonialexpansion führen und somit die ehemaligen Kolonien sowie insbesondere Haiti wieder mehr in den Fokus rücken. Im Jahr 2003 wurde speziell zur Analyse der Beziehungen zwischen Frankreich und Haiti das *Comité de réflexion et de propositions sur les relations franco-haïtiennes* einberufen, das in seinen Schlussfolgerungen 2004 Folgendes konstatierte: „Haïti fait partie de notre histoire, mais non de notre mémoire."[74] Allerdings scheint es durch die anhand der Beispiele aufgezeigten Anstrengungen sowie durch die in Hinblick auf Toussaint Louverture entstandene Publikationswelle möglich zu sein, dass auch die gemeinsame Vergangenheit beider Länder wieder Teil der französischen Erinnerung werden kann. Es waren insbesondere die aus Martinique stammenden Schriftsteller Aimé Césaire, Édouard Glissant sowie Raphaël Tardon, die mit ihren in der zweiten Hälfte des 20. Jahrhunderts in Frankreich veröffentlichten Toussaint-Rezeptionen[75] das Interesse auf den haitianischen General lenkten. Durch die zahlreichen Renarrationen des Toussaint-Mythos Ende des 20. Jahrhunderts und zu

74 Régis Debray: *Haïti et la France. Rapport à Dominique de Villepin, ministre des Affaires étrangères*. Paris: La Table ronde 2004, S. 18. („Haiti ist Teil unserer Geschichte, aber nicht unserer Erinnerung.")

75 Vgl. Césaire: *Toussaint Louverture*; Tardon: *Toussaint Louverture*; Glissant: *Monsieur Toussaint*.

Beginn des 21. Jahrhunderts sowie insbesondere seine Aufnahme in die Massenmedien und den öffentlichen Raum kann sich Toussaint allmählich einen Weg zurück ins kollektive Gedächtnis Frankreichs bahnen.
Die von der Figur Toussaint in den Werken Niangs und Vénuleths übernommene Appellfunktion für mehr Toleranz und allgemeine Freiheit muss freilich positiv gewertet werden. Allerdings ist die simplifizierende und dichotomisierende Darstellung der Figuren problematisch, da diese der Komplexität der historischen Persönlichkeiten und der Probleme und Denkmuster ihrer Zeit nicht gerecht wird und wieder in alte Repräsentationsformen binärer Oppositionen verfällt. Ebenso muss die Vereinnahmung und Instrumentalisierung Toussaints für das republikanische Frankreich kritisch betrachtet werden. Zwar ist die allmähliche Wiederaufnahme Toussaints ins kollektive Gedächtnis Frankreichs eine erfreuliche Entwicklung, jedoch wird die Geschichte verfälscht und die historische Figur ihrer Komplexität beraubt. Die Niederlage der Franzosen in Saint-Domingue wird durch die Darstellung Toussaints als Vollender der Französischen Revolution in einen Sieg transformiert. Es handelt sich nicht mehr um einen Sieg der Aufständischen über die Kolonialmacht Frankreich, vielmehr erringt der den französischen Werten verpflichtete Toussaint Louverture einen Sieg der Franzosen über sich selbst bzw. einen Sieg des humanistischen Republikanismus.[76]

76 Eine ähnliche Beobachtung lässt sich auch im Hinblick auf die Erinnerung der zweiten Abschaffung der Sklaverei von 1848 ausmachen. Wie Daniel Delas aufzeigt, wurde bei der 150-Jahrfeier der Abolition die maßgebliche Rolle der Aufständischen verschwiegen und die Entscheidung als ein Sieg der Franzosen über sich selbst gerühmt. Vgl. Daniel Delas: Commémorer/Manipuler. À propos du cent-cinquantième anniversaire de l'abolition de l'esclavage (1998). In: Christiane Chaulet-Achour / Romuald-Blaise Fonkoua (Hrsg.): *Esclavage. Libérations, abolitions, commémorations.* Paris: Séguier 2001, S. 263–282, hier S. 267.

Revolution, Zeit und Geschichte im Iran des 21. Jahrhunderts

Islamische Geschichtstheologie in Houshang Golshiris *Die vierzehn Heiligen I*

Jasmin Marjam Rezai Dubiel

1. Der „Arabische Frühling" und der Iran

In den islamischen Ländern kam es zu Beginn des 21. Jahrhunderts vermehrt zu Aufständen. An den bestehenden Regierungen wurde Kritik geübt. Menschen gingen für ihre Rechte auf die Straßen, und Staatsoberhäupter wurden gestürzt. Dieser sogenannte „Arabische Frühling" wurde in der medialen Berichterstattung zunächst als Aufbruch in die Moderne gewertet. Mittlerweile hat sich die Euphorie gelegt.[1] Nunmehr steht die Theorie von einer Islamisierung im Raum.[2] Anscheinend hat sich der „Arabische Frühling" als Reaktualisierung eines autoritären Geschichtsdiskurses entpuppt, den der Westen glaubt, überwunden zu haben, und den er de facto auch in weiten Teilen überwunden hat.[3] Nicht nur im Hinblick auf den „Arabischen Frühling" kommt der geschichtstheologisch begründeten Heilslehre des Islam[4] im späten 20. und beginnenden 21. Jahrhunderts eine

1 So etwa Josef Joffe: Der Arabische Frühling lebt – aber nur in einem Land. In: *Die Zeit*, 06.02.2014. http://www.zeit.de/politik/ausland/2014-02/tunesien-arabischer-fruehling (Zugriff am 16.06.2014).

2 Vgl. beispielsweise Dietrich Alexander: Islamisten kidnappen den „arabischen Frühling". In: *Die Welt*, 10.08.2012. http://www.welt.de/politik/ausland/article108571419/Islamisten-kidnappen-den-arabischen-Fruehling.html (Zugriff am 16.06.2014).

3 Der Diskursbegriff wird in Anlehnung an Michel Foucaults Diskurstheorie verwendet. Vgl. Michel Foucault: *L'ordre du discours*. Paris: Gallimard 2003.

4 Den zahlreichen, unterschiedlichen Differenzierungen innerhalb des Islam kann hier nicht Rechnung getragen werden. Vgl. hierzu Lutz Berger: *Islamische Theologie*. Wien: Facultas 2010.

große Bedeutung zu. An der Schwelle zu einem neuen Jahrtausend, das von globalisierten Deterritorialisierungen und hybriden Identitäten zeugt, stellt sich auch die Frage nach der Funktion nationaler Geschichtsschreibung neu. Zwar hat der Nationalismus seine identitätskonstituierende Kraft nicht gänzlich eingebüßt, aber er verliert zunehmend an Anziehungspotential. So unterschiedlich die Entwicklungen in den einzelnen Ländern auch sein mögen, der Gedanke an eine islamisch begründete Herrschaftsform macht nicht vor den nationalen Grenzen halt, sondern ist Teil einer universellen, pannationalen Geschichtsideologie.[5]

Schon Jahrzehnte vor dem „Arabischen Frühling" fragen Vertreter der persischen Literatur nach dem Ende der Geschichte sowie der geschichtstheologischen Basis des Islam. Während einige darauf hofften, der „Arabische Frühling" könne sich auf den Iran ausbreiten und das islamische Regime damit der Vergangenheit angehören, blickten andere bereits zu Beginn der Bewegung mit Skepsis auf die neuerliche Veränderung.[6] Dem Enthusiasmus der westlichen Medien folgend hoffte man im Zuge der sogenannten „Grünen Bewegung" nach den Präsidentschaftswahlen 2009 auf eine post-islamische Ära mit einer laizistische Regierungsform, die sich der Moderne nicht verschließt. Auch unter den Exilanten verbreitete sich Hoffnung. Es kam, wie sich nun immer mehr abzeichnete, anders. Doch warum ist der „Arabische Frühling" nicht auf den Iran übergegangen? Man kann die These formulieren, dass der „Arabische Frühling" bereits in seinem Kern partiell Züge einer Re-Islamisierung beinhaltet hat. Dies wird deutlich, wenn man die Entwicklungen in Libyen oder Ägypten verfolgt. Der „Arabische Frühling" ist keineswegs eine Bewegung mit einheitlichen Zielen gewesen, sondern vereinte kurzfristig verschiedene politische Kräfte mit unterschiedlichen Teleologien im Hinblick auf das gemeinsame Ziel, die jeweiligen herrschenden Autoritäten zu stürzen. Das erklärt auch, warum der „Arabische Frühling" im Iran weniger Zulauf hatte. Es nimmt demnach nicht wunder, dass sich

5 Rüdiger Lohlker schätzt die Lage anders ein: „In der Moderne hat sich in den Ländern mit muslimischer Bevölkerungsmehrheit der Nationalstaat als dominierendes Konzept durchgesetzt. Ihm gegenüber bleibt die Vorstellung einer transnationalen islamischen Gemeinschaft, der *umma*, […] peripher". (Rüdiger Lohlker: *Islam. Eine Ideengeschichte.* Wien: Facultas 2008, S. 54.)

6 Vgl. etwa Tomas Avenarius: Bedrohliche Ruhe nach dem Sturm. In: *Süddeutsche Zeitung*, 02.03.2012. http://www.sueddeutsche.de/politik/parlamentswahl-in-iran-bedrohliche-ruhe-nach-dem-sturm-1.1298267 (Zugriff am 16.06.2014).

diese Protestbewegung kaum auf den Iran erstreckt hat, wenn man bedenkt, dass der Iran bereits eine Islamische Republik ist. Es hat den Anschein, dass der Iran trotz seiner wirtschaftlichen Probleme als Prototyp der Islamischen Republik Bestand haben wird. Bis heute ist deshalb die persische Literatur geprägt von der Auseinandersetzung nicht nur mit der Schah-Zeit, sondern vor allem mit dem Erstarken der klerikalen Kräfte im Land in den siebziger Jahren des 20. Jahrhunderts.

Jene Spannung zwischen kollektiver Geschichtstheologie und individuellen Geschichtsentwürfen, die auch für den „Arabischen Frühling" signifikant ist, tritt in der modernen persischen Literatur besonders deutlich zutage.[7] Dies ist vermutlich der Tatsache geschuldet, dass der iranische Staat auf einem jahrhundertealten geschichtstheologischen Fundament ruht, das den Anspruch auf Gültigkeit selbst in der modernen Zeit kaum in Frage stellt. Herrschaftsideologie und Geschichtstheologie sind in der Islamischen Republik untrennbar miteinander verbunden, sodass jegliche literarische Kritik an der politischen Agitation mit einer ‚häretischen' Geschichtsschreibung gleichgesetzt werden kann.

Während sich die deutsche Literaturwissenschaft allmählich für die türkische Literatur öffnet, schaffen es literarische Werke der persischen Literatur kaum in die Regale der Buchläden, die Bibliotheken oder die komparatistische Forschung. Dabei erweist sich die persische Literatur für die Frage nach dem Verhältnis von Literatur und Geschichte als äußerst fruchtbar, da die literarische Moderne durch die politisch bedingte Parallelität von kollektiv-autoritärer Geschichtsschreibung und individueller Polyphonie gekennzeichnet ist. Vor allem die Stimmen der Exilanten entwerfen ein dem offiziellen Geschichtsdiskurs diametrales Bild. Interessant ist die Frage nach der literarischen Geschichtsschreibung in der persischen Literatur der Moderne insbesondere deshalb, weil wie in vielen anderen islamischen Ländern kein laizistischer, sondern ein dezidiert religiöser Herrschaftsdiskurs dominiert. Indem die Religion als Grundlage des Herrschaftsdiskurses fungiert, formiert sich ein staatlicher

7 Der Beginn der persischen Moderne kann historisch in etwa im späten 19. und frühen 20. Jahrhundert verortet werden. Charakteristisch für Autoren wie Sadeq Hedayat ist sicherlich die Beeinflussung durch die europäische Literatur, deren Einfluss sich in unterschiedlicher Gestalt in der persischen Literatur der Moderne niedergeschlagen hat. Über die Frage, ob man den Begriff einfach auf die Literatur des Iran übertragen kann, lässt sich sicherlich streiten.

geschichtstheologischer Überbau, der den ‚häretischen' Geschichtsentwürfen der Individuen gegenübersteht.

Es stellt sich die Frage, inwiefern die durch Literatur hervorgebrachten und entfesselten subversiven gesellschaftlichen Kräfte die Prognose des Politikwissenschaftlers Peyman Jafari beflügeln können:

> Die Proteste vom Sommer 2009 markieren den Anfang vom Ende der Islamischen Republik, weil sie gesellschaftliche Kräfte freigesetzt haben, die weder von den konservativen noch den reformorientierten Politikern beherrscht werden. Dieses Ende wird ein langwieriger und schwieriger Prozess sein – aber er ist unvermeidlich.[8]

Wenn nach einer kritischen Neubewertung der Geschichte in der Literatur des ausgehenden 20. und beginnenden 21. Jahrhunderts gefragt werden soll, dann lohnt zunächst ein kurzer Blick auf die historischen und geschichtstheologischen Grundlagen. In Houshang Golshiris[9] Erzählung *Die vierzehn Heiligen I*[10] sind es genau diese Grundpfeiler, an denen der Autor ‚sägt'. Deshalb soll nach einem kurzen Exkurs über die Bedeutung der zwölf Imame für den schiitischen Islam die Erzählung von Golshiri in das Zentrum der Aufmerksamkeit rücken. Die Kurzgeschichte kann als narratives Exemplum für die Tendenz einer alternativ-subversiven Geschichtsschreibung im späten 20. und frühen 21. Jahrhundert angesehen werden. Es stellt sich hierbei vor allem die Frage, welcher narrativen Verfahren sich Golshiri bedient, um gegen die Geschichtstheologie seines Landes anzuschreiben. Die darauf folgende Gegenüberstellung der Literatur des späten 20. Jahrhunderts mit der des frühen 21. Jahrhunderts soll die narrativen Tendenzen der Gegenwartsliteratur herausstellen und auf diese Weise gleichermaßen eine literaturgeschichtliche Einordnung der Kritik an der Geschichtstheologie in Golshiris Erzählung ermöglichen. Der abschließende Ausblick auf die persische Gegenwartsliteratur, die in erster Linie von Exilautoren geprägt ist, beschränkt sich dabei weitgehend auf narrative Formen der Literatur.

8 Peyman Jafari: *Der andere Iran. Geschichte und Kultur von 1900 bis zur Gegenwart.* München: Beck 2010, S. 197.

9 Es wird hier einheitlich die latinisierte internationale Umschreibung des persischen Namen ‚Houshang Golshiri' und nicht die deutsche Umschreibung ‚Huschang Golschiri' verwendet.

10 Hier wird die deutsche Übersetzung von Anneliese Ghahraman zitiert. Houshang Golshiri: Die vierzehn Heiligen I, aus d. Pers. v. Anneliese Ghahraman. In: Faramarz Behzad (Hrsg.): *Moderne Erzähler der Welt. Iran.* Tübingen: Erdmann 1978, S. 273–285.

2. Die historische Zäsur

Als zeitliche Zäsur kann aufgrund der historischen Entwicklung im Iran insbesondere das Jahr 1979 angeführt werden, das einen vorläufigen Endpunkt der vorherigen ideologischen Kämpfe darstellt.
Der Beginn des 20. Jahrhunderts im Iran ist gekennzeichnet von einem Aufbegehren gegen die Qadscharen-Dynastie. Diese sogenannte Konstitutionelle Revolution, die sich zwischen 1905 und 1909 ereignete, zielte auf die Einschränkung der Macht des Schahs durch eine Verfassung und ein Parlament ab.[11] Für Jafari stellt diese Bewegung

> den allerersten Moment [dar], in dem die Iraner […] den Versuch unternahmen, eine demokratische Politik einzuführen, doch erkennen mussten, dass die Welt inzwischen von Großmächten beherrscht wurde, die aus Eigeninteresse entschlossen waren, diesen Versuch […] im Keim zu ersticken.[12]

Tatsächlich bekam das Land im Jahr 1906 seine erste Verfassung und ein Parlament. Der Schah versuchte jedoch, seine Macht zu erhalten, und die Besetzer Russland und Großbritannien engagierten sich ebenfalls gegen die Konstitutionelle Revolution. Schließlich gelang es dem Schah 1908 sein altes Herrschaftsregime wieder in Kraft zu setzen. Dies hatte einen Bürgerkrieg zur Folge. Erst 1925, als der Schah Reza Pahlavi den Thron bestieg, stabilisierten sich die Verhältnisse allmählich wieder. Seine Hauptaufgabe sah Pahlavi darin, Persien in einen modernen Staat zu verwandeln. Die naive Orientierung am Westen „ging so weit, daß selbst äußerliche Formen der westlichen Lebensweise eingeführt wurden. Unter polizeilichem Druck mußten z. B. die Frauen außerhalb des Hauses den Schleier ablegen, die Jungen mit kurzen Hosen in die Schule gehen und die Männer in der Öffentlichkeit die sogenannte Pahlawi-Mütze aufsetzen."[13] Unter dem Druck Großbritanniens musste Reza Schah in den vierziger Jahren aufgrund der umstrittenen Erdölversorgung im Zweiten Weltkrieg letztlich zugunsten seines Sohnes Mohammed Reza abdanken.
Zu Beginn der fünfziger Jahre demonstrierten Mohammed Mossadegh und seine Partei der Nationalen Front für freie Wahlen, Pressefreiheit und die Verstaatlichung des Öls. Die Proteste der Bevölkerung waren der Anlass dafür, dass Mossadegh für die Verstaatlichung des

11 Vgl. Jafari: *Der andere Iran*, S. 45.

12 Ebd., S. 46.

13 Faramarz Behzad: Einführung. In: Dies. (Hrsg.): *Moderne Erzähler der Welt*, S. 9–23, hier S. 16.

iranischen Öls öffentlich eintrat, um sich von den ausländischen Interessen zu emanzipieren. Auch islamische Gelehrte unterstützten seine Forderungen. Schließlich hatte der Rechtsanwalt Mossadegh Erfolg. 1951 wurde er Premierminister. Doch schon 1953 initiierten Großbritannien und die USA einen Putsch mit der Folge, dass Mossadegh abdanken musste und der Schah wieder den Thron bestieg. Die Ölverträge wurden erneuert. „Der Streit um das Öl war mit einer Vereinbarung beigelegt worden, nach der die iranische Regierung 50 Prozent des Gewinns aus einem Konsortium bekam, in dem die US-amerikanischen Unternehmen einen Anteil von 40 Prozent hielten […]. [Es] war klar, dass die USA nun die beherrschende außenpolitische Macht in Iran waren."[14] Der Schah errichtete zwar in den kommenden Jahrzehnten einen scheinbar modernen Staat – so setzte er sich für Frauenrechte und die Bekämpfung des Analphabetismus ein, Musik und Tanz waren noch nicht verboten und die Mode war am Westen orientiert –, jedoch schuf er mithilfe der USA und Israels auch den berüchtigten Geheimdienst SAVAK.[15] Oppositionelle wurden verfolgt und inhaftiert.

Den Einfluss der USA und die Orientierung an der westlichen Lebensweise prangerten immer mehr Kräfte an, darunter allen voran Chomeini. Er forderte die Absetzung des Schahs und die Errichtung einer Islamischen Republik:

> This government represents a regime, whose leader and his father were illegally in power. This government is therefore illegal. The deputies appointed to work in the Majlis are there illegally. The Majlis itself and the Senate are illegal. How can anyone appointed by the Shah be legal? We are telling all of them that they are illegal and they should go. We hereby announce that this government, which has presented itself as a legal government is in fact illegal. Even the members of this government before accepting to be ministers, were considering the whole establishment to be illegal. What has happened now, that they are claiming to be legitimate? This gentleman, Dr Bakhtiar, does not accept himself, and his friends do not accept him either. The nation does not accept him and the army does not accept him. Only America is backing him and has ordered the army to support him. Britain has backed him too and had said that he must be supported. If one were to search among the nation, one would not find a single person among all strata of the nation, who accepts this man, but he is saying that one country cannot have two governments. Well of course, it is clear that this country does not have two governments and in any case, the

14 Michael Axworthy: *Iran. Weltreich des Geistes. Von Zoroaster bis heute.* Berlin: Wagenbach 2011, S. 251–252.

15 Ebd., S. 252.

> illegal government should go. You are illegal. The government of our choice relies on the nation's backing and enjoys the backing of God. If you claim that your government is legal, you must necessarily be denying God and the will of the nation.[16]

1979 schlossen sich neben Studenten, Basarhändlern und der Mittelschicht auch Fabrikarbeiter sowie andere Arbeiter den Rufen Chomeinis an.[17] Nach dem Sturz des Schahs wird die Islamische Republik errichtet, die bis heute fortbesteht:

> We hope that exalted God will bless this day and this event and that His grace and blessings will cover them. We hope that He will remove evil from this nation and that He will crush and smite this nation's enemies and deliver to this nation its great aspiration. We hope that he will grant the dear president and his officials, which shall be selected, success in their important tasks which lie ahead, that he will make the sacred heart of His Holiness the Lord of the Age pleased with all of us, that he will forever keep the blessed soul of the great Imam, who is surely pleased with these events and ceremonies, pleased and keep the good souls of our great martyrs by the Prophet and his family.[18]

Als Legitimationsgrundlage dienen Gott und die Propheten, in deren Dienst sich die neue Regierung expressis verbis stellt. Seitdem verließen und verlassen noch immer viele Intellektuelle und Künstler das Land. Die bleibenden Künstler werden durch die Zensur gezwungen, innovative ästhetische Techniken zu erfinden, um überhaupt schreiben zu können. Unterdrückung, Angst und Depression prägen seit der Revolution ein Land, das einst u.a. aufgrund seiner Dichtung Weltruhm erlangte.[19]

Die Wahl des vermeintlichen Reformers, Mohammed Chatami, 1998 zum Präsidenten hatte keine Veränderung der politischen Situation zur Folge. Vielmehr verstärkte sich die Zensur und staatliche Überwachung noch mehr. Der Emporkömmling Mahmud Ahmadinejad, der 2005 Präsident wurde, führte das Land in den letzten Jahren

16 Ayatollah Chomeini zit. n. The Speeches of Ayatollah Khomeini. http://www.bbc.co.uk/persian/revolution/khomeini.shtml (Zugriff am 16.06.2014). Der Begriff ‚Majlis' bezeichnet das iranische Parlament; vor der Revolution bestand dieses aus einer Nationalversammlung und einem Senat, welche nach 1979 durch die Islamische Versammlung ersetzt wurden.

17 Axworthy: *Iran*, S. 268.

18 Imam Chomeini: Letter on the absolute velayat–e faqih (1988). http://www.princeton.edu/irandataportal/laws/supreme-leader/khamenei/khamenei-to-khomeini/ (Zugriff am 16.06.2014).

19 Man denke auch an den Einfluss, den persische Dichter auf deutsche Autoren hatten. Um das prominenteste Beispiel zu nennen, sei an Goethes *West-östlicher Diwan* erinnert, mit dem er dem Dichter Hafez ein Denkmal setzte.

in die endgültige Isolation, was den Abbruch von wirtschaftlichen Beziehungen, den Anstieg der Inflation und den wachsenden Unmut der Bevölkerung zur Folge hatte. Diese Unzufriedenheit fand ihren Niederschlag in dem jüngsten Protest 2009, der als größte Massenbewegung seit 1979 in die Geschichte einging. Doch die sogenannte „Grüne Bewegung" wurde im Keim erstickt, zahlreiche Oppositionelle wurden umgebracht oder sind bis heute verschwunden, und die durchaus sehr umstrittenen Köpfe der Bewegung, Hossein Mussawi und Mehdi Karroubi, stehen seitdem unter Hausarrest. Das Bild der durch die Basij-Milizen ermordeten Studentin Neda Agha Soltan ging um die Welt. Seit 2013 steht nun der Geistliche Hassan Rohani an der Spitze der Islamischen Republik. Die anfängliche naive Hoffnung des Westens auf eine Änderung des politischen Kurses hat sich nicht erfüllt. Die Intellektuellen und Künstler sind weiterhin darauf angewiesen, ihre Werke im Ausland zu publizieren.

Um die Bedeutung der Revolution von 1979 sowie die darauf folgende Errichtung der Islamischen Republik geschichtsphilosophisch bzw. geschichtstheologisch nachvollziehen zu können, muss zunächst die Rolle des schiitischen Islam für den Iran nachgezeichnet werden. Es handelt sich im Iran nicht um eine einfache Verbindung von Kirche und Staat. Die Islamische Republik Iran basiert nicht auf einem rechtspositivistischen Fundament, sondern vereint in sich geschichtsphilosophische, naturrechtliche und theologische Diskurse. Das gesamte Herrschaftssystem ist Teil einer eschatologisch gedachten Heilslehre.

Um die Spielarten alternativer Gesellschafts- und Geschichtsentwürfe in der persischen Literatur des 21. Jahrhunderts und insbesondere die Kritik in der Erzählung Golshiris überhaupt erfassen zu können, ist daher ein Blick auf die Geschichtstheologie der Zwölferschia notwendig.

3. Islamische Geschichtstheologie

Die Kritik an dem theokratischen Fundament kann in ihrem Ausmaß nur verstanden werden, wenn man die herrschaftslegitimatorischen Grundlagen und den Kausalnexus zwischen Islam, Revolution und Nationalität genauer in den Blick nimmt. Hierbei kann vor allem die Studie *Der messianische Totalitarismus in der Islamischen Republik Iran* von Wahied Wahdat herangezogen werden, in welcher der Autor die Entwicklung der Islamischen Republik nach 1979 nicht nur aus historischer

Perspektive beleuchtet, sondern auch nach den sozio-kulturellen und theologisch-philosophischen Ursprüngen dieser klerikalen Staatsideologie fragt.[20] Die islamische bzw. schiitische Geschichtstheologie, welche auch in der Literatur eine große Rolle spielt, kulminiert historisch betrachtet in der Revolution von 1979.

Der unter dem Namen Al-Afghani bekannt gewordene Geistliche Jamal Al-Din Assadabadi nimmt im Hinblick auf die staatstheoretische und theologische Entwicklung der Idee der Islamischen Republik im 19. Jahrhundert eine Vorreiterrolle ein.[21]

> Al-Afghani wandte sich besonders gegen den britischen Einfluss, [...] gegenüber den Russen nahm er eine zwiespältige Haltung ein. Er setzte sich für eine Neubelebung der islamischen Welt ein und glaubte, die Botschaft des Islams müsste im Licht der Vernunft überprüft werden, damit er sich er sich den wechselnden Bedingungen der jeweiligen Zeitumstände anpassen könne. Er beteuerte, dass zwischen Islam und Reform oder zwischen Islam und Wissenschaft kein Widerspruch bestehe. Eine auf dem Islam basierende Wissenschaft könnte den wissenschaftlichen und technologischen Errungenschaften des Westens ebenbürtig sein und diese sogar überbieten.[22]

Nach etlichen politischen Umbrüchen des Iran – man denke an die kurze demokratische Phase – mündete die Idee einer islamischen Republik in die Islamische Revolution. An die Spitze der Republik tritt Chomeini als Stellvertreter (*Velayat*) des zwölften, entrückten Imams. Die Schiiten, genauer die Zwölferschia, betrachten die Imame als Nachfolger des Propheten Mohammed. Der zwölfte Imam, Muhammad al-Mahdi, „ist nach schiitischer Überzeugung im Jahr 260/873 entrückt worden (arab. Gaiba) und wird am Ende der Zeiten als chiliastischer Endzeitherrscher wiederkehren."[23] In der Herrschaftsform, die Chomeini etablierte, wird die Stelle des verborgenen Imams durch einen schiitischen Gelehrten ausgefüllt. So meint Chomeini, „mit der Errichtung dieses Idealstaates müsse nicht mehr bis

20 Es kann an dieser Stelle selbstverständlich nicht darum gehen, eine vollständige Analyse der islamischen Geschichtstheologie vorzunehmen. Auch kann hier keine eigene theologische Debatte über die verschiedenen Auslegungen des Koran und die zahlreichen unterschiedlichen Richtungen angeführt werden. Es geht lediglich darum, die Grundlagen der Zwölferschia nachzuzeichnen, die ihren konstitutionellen Höhepunkt in der Errichtung der Islamischen Republik fand.

21 Wahied Wahdat–Hagh: *Der islamische Totalitarismus. Über Antisemitismus, Anti-Bahaismus, Christenverfolgung und geschlechtsspezifische Apartheid in der „Islamischen Republik Iran"*. Frankfurt am Main: Lang 2012, S. 15.

22 Axworthy: *Iran*, S. 211.

23 Berger: *Islamische Theologie*, S. 69. Über die anderen Imame vgl. Lohlker: *Islam*, S. 101–103.

zur Rückkehr des Imams gewartet werden, auch wenn bis zu diesem Zeitpunkt ein islamischer Staat von Unvollkommenheit geprägt ist.“[24] Das Staatsoberhaupt des Iran ist offiziell der abwesende zwölfte Imam; dies ist in dem 5. Artikel der Verfassung niedergeschrieben.[25] Den Revolutionsführern kommt damit im Iran eine nicht unumstrittene Position zu. Indem nämlich der sogenannte Revolutionsführer als Stellvertreter (*velayat-e faqih*) die politische Macht bis zum Ende der Zeit innehat, ist er nur Gott gegenüber verpflichtet.
Zu den für jedes totalitäre System spezifischen Charakteristika wie dem Führerprinzip und der staatlichen Kontrolle gesellt sich somit eine spezifische schiitische Ausdifferenzierung, wobei „das islamische Gesetz […] als Gesetz Gottes die Aufgabe [hat], das Ende der menschlichen Geschichte zu bestimmen“.[26] Islamismus und Totalitarismus verbinden sich insofern in der Islamischen Republik, als auf der Idee eines kommenden Friedensreiches die gesamte rechtliche Legitimation des schiitischen Klerus basiert. Hierbei wird deutlich, dass das Diesseits ähnlich wie in der jüdisch-christlichen Eschatologie lediglich als ein Interim bis zur Rückkehr des Messias gedacht ist. Erst wenn der Mahdi, der verborgene zwölfte Imam, zurückgekehrt ist, kann das Reich der Gerechten anbrechen und der Kampf gegen die Ungläubigen beendet werden. Genau an diese Endzeitvorstellungen „konnte während der iranischen Revolution 1979 angeknüpft werden, um das iranisch-schiitische Imaginäre direkt anzusprechen,“[27] und eben diese Thematik greift Golshiri, der als „one of the best writers of Iran in the twentieth century“[28] gilt, in seiner kleinen, unscheinbaren Erzählung *Die vierzehn Heiligen I* auf.

4. *Die vierzehn Heiligen I*

Golshiri, der 1937 in Isfahan geboren wurde, übertrug als einer der ersten Schriftsteller des Iran moderne narrative Techniken nach europäischem Vorbild auf die persische Literatur.[29] Zunächst arbeitete er als Lehrer, um dann nach einem Studium der Literatur an der

24 Berger: *Islamische Theologie*, S. 163.

25 Vgl. Lohlker: *Islam*, S. 123.

26 Wahdat–Hagh: *Der islamische Totalitarismus*, S. 40.

27 Lohlker: *Islam*, S. 104.

28 Heshmat Moayyad: Introduction. In: Dies. (Hrsg.): *Black Parrot, Green Crow. A Collection of Short Fiction by Houshang Golshiri*. Washington: Mage 2003, S. 7–16, hier S. 16.

29 Die Geburt des Autors wird mitunter auch auf 1938 datiert.

Hochschule der Künste in Teheran zu unterrichten. In Europa wurde Golshiri vor allem mit seinem 1969 veröffentlichten Roman *Prinz Ehteschab*[30] bekannt, in dem unter Rückgriff auf den ‚stream of consciousness' die Geschichte des Untergangs der Qadscharen-Dynastie erzählt wird. Aufgrund seiner Erzähltechnik wurde Golshiri immer wieder in die Nähe von William Faulkner gerückt.[31] Mehrfach wurde er inhaftiert; seine Lehrbefugnis wurde ihm 1981 entzogen. Ungeachtet der politischen Umstände sowohl unter dem Schah-Regime als auch unter der Islamischen Republik entschied sich Golshiri zu bleiben, „to write, to fight, and to train a new generation of younger talents."[32] 1999 erhielt der Autor in Osnabrück den Erich-Maria-Remarque-Friedensreis für sein Engagement. „Golshiri was deeply committed to the fight against social injustice and political despotism in his homeland."[33] Am 5. Juni 2000 starb er in Teheran. Golshiri gilt heute als einer der bedeutendsten Vertreter der modernen persischen Literatur.

Die Kurzgeschichte *Die vierzehn Heiligen I* ist 1975 in dem Band *Namazchaneh-je kutschek-e man* (*Meine kleine Kapelle*)[34] in Teheran erschienen. Die Erzählung ist der erste Teil eines unvollendeten Zyklus', der fünf Erzählungen umfasst und zwischen 1975 und 1980 entstanden ist. Die *Ma'sum*-Reihe, in welcher jede Erzählung auf einen der vierzehn Heiligen Bezug nimmt, beginnt mit dem Imam Hassan. ‚Ma'sum' meint den Zustand, frei von Sünde zu sein. Dieser Reinheitszustand ist in je unterschiedlicher Ausprägung Gegenstand der Erzählungen Golshiris. Schon mit dem Titel der Erzählung wird ein theologischer Diskurs aufgerufen, denn unter den vierzehn Heiligen versteht man im schiitischen Islam die zwölf sündlosen Imame, darunter der letzte, bislang noch verborgene Imam sowie Mohammed selbst und seine Tochter Fatima. Der Autor schildert jedoch keine religiösen Begebenheiten, sondern profane Szenerien mittels Alltagsschilderungen, in die sich ein religiöses Moment mischt.

30 Houshang Golshiri: Prinz Ehtedschab. In: Ders.: *Der Mann mit der roten Krawatte*, aus dem Pers. v. Anneliese Ghahraman. München: Beck 1998, S. 7–111.

31 Vgl. Moayyad: Introduction, S. 10.

32 Ebd., S. 12.

33 Ebd., S. 10.

34 Houshang Golshiri: *Namazkhaneh–ye Kuchak–e Man*. Teheran: Ketab-e Tehran 1975.

Der gesamte Text ist als Brief des Ich-Erzählers an seinen Bruder inszeniert. Er berichtet von einer Sache, die im Grunde genommen gar nicht der Rede wert scheint:[35]

> Du erinnerst dich sicher: Abdollah war nie ein Mensch mit festen Grundsätzen. Für's Dorf aber taugte er schon. […] Eines Tages war er aufs Feld hinausgegangen; ob er nun betrunken war oder nicht, das weiß niemand. Vielleicht war er's […]. Und das am Freitag abend. Aber das ist jetzt nicht wichtig. Ich bin, das weißt du genau, nicht fanatisch. Nun gut, nachdem er sich dann betrunken hatte und unbekümmert zum Dorf zurückging, auf dem Weg, der am Friedhof vorbeiführt, da malte er – vorsätzlich oder nicht, das soll seine Sache sein – mit einem Stück Kohle Hassani Augen und Augenbrauen an.[36]

Der Text beginnt mit der Beschreibung der Schändung einer Vogelscheuche an einem Freitagabend, dem Tag des Gemeinschaftsgebetes. Die leicht abwertende Koseform Hassani für den Heiligen lässt auf die eher unkonventionelle Einstellung des Ich-Erzählers schließen. Auch die Bemerkung, er sei nicht fanatisch, rückt den Erzähler in die Nähe progressiver Kräfte. Dies wird durch die Abgrenzung gegenüber der dörflichen Umgebung, auf welche von Anfang an wiederholt Bezug genommen wird, verstärkt. Dass die Erzählung in einem einfachen Dorf spielt, ist typisch für die Literatur dieser Zeit. „Das teilnehmende Interesse an den religiös und politisch bedingten Problemen der niederen Schichten des Volkes wird […] zum hervorstechenden Merkmal der Literatur".[37] Die dörfliche Bevölkerung wird hierbei als abergläubisch, traditionell und religiös beschrieben. Im Gegensatz dazu steht die städtische, gebildete Schicht. In diese Milieuschilderungen mischt sich ein politisches Engagement, das auf die Veränderung und Reinterpretation der historischen Umstände abzielt. Abdollah malt dem Heiligen Hassan, Hassani genannt, außerdem noch einen großen Schnurrbart an, weshalb es dem Erzähler auch nicht einleuchten will, „dass er betrunken gewesen sein soll."[38] Der Ich-Erzähler unterstellt Abdollah, bei dem man nicht wusste, ob er betrunken war, in dieser subversiven Aktion eine bewusste Handlung. Wenn der Ich-Erzähler das Anbringen des Schnurrbartes als Indiz dafür ansieht, dass Abdollah nicht betrunken gewesen sein kann, ist diese Schilderung auch nicht einfach als clowneske Geste abzutun. Bedenkt man, dass der Schnurrbart im Gegensatz zu dem

35 Golshiri: Die vierzehn Heiligen I, S. 274.

36 Ebd.

37 Behzad: Einführung, S. 18.

38 Golshiri: Die vierzehn Heiligen I, S. 274.

Vollbart der Geistlichen eher das Zeichen für westlich orientierte, säkulare Männer war,[39] kommt dieser einfachen Geste eine tiefere Bedeutung zu. Die Vogelscheuche Hassani wird weiter mit den folgenden Attributen beschrieben:

> Mit den zwei Armen und bei seiner scheußlichen Gestalt: kein Rabe oder irgend ein anderer Vogel wagte sich da in die Nähe der Felder hinter der Bergruine. Vor allem, nachdem jemand, niemand weiß wer, mit einem Feldstein zwei Raben totgeschmissen, deren Blut an Kragen und Schoß des Mantels geschmiert und zudem die Vögel an Hassanis Arme gebunden hatte.[40]

An die Vogelscheuche, die den Namen einer der zwölf heiligen Imame trägt, werden tote Tiere gebunden. In Anbetracht dieser Szene und der offenbaren Religiosität der Geistlichen verdeutlicht Golshiri selbst die Diskrepanz zwischen öffentlichem Diskurs und ästhetischer Subversion:

> Da ich aber sogar schon unter dem Schah-Regime Probleme mit der Zensur bekam und mich Fehlurteilen seitens der Kritiker und Leser ausgesetzt sah, habe ich fuer die anderen in Frage stehenden Erzaehlungen nicht mehr diesen Titel verwendet. Die Zensoren haben geglaubt, der Titel sei ein Affront gegen die Imame. Ich hatte natuerlich vom Material und sogar der Technik religioeser Erzaehlungen Gebrauch gemacht. Aber ich hatte nie die Absicht, den Glauben meiner Landsleute zu beleidigen.[41]

Sicherlich kann dem Autor nicht die Absicht unterstellt werden, dass er den Glauben der iranischen Bevölkerung beleidigen wollte. Dennoch kann die subversive Kritik an der Zwölferschia nicht geleugnet werden. Abgesehen von der Zensur und der ständigen Überwachung der Intellektuellen ist auf die *intentio operis*[42] und nicht auf die Autorintention abzustellen, denn die Literatur vermag etwas anderes zu sagen, als es der öffentliche Diskurs über sie suggeriert. Die Parallele zu Hinrichtungen im Namen der Religion drängt sich hier unmittelbar auf. Noch heute werden bekanntermaßen Menschen in Iran

39 In den siebziger Jahren galten ein normaler Schnurrbart sowie ein komplett rasiertes Gesicht als Zeichen westlich orientierter, progressiver oder auch neutraler Kräfte. Im Gegensatz dazu stand der Vollbart der Geistlichen. Heute ist die ‚Bart-Mode' viel differenzierter zu betrachten. So gibt es zahlreiche unterschiedliche Vollbart-Versionen, von dem typischen Salafisten-Bart über einen leichten Vollbart, kombiniert mit Schurrbart à la Ahmadinejad, bis hin zu dem traditionellen Bart der Gelehrten.

40 Ebd., S. 274–275.

41 Houshang Golshiri: Warum schreiben wir Geschichten? Dankesrede Erich Maria Remarque Friedenspreis der Stadt Osnabrück. http://www.golshirifoundation.org/english/golshiri/media3G.asp (Zugriff am 16.06.2014)

42 Umberto Eco: *Zwischen Autor und Text*. München: dtv 1996, S. 87.

öffentlich gehängt, um ihre vermeintlichen Verfehlungen, den Abfall von dem Ma'sum-Ideal, publik zu machen. Der Heilige, der zugleich Vogelscheuche ist, d.h. den fruchtbaren Boden vor den Vögel beschützen soll, steht demnach von Anfang an mit Tod und Blut in Verbindung. In seiner Manteltasche findet man schließlich auch das *vanitas*-Symbol par excellence: einen Totenschädel.[43]

An einem anderen Tag wird eine Frau bewusstlos aufgefunden, die lediglich einen Blick auf den Heiligen geworfen hatte. „Niemand konnte herausfinden, wer das wieder getan hatte. Aber irgend jemand muß es ja gewesen sein. Natürlich kann man nicht sagen, Hassani selbst habe es gemacht."[44] Selbstverständlich kann das Leid der Zivilbevölkerung nicht einfach dem Imam selbst angelastet werden. Doch, Hassani „einfach mit einem Fußtritt" umzustoßen, „um wieder Frieden zu haben",[45] würde der Gesellschaft jegliche Rechts- und Ordnungsgrundlage entziehen. Nachdem die Frau wieder das Bewusstsein erlangt hat, fällt sie sofort wieder in dem Moment in Ohnmacht, als sie Hassani anschaut.[46] Kurz darauf erschüttert ein weiterer Vorfall das Dorf:

> Und dann […] keineswegs zur Dämmerung, nein, am Morgen, da lief Taqi, der Wasserträger, der volle 30 Jahr jede Nacht, die Gott gab, draußen auf dem Feld verbracht hatte, auf das Dorf zu und stürzte völlig kopflos in das erste beste Haus. Gerade, als die Frau von Mirsa Abdollah unverschleiert am Backofen stand. […] Taqi […] sagte überhaupt kein Wort, es hatte ihm die Sprache verschlagen, nur ‚o weh' brachte er heraus.[47]

In Folge dessen verliert die unverschleierte Frau in dieser Nacht ihr Kind.[48] Und als „sie zu Taqi eilten und ihn wieder zum Bewusstsein erweckten, waren seine Augen blutunterlaufen und vor seinem Mund stand Schaum".[49] Taqi beschreibt, nachdem er wieder das Bewusstsein erlangt hat, den unheimlichen Vorfall genauer mit den Worten: „Mit meinen eigenen Augen hab ich ihn gesehen! […] Er sah aus wie ein wildes Ungeheuer. Überhaupt ist er auf der Straße hinter mir hergelaufen. Eine Flinte, bei Gott eine Doppelflinte, trug er über der

43 Golshiri: Die vierzehn Heiligen I, S. 276.
44 Ebd., S. 275.
45 Ebd., S. 276.
46 Ebd.
47 Ebd., S. 276–277.
48 Ebd., S. 277.
49 Ebd.

Schulter."[50] Auch hier wird die Parallelisierung zwischen dem sündlosen Heiligen und dem gewalttätigen Unreinen offenbar. Dem Ich-Erzähler ist die ganze Erzählung suspekt, denn als er „mit ein paar anderen aufs Feld hinausging, stand Hassani noch immer an seinem Platz."[51] Der Gegensatz aus Aufklärung und abergläubischer Religiosität wird vom Ich-Erzähler stets hervorgehoben. Die zunächst starre Dichotomie bekommt jedoch langsam Risse, als der Ich-Erzähler eines Abends von seiner Frau auf ungewöhnliche Geräusche aufmerksam gemacht wird.[52] Zunächst wehrt er die Angst seiner Frau als Unsinn ab, doch als der Hund Piri sich ungewöhnlich verhält, wird er langsam selbst misstrauisch: Der Hund drehte sich nicht um, „er wedelte auch nicht mit dem Schwanz. Wie versteinert saß er da, halb aufgerichtet, den Blick zur Haustür."[53] Dieses „unregelmäßige Geräusch"[54] lässt sogar den Wachhund vollkommen verstummen, der wie versteinert einen Punkt in der Ferne zu fixieren scheint. Doch letztlich wird auch der Ich-Erzähler, der zuvor stets unglaubwürdig auf das ungebildete Volk herabschaute, von dem unbenannten Grauen heimgesucht:

> Und da hörte ich es auch! Nein, es war keine Einbildung. Überhaupt leide ich nicht an Einbildungen. Es war genau das Geräusch von Schritten. Nicht so, als ob da jemand vorbeiginge, nein, nicht so! So, als ob jemand auf einem Bein hüpfte. Als ob man einen Holzpflock auf den Boden stieße, so klang es, einen Holzpflock, der vorne mit Filz umwickelt ist.[55]

Zunächst bleibt der Ich-Erzähler verschont, das Geräusch „war ganz leise geworden [oder] hatte es doch aufgehört?"[56] Frierend bleibt der Ich-Erzähler zurück, aus Angst sich gegen die Mauer zu lehnen, denn er wusste, „dass das Geräusch aus der Mauer kam."[57] Die Schilderung dieser Szene trägt Züge des magischen Realismus, indem das Aufeinandertreffen von Aberglauben und Wirklichkeit inszeniert wird und alltägliche Begebenheiten auf unheimliche Weise ausgestaltet werden:

50 Ebd.
51 Ebd.
52 Ebd., S. 278.
53 Ebd.
54 Ebd., S. 279.
55 Ebd.
56 Ebd.
57 Ebd.

> Viele nämlich vergessen, wenn sie sich ohne große Kosten in Magier verwandeln, daß das Wunderbare erst dann eindeutig das Wunderbare zu sein beginnt, wenn es aus einer unerwarteten Veränderung der Wirklichkeit (dem Wunder) hervorgeht, aus einer privilegierten Enthüllung der Wirklichkeit, aus einer ungewohnten oder die übersehenen Reichtümer der Wirklichkeit besonderes begünstigenden Erleuchtung, aus einer Erweiterung der Maßstäbe und Kategorien der Wirklichkeit, die kraft einer bis an Grenzzustände führenden Exaltation des Geistes mit besonderer Intensität wahrgenommen werden. Die Wahrnehmung des Wunderbaren setzte als erstes einen Glauben voraus. Wer nicht an Heilige glaubt, wird an Wundern der Heiligen nicht genesen.[58]

Aus dieser Spannung zieht der magische Realismus die literarische Kraft, mit der er die Frage nach der Realität ästhetisch spürbar macht. Der in Südamerika entwickelte magische Realismus zeigt auch hier seine ästhetische Kraft. Die Sicherheit des Ich-Erzählers schwindet im Verlauf der Erzählung immer mehr. Die anfängliche Abgrenzung gegenüber den abergläubischen Dorfbewohnern muss schließlich seiner ängstlichen Beklommenheit weichen. An die Stelle seiner positivistischen Gewissheit tritt eine zweifelhafte Abergläubigkeit.

Am darauf folgenden Tag wird das nächste Opfer bekannt gegeben. Zu den Füßen Hassanis liegt eine junge Frau, die Tochter des Dorfvorstehers.[59] Die Begegnung ist ebenfalls von einem ungreifbaren Horror: „Als sie die Männer erreichten, stieß ihr der Dorfvorsteher den Fuß in die Seite. Zuerst wälzte sie sich, dann stand sie auf. Sie riß sich zusammen und warf erst einen Blick auf Hassani, dann auf die Männer. Nein, sie lachte doch nicht. […] Vielleicht hatten aber auch nur ihre Augen so einen Ausdruck, daß die Männer meinten, sie wolle lachen.“[60] Schließlich wird auch der Ich-Erzähler gänzlich von einer paranoiden Angst ergriffen, als er in der Nähe der Vogelscheuche auf einen Hügel stößt, der ihn an ein Kindergrab erinnert.[61] Dem sich ängstigenden Ich-Erzähler ist

> klar, dass Hassani unmöglich gehen konnte, geschweige denn mich verfolgen und hinter mir herlaufen. Es kam mir gar nicht in den Sinn, er könnte hinter mir her sein. Aber glaub mir, bei meiner Seele, sicher war ich dessen nicht. Diesmal spürte ich richtig, daß es nicht mehr in der Erde war, nein, aus dem Schoß der Erde kam es nicht. Vielleicht war's in der Luft, vielleicht kam es aus der Luft.

58 Alejo Carpentier: Vorwort zur Originalausgabe aus dem Jahr 1949, aus dem Span. v. Anneliese Botond. In: Ders.: *Das Reich von dieser Welt*, aus dem Span. v. Doris Deinhard. Frankfurt am Main: Suhrkamp 2004, S. 115–121, hier S. 117.

59 Golshiri: *Die vierzehn Heiligen I*, S. 279–280.

60 Ebd., S. 280.

61 Ebd., S. 281.

> Die ganze Luft war erfüllt vom Geräusch seiner Schritte. Um die Wahrheit zu sagen, ich hatte das Gefühl, den Tod dieses hölzernen, vorne mit Filz umwickelten Beines im selben Takt mit dem Schlagen meines Herzens zu hören.[62]

Die Ebenen zwischen äußerer Realität und innerer Wirklichkeit scheinen sich immer mehr zu vermischen. Das Geheimnis um den Hügel zu Hassanis Füßen versucht jedoch nicht der Ich-Erzähler, sondern Abdollah zu lüften. Doch als er sich mit seiner Schaufel und seiner Lampe an das Werk macht, „konnten alle sehen, daß Abdollah angestrahlt wurde, nicht Hassani. Sie sahen, wie sich Abdollah bückte und wieder aufrichtete. Dann konnte niemand mehr erkennen, was er tat. Es wurde dunkel, und plötzlich stieß er einen Schrei aus. Er brüllte nicht, nein, er stieß einen Schrei aus, genau wie eine Frau."[63] Seine Nachforschungen endeten tödlich. Man fand ihn „auf einem Grab ganz in der Nähe des Dorfes zusammengebrochen. Die Schaufel hielt er noch in der Hand. Zwei Zehen seines rechten Fußes waren abgehackt. Er trug keine Schuhe an den Füßen. Warum nur? Ich versteh das nicht."[64] Der Erdhügel „war unberührt" und „glatt gemacht wie ein Grab, ein kleines Grab."[65] Durch eine Infektion schwillt Abdollahs Bein immer mehr an, so dass man ihn letztendlich kaum noch erkennen kann.[66]

Für Dissidenten ist es eine gängige Bestrafung, ihnen Körperteile abzuhacken. Letztlich wird Abdollah für seine Schändung von dem Heiligen selbst bestraft. Besonders deutlich wird der Bezug zu der gängigen Praxis der Bestrafung, als der Ich-Erzähler fragt: „Warum schweigen sie bloß alle?"[67] Der Text lässt sich hier als Kritik an der Idee einer theokratisch-autoritären Regierungsform lesen. Die Kritik an den Imamen, der Abergläubigkeit und der Naivität der Bevölkerung stellt eine massive Hinterfragung der Geschichtstheologie der Zwölferschia dar, welche im Jahre 1979 offiziell in die konstitutionelle Form der Islamischen Republik überführt wurde. Golshiri greift in dieser Kurzgeschichte und auch in der darauf folgenden Erzählung *Die vierzehn Heiligen II* die Grundlagen dieses verstaatlichten

62 Ebd., S. 281–282.
63 Ebd., S. 283.
64 Ebd.
65 Ebd.
66 Ebd.
67 Ebd., S. 284.

Geschichtsdiskurses an;[68] in den späteren Erzählungen zielt er auch direkt auf die Islamische Republik nach 1979 ab.[69]

Die Sakralität des Imam wird in *Die vierzehn Heiligen I* durch den Racheakt wiederhergestellt. „Es ist schon wahr, daß Meister Qorban, der Dorfvorsteher und Taqi, als sie […] die erste Sure des Koran für ihn beteten, sahen, wie ein Windstoß den Hut von Hassanis Kopf riß […]. Denn sollte heute Nacht ein starker Wind aufkommen, so wird sicher morgen früh nichts mehr von dem Bart zu sehen sein".[70] Doch es geht dem Ich-Erzähler nicht um die äußere Wirklichkeit, der Regen wird die Schminke um die Augen wieder abwaschen und der Wind den Bart wegtragen.[71] Wenn der Ich-Erzähler mit den Worten schließt, dass er dieses alles gut begreife, es „aber um das verdammte Klopfen meines Herzens [geht], um die Luft, die ganze Atmosphäre, denn er ist für immer in der Luft"[72], wird hier noch einmal das unheimliche Klopfen des diabolischen Heiligen mit dem aus Angst laut klopfenden Herzen des Ich-Erzählers parallelisiert. Die äußere Wirklichkeit dringt immer mehr in sein Bewusstsein ein, sodass sich der Unterschied zwischen Realität und Wirklichkeit gänzlich aufhebt: „Gerade jetzt kann ich das Geräusch von Abdollahs Lackschuhen hören, und ich weiß, daß auch du, ja sogar du, es hörst: das Geräusch zweier dicker Holzpflöcke, die auf den Boden gestoßen werden."[73] Es sind die Schritte des Toten, die den Ich-Erzähler verfolgen. Was bleibt, ist eine Atmosphäre der Angst, die realiter bis heute nicht aufgehört hat, das Leben der Menschen zu bestimmen. Einige Jahre nach dem Erscheinen der Kurzgeschichte hat Golshiri sogar offene

68 In dem zweiten Teil des Zyklus' steht ebenfalls eine Kritik an der Zwölferschia im Mittelpunkt: „In one such village the inhabitants plan to erect a respectable grave, an *Imamzadeh*, claiming it to be the resting place of a martyred *seyyed*, a distant descendant of the prophet Mohammad through his daughter Fatima. Golshiri turns this practice into a farce by having the villagers plan the decapitation of a simple seyyed, proclaiming him as a martyred saint of Islam. The most amusing device in this process is the utter stupidity of the victim. During ceremonies and feasting, down at the last moment, it does not occur to the seyyed to wonder or ask why the villagers honor him in such undue fashion and feed him so lavishly." (Moayyad: Introduction, S. 13.)

69 Als Beispiel hierfür sei *The Fifth Innocent* genannt. Houshang Golshiri: *Ma'sum-e Panjom ya Hadis-e Mordeh bar Dar Kardan-e An Savar ke Khahad Amad*. Teheran: Ketab-e Azad 1980.

70 Golshiri: Die vierzehn Heiligen I, S. 284.

71 Ebd.

72 Ebd.

73 Ebd.

Kritik an der Zwölferschia im Zusammenhang mit dem Regime Chomeinis geübt:

> Die gegenwaertige Regierung hat waehrend der vergangenen achtzehn Jahre versucht, unserer farbenfrohen Gesellschaft eine bestimmte Glaubensrichtung, die Zwoelfer-Schia, und eine bestimmte Regierungstheorie, die absolute Herrschaft des Obersten Rechtsgelehrten, aufzuzwingen.[74]

Dass *Die vierzehn Heiligen I* als vermeintlich harmlose, aber unheimliche Geschichte einen kritischen Blick auf das theologische Fundament des Iran wirft, sollte im Hinblick auf die Zwölferschia deutlich geworden sein. Die sündenreinen Imame werden zum Mittel für die Unterdrückung der Zivilbevölkerung; sie beherrschen das gesamte Leben der Dorfbevölkerung, die sogar einen Nutzen daraus zieht: Die „Mütter sind nicht unglücklich darüber, daß es da etwas gibt, dessen Namen sie nur auszusprechen brauchen, wenn die Kinder den Mund auftun oder quengeln – und schon haben sie wieder ihre Ruhe."[75] Die bedrückende Atmosphäre des Aberglaubens und der Religion verdichtet der Autor in dieser Kurzgeschichte zu einer Erzählung, die in einem historisch nicht näher bestimmten Dorf spielt und in der die säkularen Kräfte, hier der Schänder des Imams, parabelhaft zur Rechenschaft gezogen werden. Die Macht der Vogelscheuche basiert in Golshiris herausragendem Text auf dem Aberglauben der Bevölkerung. Zugleich ist diese Vogelscheuche aber auch ein Imam, der Macht über das ganze Dorf hat. Der fruchtbare Boden, der metaphorisch für das islamische Land steht, soll von der Vogelscheuche vor Vögeln beschützt werden, welche die Ernte gefährden könnten. Die Vögel, genauer die gierigen Raben, hängen schließlich blutend an der Vogelscheuche herab. Die Parallelisierung der Vögel mit den Feinden des Glaubens drängt sich geradezu auf. Der blutbefleckte Imam wird als unheimliche Gestalt beschrieben, in der sich Leben und Tod nivellieren. Die Vogelscheuche ist nicht real, sondern lebt erst in der Imagination auf. Die Imagination erweckt eine tote Puppe zum Leben, die wiederum mit den Tod der realen Menschen in Verbindung gebracht wird. Der Vogelscheuche ist der Tod semantisch eingeschrieben, obwohl sie zugleich für die omnipräsenten und daher lebendigen Heiligen steht. Diese Chimäre ist die Voraussetzung für die Macht der Vogelscheuche bzw. des Imams. Ohne die Abergläubigkeit

74 Houshang Golshiri: Bericht einer Feder. http://www.golshirifoundation.org/english/golshiri/media3G.asp (Zugriff am 16.06.2014).

75 Golshiri: Die vierzehn Heiligen I, S. 276.

und die Religiosität der Bevölkerung würde die Vogelscheuche ihre Anziehungskraft verlieren. Daher müssen die Menschen zugleich vor ihr Angst haben. Selbst für den aufgeklärten Menschen wird die Vogelscheuche zum Verhängnis, obwohl er nicht an das Leben dieser Gestalt glaubt. Doch die Folgen sind auch für ihn real. Der magische Realismus stellt dabei eine hervorragende Form dar, um Kritik an der Geschichtsideologie des Iran zu äußern. In dem Bild der Vogelscheuche verdichten sich die gesamte Geschichtstheologie und ihre politischen Auswirkungen.

Dem offiziellen Geschichtsdiskurs wird so ein unheimliches Bild entgegengesetzt, das sich der eschatologischen Heilslehre entzieht. Golshiris Erzählung *Die vierzehn Heiligen I* agiert auf exemplarische Weise die für die moderne persische Literatur symptomatische Kritik an der kollektiven Geschichtstheologie der Zwölferschia aus.

5. Narrative des 21. Jahrhunderts

Golshiris Kurzgeschichte *Die vierzehn Heiligen I* zeigt beispielhaft, welche Funktion die moderne Literatur in der politischen und religiösen Landschaft einnehmen kann. Interessant erscheint es, abschließend die Frage nach dem literarischen Engagement im 21. Jahrhundert im Allgemeinen zu stellen. Die oben gegebene Skizze über das iranische 20. und 21. Jahrhundert hat bereits die problematische Situation angedeutet, in der sich die meisten persischen Autoren befinden. Die Literatur der Exiliraner zeugt von einer selbstreflexiven und oft direkten kritischen Art. Ihre ästhetischen Vorbilder findet sie häufig in europäischen und amerikanischen Autoren der Moderne. Zwar sind nur wenige Texte in Deutschland bekannt geworden. Doch zumindest einige wenige konnten im 21. Jahrhundert in das öffentliche Bewusstsein in Deutschland treten und stellen hervorragende Beispiele für die Exilliteratur des 21. Jahrhunderts dar. Es sollen im Folgenden einige Texte beschrieben werden, anhand derer, ähnlich Golshiris Kurzgeschichte *Die vierzehn Heiligen I*, die geschichtskritischen Tendenzen der persischen Gegenwartsliteratur skizziert werden können. Dabei handelt es sich fast ausschließlich um Exilliteratur.

Marjane Satrapis Graphic Novel *Persepolis*[76] verhandelt den Umgang mit der Islamischen Revolution und den daraus resultierenden Lebensbedingungen. Satrapi schildert in der Graphic Novel das

76 Marjane Satrapi: *Persepolis. Eine Kindheit im Iran. Jugendjahre.* Zürich: Edition Moderne 2004.

Leben aus der Sicht einer jungen Frau in den Jahren der Revolution mit den schrecklichen Folgen von Folter, Tod und Krieg. Elemente des Entwicklungsromans verbinden sich in dem Werk mit autobiographischen und historischen Narrativen. Die von Satrapi dargestellte Absurdität des theokratischen Regimes wird durch die Schwarz-Weiß-Malerei der Graphic Novel buchstäblich untermalt. Die Vorfälle von kollektiven Verhaftungen und Hinrichtungen sind als Teil der kollektiven Psyche in das Geschichtsbewusstsein der Iraner eingegangen. Anders als es die offizielle Geschichtsschreibung forciert, wird in einer eindringlichen Bilderfolge das Einzelschicksal der jungen Protagonistin gegen die omnipräsenten Märtyrerplakate und damit gleichermaßen gegen den offiziellen Geschichtsdiskurs ausgespielt.[77] Interessant ist diese graphische Darstellung insbesondere, weil die Islamische Republik die kollektive Erinnerung und das Geschichtsbewusstsein durch die mediale Omnipräsenz der Geistlichen oder der Kriegsmärtyrer zu beeinflussen versucht, wenn nicht gar überhaupt erst inszeniert. Die Graphic Novel, die 2007 verfilmt wurde, setzt jener im Iran hegemonialen Bilderflut ihre eigenen Erinnerungsbilder entgegen.

Mit der Zensur, der plötzlichen gesellschaftlichen Veränderung durch die Theokratie sowie ihren Auswirkungen auf die Literatur setzt sich auch Azar Nafasi in *Lolita lesen in Teheran*[78] eingehend auseinander. Die Autorin stellt dabei den Sinn der Literatur in den Mittelpunkt der Erzählung und schildert ihre lebensrettende Funktion. Wie die meisten Autoren lebt auch Nafasi im Exil. Die Kunst erscheint als Ausweg aus einem Geschichtspessimismus, der für die junge Generation im Iran symptomatisch ist. Bildung und Kunst machen einen differenzierten und distanzierten Umgang mit der Vergangenheit erst möglich:

> Was diese Revolution von anderen totalitären Revolutionen des 20. Jahrhunderts unterschied, war, daß sie im Namen der Vergangenheit angezettelt wurde; das war ihre Stärke und Schwäche zugleich. Vier Frauengenerationen – meine Großmutter, meine Mutter, ich selbst und meine Tochter – lebten in der Gegenwart, aber auch in der Vergangenheit; wir erlebten zwei verschiedene Zeitzonen simultan. Interessant, dachte ich, wie Krieg und Revolution uns für unsere persönlichen Prüfungen noch mehr sensibilisiert hatten – vor allem für die Ehe, deren Kernfrage die der individuellen Freiheit war, wie Jane Austen vor

77 Vor allem zieren Wandbilder der Märtyrer aus dem Ersten Golfkrieg zwischen dem Iran und dem Irak (1980–1988) die Straßen. Vgl. insb. Satrapi: *Persepolis*, S. 256.

78 Azar Nafasi: *Lolita lesen in Teheran*. München: DVA 2005.

> zweihundert Jahren entdeckt hatte. *Sie* hatte das entdeckt, dachte ich, aber was ist mit uns, die wir in diesem Zimmer sitzen, in einem anderen Land, am Ende eines anderen Jahrhunderts?[79]

Mittels der literaturwissenschaftlichen Auseinandersetzung mit Werken der Weltliteratur gelingt eine Reinterpretation der jüngsten Geschichte Irans und ihrer Auswirkungen: Gatsby

> wollte seinen Traum verwirklichen, indem er die Vergangenheit wiederholte, und am Ende fand er heraus, daß die Vergangenheit tot war, die Gegenwart ein Trugbild und die Zukunft nicht vorhanden. Ähnelte das nicht unserer Revolution, die im Namen einer kollektiven Vergangenheit begonnen und unser Leben im Namen eines Traumes zerstört hatte?[80]

Die Erzählung schafft es, nicht nur ein Bild von den heterogenen Wirklichkeiten zu zeichnen, sondern auch die überlebenswichtige Bedeutung des literarischen Mediums, das zu einem Vorkämpfer für Recht und Freiheit werden kann, zu inszenieren.

Beide Kunstwerke stehen beispielhaft für die Tendenz der persischen Gegenwartsliteratur, sich neuen Formen der Kunst – vor allem der Film blüht in den letzten Jahren auf[81] – zuzuwenden und sich für ein allgemeines Publikum zu öffnen sowie schwierige Themen im Medium der Unterhaltungsliteratur zu verhandeln. Ironie spielt dabei eine ebenso große Rolle wie die Inszenierung einer Gegenkultur, die als hoffnungsvoller Ausweg aus der Diktatur erscheint. Während Nafasi hauptsächlich das innere Exil und die Erlösungskraft der Kunst beschreibt, rückt bei Satrapi das reale, äußere Exil in den Mittelpunkt. Beide Werke zeugen von einer direkten Kritik an den bestehenden Verhältnissen. Dies ist umso bemerkenswerter, als die Literatur Jahre zuvor – wie es Golshiris Text eindrücklich belegt – noch eine viel subtilere und indirektere Kritik formulierte.

Mahmud Doulatabadis *Der Colonel*[82] – 2009 im Unionsverlag erschienen – erzählt den gesellschaftlichen Untergang einer Familie nach der Revolution von 1979, der stellvertretend für die ganze Gesellschaft steht. Shariar Mandanipurs Roman *Eine iranische Liebesgeschichte zensieren*[83], in dem die Zensur kritisch hinterfragt wird, und Fereidoun M.

79 Nafasi: *Lolita lesen in Teheran*, S. 325–326.

80 Ebd., S. 189.

81 Vgl. beispielsweise *Women without Men* (Deutschland / Österreich / Frankreich 2009, R: Shirin Neshat); *Persepolis* (Frankreich 2007, R: Vincent Paronnaud / Marjane Satrapi); *Zeit des Zorns* (Iran / Deutschland 2010, R: Rafi Pitts).

82 Mahmud Doulatabadi: *Der Colonel.* Zürich: Unionsverlag 2009.

83 Shariar Mandanipur: *Eine iranische Liebesgeschichte zensieren.* Zürich: Unionsverlag 2010.

Esfandiarys *Der letzte Ausweis*[84] (1999/2009) sind weitere Romane des 21. Jahrhunderts, welche die historische Entwicklung des Iran reflektieren und auf europäische Narrative rekurrieren.[85]

Der letzte Ausweis ist eine ‚Irrfahrt' durch die iranische Bürokratie. Der Text handelt vom Versuch des Protagonisten, sich nach seiner Rückkehr aus dem Ausland wieder in die iranische Gesellschaft zu integrieren und einen neuen Ausweis zu besorgen. Die Suche nach diesem Ausweis ist in der Zeit des Schahs verortet und führt eine Problematik vor, die sich durch die iranische Geschichte zieht. Dieser kafkaeske Albtraum steht metaphorisch für die Frage nach der iranischen Identität und mündet in einen resignativen Geschichtspessimismus, der den Leser deprimiert zurücklässt:

> Am nächsten Tag wurde Dariusch Aryanas Leiche in einer der engen Altstadtgassen entdeckt. Die Polizei wurde verständigt, seine Leiche fortgeschafft und folgender Bericht veröffentlicht: Die Ursache für den Tod dieses Mannes ist nicht bekannt. Er sieht iranisch aus und ist beschnitten. Aber das einzige Dokument, das er bei sich trug, ist ausländischer Herkunft und enthält lediglich Ziffern. [...] Er hatte keinerlei Ausweispapiere bei sich, und sein Name und seine Staatsangehörigkeit sind nicht bekannt.[86]

Dass sich viele Texte um die Begriffe Zeit, Geschichte und Revolution drehen, ist nicht allein den historischen Ereignissen geschuldet. Diese Kategorien bilden – wie erörtert wurde – die Grundlage der gesamten Herrschaftslegitimation der Islamischen Republik und sind daher unabdingbarer Teil des vorherrschenden Geschichtsdiskurses. Jene Themen, vor allem die Geschichtstheologie der Zwölferschia, sind es, die eine große Rolle spielen, wenn nach dem Sinn oder der Funktion von Geschichte gefragt wird.

Die meisten Romane des 21. Jahrhunderts reflektieren nicht nur die Islamische Revolution an sich, sondern beziehen auch die politische Funktion der Literatur in Zeiten gesellschaftlicher Umbrüche ein. Im Vergleich zu Golshiri, der Jahrzehnte früher schreibt, wird ersichtlich, dass es in der Exilliteratur von 1979 bis heute eine konstante Kritik an der Geschichtstheologie der Zwölferschia und an ihrer Umsetzung

84 Fereidoun M. Esfandiary: *Der letzte Ausweis*, aus dem Engl. v. Ilja Trojanow / Susann Urban. Frankfurt am Main / Wien / Zürich: Büchergilde Gutenberg 2009. Die englische Ausgabe erschien erstmals 1999 bei e–reads.

85 Hinsichtlich der Entwicklungen der iranischen Lyrik in Deutschland sei auf die Anthologie verwiesen von Gerrit Wustmann (Hrsg.): *Hier ist Iran! Persische Lyrik im deutschsprachigen Raum*. Bremen: Sujet 2011.

86 Esfandiary: *Der letzte Ausweis*, S. 220.

in Form der Islamischen Republik Iran gibt. Lediglich die narrativen Verfahren nehmen unterschiedliche Gestalten an.
Golshiris Kurzgeschichte ist wie auch andere Texte des Autors beeinflusst von europäischen und amerikanischen Narrativen. In den siebziger und achtziger Jahren des 20. Jahrhunderts stellte diese Form der Intertextualität ein Novum und insbesondere auch eine Provokation dar. Zugleich lassen sich in der Literatur des 20. Jahrhunderts, für die Golshiris Text beispielhaft steht, architextuelle Verfahren als Medium des indirekten Sprechens beobachten. Die Zensur zwang Autoren wie Golshiri, Bilder zu finden, welche auf der Oberflächenstruktur konform anmuten. An keiner Stelle in *Die vierzehn Heiligen I* wird eine offene Kritik an der den Iran zu jener Zeit bestimmenden Geschichtstheologie geübt.
Im 21. Jahrhundert scheint dieses subversive Schreiben von einer direkten literarischen Konfrontation mit kritischen Themen abgelöst zu werden. Dies mag zwar vor allem der Tatsache geschuldet sein, dass sich die zitierten Autoren seit Jahren im Exil befinden, dennoch ist eine Veränderung im Stil ungeachtet des Aufenthaltsortes wohl eher der historischen Entwicklung zuzuschreiben. Glaubte man in den ersten Jahren nach der Islamischen Revolution nicht so recht an den Bestand dieses Regimes, mussten viele nach fast dreißig Jahren ihre damalige Einschätzung revidieren. Diese Tatsache wirkt sich zweifelsohne auf die Literatur des 21. Jahrhunderts aus. Diese zeichnet sich zum einen durch eine Emanzipation von den westlichen Vorbildern aus. Es werden selbstbewusst eigene Narrative entworfen, wobei die westlichen Autoren noch als Inspirationsquelle dienen, aber nicht mehr als Autorität fungieren. Zudem stellt die Referenz auf westliche Autoren allein keine Provokation mehr dar. Zum anderen kann die Beobachtung gemacht werden, dass die Gegenwartsliteratur auf eine direktere und offenere Kritik abzielt, indem die Grenzen zur Unterhaltungsliteratur in vielen Fällen überschritten werden. Dadurch, dass das politische Engagement Einzug in die Unterhaltungsliteratur hält, wird die Problematik des Iran einer breiten Masse zugänglich gemacht. Das populäre Medium Film trägt dazu einen großen Teil bei. Stand bei Golshiri noch das literarische Erzählen im Mittelpunkt, welches Medium seiner politischen Kritik war, ist in der neueren Literatur sowie im Film eine gegensätzliche Tendenz zu beobachten. Das politische Engagement rückt immer mehr in den Vordergrund.

Aus diesem Grund scheint gerade das politische Engagement Golshiris unter den jungen Autoren ein Vorbild zu sein. Der Autor formulierte seinen Anspruch an Literatur einst folgendermaßen:

> Wenn wir schon vermittels Geschichten in das Innere eines anderen schauen können, oder wenn wir das, was sich in unserem Inneren abspielt, oder dieses vorbeieilende Leben gestalten und verstehen können, sollte es da nicht möglich sein, dass eine Geschichte auch über die Zukunft Auskunft gibt, darüber, was in ferner oder aber wenigstens naher Zukunft das Fazit allen Tuns unserer Zeitgenossen sein wird?[87]

Diese Reflexion lässt sich derzeit insbesondere in der jungen Autorenszene, einer neuen Generation, welche die Schah-Zeit nur noch im Kindesalter oder gar nicht mehr miterlebt hat, beobachten. Dabei wird der Lyrik, einst die Hochform der persischen Literatur, wieder mehr Bedeutung zugemessen. Zahlreiche Stimmen beklagen das Schicksal des Iran und fordern einen Wechsel der politischen Verhältnisse. Die „Grüne Bewegung" hat dies einmal mehr bewiesen. Der Geschichtspessimismus des späten 20. Jahrhunderts ist jedoch nicht überwunden, was deutlich wird, wenn man die Gedichte der jungen Generation betrachtet. Der Aktivismus des politisch-literarischen Engagements, einen politischen Wechsel öffentlich einzufordern, darf nicht über die Depression und Resignation in den literarischen Verarbeitungen leidvoller Schicksale hinwegtäuschen. Das Leid der iranischen Bevölkerung sowie die Heimatlosigkeit der Exilanten finden vor allem in der Lyrik ihren adäquaten Ausdruck. Zwischen Resignation und Hoffnung fragt auch diese Generation nach dem Sinn und dem Ende der Geschichte:

> Wieder hat ein Mensch
> mit einer Überdosis Gott
> am Ort aller Orte
> seine Mitmenschen
> mit ins Paradies genommen.
> Ganz umsonst!
> Nur ohne Rückfahrt!
> Er hat wohl
> deren ewige Sehnsucht nach Paradies
> stillen wollen.
> Aus ‚Nächstenliebe'.[88]

87 Golshiri: Warum schreiben wir Geschichten?

88 Farhad Ahmadkhan: Nächstenliebe. In: Wustmann (Hrsg.): *Hier ist Iran*, S. 43.

„Komplicen sind die Neger aller Rassen“

Revolution, Gedächtnis und Utopie bei Anna Seghers und Heiner Müller

Kai Fischer

I

> DEBUISSON Siegreiche Revolution ist nicht gut. So etwas sagt man nicht vor Herren. Schwarze Revolution ist auch nicht gut, Schwarze machen einen Aufruhr, wenn es hochkommt, keine Revolution.
>
> (Heiner Müller, *Der Auftrag*)

Die weltgeschichtliche Bedeutung der Französischen Revolution lässt sich schwerlich überschätzen. Politisch und philosophisch markiert dieses Ereignis einen doppelten Bruch mit den feudalen Traditionen des Ancien Régime. Aus ihr folgen die politische Neuordnung auf der Grundlage der Volkssouveränität und die Proklamation der allgemeinen Menschenrechte, die universelle Geltung beanspruchen, unabhängig von ethnischen, sozialen und ökonomischen Faktoren. Ihren ersten Erfolg feierte diese Idee in der französischen Kolonie Saint-Domingue, wo am 22. August 1791 der erste große kollektive Sklavenaufstand der Neuzeit ausgebrochen war. An seinem Ende, 13 Jahre später, riefen die Schwarzen und ‚Mulatten‘[1] am 1. Januar 1804 die

1 Der Begriff „Mulatte“, der erst nach der erfolgreichen Revolution durch ein Dekret von Dessalines verboten wurde, wird hier im Sinne seiner historischen Bedeutung verwendet. Der durchaus rassistisch konnotierte Begriff ist zwar grundsätzlich zu vermeiden, zur Beschreibung eines historischen Kontextes erscheint er m. E. dennoch unerlässlich, vor allem weil es im Folgenden um die Frage geht, inwiefern ein gemeinsamer Kampf über ethnische Differenzen hinaus möglich ist. Dabei ist die historische Figur des „Mulatten“ besonders interessant.

Unabhängigkeit der Insel unter dem Namen Haiti aus. In Klassikern der französischen Historiographie, etwa François Furets und Denis Richets Geschichte der Französischen Revolution oder das von Furet und Mona Ozouf herausgegebene *Kritisches Wörterbuch der Französischen Revolution*, findet man überraschenderweise keinen Hinweis auf die revolutionären Vorgänge in der französischen Kolonie.[2] Die Ausblendung der Möglichkeit eines solchen Zusammenhangs überrascht insbesondere bei einem kritischen Wörterbuch, das zwar Einträge zur Amerikanischen Revolution oder der Revolution in Europa enthält, aber keinen zu den Kolonien oder zum Export der philosophischen Ideen in die Karibik.

Die amerikanische Philosophin Susan Buck-Morss hat in ihrem Essay *Hegel und Haiti* die These aufgestellt, dass die westlichen Freiheitsnarrative einen eklatanten blinden Fleck aufweisen.[3] Und dies betreffe nicht nur die Philosophiegeschichte, in der die koloniale Erfahrung keinen Ausdruck gefunden habe; noch heute würden Autoren „in voller Kenntnis der Tatsachen […] die Geschichte der Nationen des Westens als kohärente Narrative der menschlichen Freiheit" konstruieren.[4] Buck-Morss hingegen erkennt im Aufstand der Sklaven in Saint-Domingue den Beweis, dass „die Französische Revolution kein rein europäisches Phänomen darstellte, sondern von weltgeschichtlicher Bedeutung"[5] gewesen sei. Dabei soll es im Folgenden weniger um ihre Rekonstruktion der Gründe für das Schweigen des Westens im Allgemeinen und Hegels im Besonderen gehen, sondern zunächst um die von ihr vorgetragene Kritik an der wissenschaftlichen Tradition, die zu einem großen Teil für das fortgesetzte Verschweigen der Ereignisse auf Saint-Domingue verantwortlich sein soll.

Während sich Buck-Morss dem „Rätsel"[6] widmet, warum die historischen Zusammenhänge zwischen dem Sklavenaufstand und der Entwicklung von Hegels Geschichtsphilosophie in Vergessenheit geraten konnten, schiebt sich ein anderer Aspekt in den Vordergrund ihrer Arbeit, nämlich „die wissenschaftliche Arbeit überhaupt und die

2 François Furet / Denis Richet: *Die Französische Revolution*, aus d. Franz. v. Ulrich Friedrich Müller. München 1981 [1965/1966]; François Furet / Mona Ozouf: *Kritisches Wörterbuch der Französischen Revolution*, 2 Bde. Frankfurt am Main 1996 [1988].

3 Susan Buck-Morss: *Hegel und Haiti*. Frankfurt am Main 2011.

4 Ebd., S. 41.

5 Ebd., S. 62.

6 Ebd., S. 27.

Frage, inwiefern die Konstruktion eines Forschungsgegenstands über die Zeit eventuell mehr verschleiert, als sie erhellt“.[7] Sie gelangt zu der Überzeugung, dass es die zunehmende Ausdifferenzierung wissenschaftlicher Disziplinen gewesen ist, die dazu beigetragen hat, dass „die wissenschaftliche Arbeitsweise unserer Vorstellungskraft Grenzen setzt, so daß das Phänomen ‚Hegel‘ und das Phänomen ‚Haiti‘, die ursprünglich nicht durch eine undurchlässige Grenze voneinander getrennt waren [...] im Zuge ihrer Überlieferungsgeschichte zu vollkommen unabhängigen Ereignissen werden konnten“.[8] Die von Buck-Morss beschriebene Isolierung der beiden Ereignisse ist nicht zuletzt ein Ergebnis der Spezialisierung wissenschaftlicher Disziplinen und der spezifischen Isolation, die damit einher geht. Damit aber wird die von ihr betriebene Rekonstruktion des Zusammenhangs von Hegel und Haiti auch zu einer Herausforderung akademischer Traditionen.

> Disziplinäre Grenzen befördern eine Haltung, in der Gegenbeweise immer zur Geschichte jemandes anderen gehören. Ein Wissenschaftler kann schließlich nicht in allen Bereichen ein Experte sein, das ist selbstverständlich. Doch solche Argumente sind ein Weg, die unangenehme Wahrheit zu verdrängen, daß bestimmte Tatsachenkonstellationen, sobald sie sich einmal im Bewußtsein der Forscher festgesetzt haben, nicht nur altehrwürdige Narrative, sondern auch die tief verwurzelten akademischen Disziplinen in Frage stellen können, die sie (re)produzieren. So gibt es beispielsweise für die konkrete Forschungskonstellation ‚Hegel und Haiti‘ in der Universität keinen Ort. Das ist das Thema, um welches es mir in diesem Aufsatz geht.[9]

Das Erkenntnisinteresse von Susan Buck-Morss richtet sich demnach auf zwei Formen des Schweigens, einem in der Vergangenheit und einem in der Gegenwart. Kann man das vergangene Schweigen auf eine Verdrängung der gleichwohl bekannten Fakten aufgrund von rassistischen Vorurteilen zurückführen, ist das gegenwärtige Schweigen das Ergebnis einer „Konstruktion der Diskurse jener Einzeldisziplinen, in denen das Wissen über die Vergangenheit tradiert wird“.[10] Um diesen Mangel auszugleichen, prägt Buck-Morss den Begriff einer „undisziplinierten Geschichte“, der ihr Arbeits- und Darstellungsideal umfasst. Erst eine solche Form der Geschichtsschreibung mache es möglich, die vergessenen Zusammenhänge zwischen historischen

7 Ebd.

8 Ebd.

9 Ebd., S. 41–42.

10 Ebd., S. 76.

Ereignissen wieder sichtbar werden zu lassen und erweist sich als besonders adäquat für die Auseinandersetzung mit Haiti. Denn Haiti stellt für sie ein „Schlüsselereignis der Weltgeschichte an der Schnittstelle einer Vielzahl von Diskursen" dar.[11] Um diese Vielzahl von Verzweigungen in den Blick nehmen zu können, müsse man wissenschaftlich ‚undiszipliniert' arbeiten.

Allerdings weist Buck-Morss' in vielerlei Hinsicht bemerkenswerte Darstellung selbst einen blinden Fleck auf, und zwar hinsichtlich der Tradition literarischer Texte, die den Sklavenaufstand in welcher Weise auch immer thematisieren. Wenn man ihrer Annahme, die Revolution auf Saint-Domingue stehe an der Schnittstelle einer Vielzahl von Diskursen, folgt, erstaunt diese Auslassung. Zwar erwähnt sie am Rande ihrer Untersuchung Wordsworths Sonett *To Toussaint Louverture*; die wie auch immer gebrochene Tradition literarischer Bearbeitungen innerhalb der französischen oder deutschen Literatur aber bleibt außer Acht. Denkt man etwa an die literaturwissenschaftliche und -geschichtliche Auseinandersetzung mit Heinrich von Kleists Novelle *Die Verlobung von St. Domingo*, dann scheint es zumindest ein Gegenbeispiel zu Buck-Morss' These vom Schweigen der westlichen Wissenschaft über Haiti zu geben.

Doch ist dies sicherlich nicht das entscheidende Argument dafür, dass Susan Buck-Morss literarische Texte nahezu unberücksichtigt lässt. Es scheint, als hinge diese Nichtberücksichtigung zunächst mit dem ontologischen Status literarischer Texte zusammen, die, selbst wenn sie auf historische Ereignisse rekurrieren, nicht darin aufgehen bzw. hinsichtlich ihres Wahrheitsgehaltes nicht allzu ernst genommen werden sollten. Wenn Harald Neumeyer in einem Aufsatz zu Kleists Novelle festhält, Literatur sei „selbst wenn sie auf historische Daten und Fakten anspielt, keine Geschichtsschreibung", dann scheint Zustimmung angebracht und Kleists Novelle ist in dieser Hinsicht begrüßenswert historisch unpräzise.[12] Allerdings geht eine solch vereinfachende Sichtweise in zweierlei Hinsicht am Kern des Problems vorbei. Wie Reinhart Koselleck in seinem Vortrag *Fiktion und geschichtliche Wirklichkeit* erläutert, ist die entscheidende Grenzziehung

11 Buck-Morss: *Hegel und Haiti*, S. 28.

12 Harald Neumeyer: „Neger-Empörung". Zur Legitimität von Gewalt in Heinrich von Kleists „Die Verlobung in St. Domingo". In: Nicolas Pethes (Hrsg.): *Ausnahmezustand der Literatur. Neue Lektüren zu Heinrich von Kleist.* Göttingen: Wallstein 2011, S. 89–130, hier S. 94.

nicht diejenige zwischen Fiktion und Faktizität, sondern die zwischen Geschichte und sprachlichen Zeugnissen.

> Wirklich in einem zugänglichen und auch überprüfbaren Sinne sind nur die Zeugnisse, die uns als Relikte von früher überkommen sind. Die daraus abgeleitete Wirklichkeit der Geschichte ist dagegen ein Produkt sprachlicher Möglichkeiten, theoretischer Vorgaben und methodischer Durchgänge, die schließlich zu einer Erzählung oder Darstellung zusammenfinden. Das Ergebnis ist nicht die Wiedergabe einer vergangenen Wirklichkeit, sondern, überspitzt formuliert, die Fiktion des Faktischen.[13]

So verstanden, könnten die literarischen Texte, die die Geschichte Haitis verhandeln, sehr wohl zum Gegenstand der von Buck-Morss' angedachten undisziplinierten Geschichtsschreibung werden, da sie in einem solchen Kontext den Status eines historischen Dokumentes annehmen würden, das allerdings andere hermeneutische Probleme bereithält als etwa ein Zeitungsartikel oder eine Urkunde. Die Einbindung von Dokumenten in konkrete Handlungssituationen, etwa im Fall einer Urkunde, unterscheidet sich deutlich von der für moderne literarische Texte konstitutiven Eigengesetzlichkeit, die eine bestimmte Form des Verstehens einfordert. So gilt es, bei einem literarischen Text Faktoren wie etwa die Darstellungsintention, die emotionale Wirkung, die sprachliche Gestaltung usw. zu beachten.[14]
Dennoch kann man zu Recht davon sprechen, dass literarische Texte wirklich Geschichte schreiben können, allerdings tun sie dies in anderer Weise als historiographische Texte. Wie Eberhard Lämmert ausgeführt hat, mache die Literatur „mit Vorzug das zu ihrem Thema, was von den Wissenschaften ihrer Zeit als unexakte Materie ausgegrenzt und damit unbearbeitet bleibt“.[15] Wenn es also eine Funktion literarischer Texte sein kann, das von der Wissenschaft Ausgegrenzte zu thematisieren, dann kann man im Fall der Revolution auf Saint-Domingue Literatur als Medium einer alternativen Geschichtsschreibung begreifen, die, weil sie eben nicht an die

13 Reinhart Koselleck: Fiktion und geschichtliche Wirklichkeit. In: Ders.: *Vom Sinn und Unsinn der Geschichte.* Frankfurt am Main Suhrkamp 2010, S. 80–95, hier S. 91.

14 Das ist natürlich eine idealtypische Differenzierung, da es offensichtlich Sorten von historischen Dokumenten gibt, die sowohl hinsichtlich ihrer sprachlichen Gestaltung als auch hinsichtlich ihrer Wirkungsabsicht literarischen Texten vergleichbar sind. Zu denken wäre etwa an politische Reden, an Chroniken als Vorformen modernen Erzählens oder an autobiographische Schriften.

15 Eberhard Lämmert: Geschichten von der Geschichte. Geschichtsschreibung und Geschichtsdarstellung im Roman. In: *Poetica. Zeitschrift für Sprach- und Literaturwissenschaft* 17 (1985), S. 228–254, hier S. 242.

methodischen Vorgaben der offiziellen Historiographie gebunden ist, undisziplinierte Geschichten schreiben kann. Es scheint somit die unauflösliche Spannung eines literarischen Textes in seiner doppelten Erscheinung als Dokument und als Kunstwerk zu sein, die ihn selbst zu einem Agenten einer undisziplinierten Geschichte macht. In diesem Sinne soll die Konstellation Anna Seghers / Heiner Müller fruchtbar gemacht werden, wobei der Nachweis geführt werden soll, dass es in Müllers Stück *Der Auftrag*, anders als die meisten Interpreten angenommen haben, in erster Linie nicht um eine Revision der Französischen Revolution geht, sondern um den Sklavenaufstand auf Saint-Domingue. Auf diese Weise rückt zudem ein Motivkomplex in den Blick, der das Bild des Geschichtspessimisten Heiner Müller zumindest ein Stück weit zu korrigieren vermag.[16] Wenn man nämlich die „Erinnerung an eine Revolution", wie der Untertitel von *Der Auftrag* lautet, auf die Geschehnisse in der ehemaligen Kolonie Saint-Domingue bezieht, erhält man einen Fluchtpunkt, von dem aus eine geschichtsphilosophische Hoffnung auf kommende Revolutionen überhaupt noch artikuliert werden kann. In dieser Perspektive erscheint Müller überraschenderweise als Utopist.

II

Neben dem Untertitel findet man eine weitere paratextuelle Angabe zu Heiner Müllers Stück *Der Auftrag*: „Das Stück verwendet Motive aus der Erzählung ‚Das Licht auf dem Galgen' von Anna Seghers".[17] Damit werden zwei Hinweise gegeben: Erstens wird ein Gattungsunterschied zwischen den Texten von Seghers und Müller angezeigt; während Seghers Text eine geschlossene Erzählung ist, stellt Müllers Text eine Mischung aus unterschiedlichen Formen dar, die im Gegensatz zu *Der Licht auf dem Galgen* offen strukturiert ist. In diesem Zusammenhang verweist die Angabe zusätzlich auf die spezifische Produktionspraxis Heiner Müllers. Hans-Thies Lehmann hat in Bezug auf einen weiteren Prätext von Müllers *Der Auftrag* – Georg Büchners *Dantons Tod* – eine kurze produktionsästhetische Definition geliefert, die auch mit Blick auf die Konstellation Seghers/Müller zutreffend ist. Büchner, so Lehmann, „verfertigte eine Collage aus historischem,

16 Wobei Müller dieses Bild bzw. die entsprechende Deutung seiner Texte stets abgelehnt hat.

17 Heiner Müller: Der Auftrag. Erinnerung an eine Revolution. In: Ders.: *Werke*, Bd. 5: Die Stücke 3. Frankfurt am Main: Suhrkamp 2002, S. 11–42, hier S. 11.

Müller eine Collage aus literarischem Material“.[18] Während Seghers sich für die Abfassung ihrer Erzählung sowohl auf historisches Material als auch auf persönliche Erfahrungen stützen konnte, benutzt Müller ausschließlich andere literarische Texte. Damit ändert sich allerdings auch der Zugriff auf das spezifische historische Ereignis und dessen Interpretation im literarischen Text. Während Seghers' Text das Scheitern der revolutionären Bemühungen auf Jamaika darstellt und damit ein bestimmtes Geschichtsverständnis liefert, bietet Müllers Verwendung von Seghers' Erzählung eine Interpretation des in der Erzählung vorherrschenden Geschichtsverständnisses.

> Müllers Text ist nicht Interpretation der Geschichte, ohne zugleich als Interpretation (Polemik, Zitat, Umdeutung) der Interpretationen zu fungieren, dabei das Spiel der verschiedenen literarischen Gattungen in einem Text, die Auflösung der Zeitordnung in eine komplexe Textur des Bewusstseins, Literatur als Umschreiben, Übersetzen, Ergänzen, Ausstreichen, Weiterschreiben.[19]

Zugleich verbindet sich mit der jeweiligen Interpretation eine Funktionsbestimmung von Literatur, sofern sie einen historischen Stoff thematisiert. Damit wird ein Zusammenhang zwischen der Wahl der literarischen Mittel – wie etwa der Entscheidung für eine Gattung – und der jeweiligen Interpretation von Geschichte hergestellt, den es im Folgenden zu beachten gilt. Vergleicht man daraufhin, inwiefern die Revolution auf Saint-Domingue bei Seghers und Müller thematisiert wird, gelangt man nicht nur zu einem spezifischen Verständnis von Geschichte, sondern auch zu unterschiedlichen Funktionen, die der jeweilige literarische Text erfüllen soll.

Das Licht auf dem Galgen ist die dritte Erzählung der „Karibischen Geschichten“.[20] Im Frankreich der Restauration erhalten die drei Gesandten des Nationalkonvents – der Arzt Victor Debuisson,

18 Hans-Thies Lehmann: Dramatische Form und Revolution in Georg Büchners *DANTONS TOD* und Heiner Müllers *DER AUFTRAG*. In: Ders.: *Das Politische Schreiben. Essays zu Theatertexten*. Berlin Theater der Zeit 2002, S. 127–147, hier S. 145. Neben Büchner und Seghers zählt Lehmann etwa Becketts *Premier Amour*, Kafkas Erzählungen, Brechts Lehrstücke, insbesondere *Die Maßnahme* und das *Badener Lehrstück*, zu den Prätexten, die als Zitat Teil der Text-Collage Müllers sind (ebd., S. 135). Florian Vaßen: Das Fremde und das Eigene: Projektion, Differenz und Erinnerung in Heiner Müllers *Der Auftrag*. In: Ian Wallace / Dennis Tate / Gerd Labroisse (Hrsg.): *Heiner Müller: Probleme und Perspektiven. Bath-Symposion 1998*. Amsterdam / Atlanta: Rodopi 2000, S. 477–496, führt zusätzlich Jean Genets *Les nègres*, Frantz Fanon *Die Verdammten dieser Erde* und Aimé Césaires Négritude-Poesie auf.

19 Lehmann: Dramatische Form, S. 145.

20 Anna Seghers: Das Licht auf dem Galgen. In: Dies.: *Erzählungen 1952–1962*. Berlin: Aufbau 1977, S. 340–461.

dessen Gehilfe Jean Sasportas sowie der Seemann Galloudec – den Auftrag, einen revolutionären Aufstand in der englischen Kolonie auf Jamaika zu organisieren. Es gelingt ihnen, erste Kontakte zu den schwarzen Sklaven und ‚Mulatten' herzustellen, als jedoch der Aufstand auf Haiti niedergeschlagen wird und Napoleon in Frankreich an die Macht gelangt, hält Debuisson ihren Auftrag für beendet. Nachdem ein bereits vorher geplanter Überfall auf eine Farm misslingt und ein Strafgericht eingesetzt wird, legt Debuisson ein Geständnis ab, das ihn vor der Hinrichtung rettet, während Sasportas hingerichtet wird, weil er sich weigert, jemanden zu verraten. Es ist diese Grundkonstellation und das Thema des Verrats, die Müller in seinem Stück übernimmt, wobei er, wie zu zeigen sein wird, die Figurenkonstellation in einer Hinsicht signifikant ändert. Inwiefern ist aber die Revolution auf Saint-Domingue Gegenstand der Erzählung von Anna Seghers? Kurt Batt hält mit Blick auf die beiden anderen „Karibischen Geschichten" fest, dass das „Thema der indirekten, untergründigen Weitergabe revolutionärer Erfahrung, des namenlosen Opfers, dessen Taten weiterleben" wie es in *Die Hochzeit von Haiti* und in *Wiedereinführung der Sklaverei auf Guadaloupe* vorkommt, eine zentrale Stellung in *Das Licht auf dem Galgen* einnimmt und die Anlage ihrer Erzählung strukturiert.[21] Denn die Geschichte der drei Gesandten wird von einem Matrosen namens Malbec retrospektiv erzählt, der am Ende der Erzählung den Tod Sasportas' kommentiert:

> Jetzt weiß ich auch, was er [gemeint ist Galloudec, K. F.] mit dem Licht gemeint hat. Es scheint nicht bloß auf Sasportas' Leben, es scheint auf alle, mit denen Sasportas zu tun gehabt hat; die wären doch sonst spurlos verschwunden in einem tiefen Wasser oder in einem Urwald; ihre Namen stehen in keinem Buch und auf keinem Denkmal; sie hatten vielleicht nicht einmal richtige Namen. […] Doch haben sie richtige, wichtige Dinge fertiggebracht, genauso richtige, wichtige wie die, die hier in Paris fertiggebracht worden sind. […] So hat doch Jean Sasportas ein wenig Nachruf, leise und vorsichtig, nach etlichen Jahren. Ihr Gedächtnis und meins, das ist keine Ehrensalve, es rühmt ihn aber, es trägt ihn, es hält ihn fest.[22]

Es geht mithin darum, das geschichtsträchtig handelnde, gleichwohl scheiternde Individuum vor dem Vergessen zu bewahren. Damit thematisiere Seghers, so Batt weiter, „die Aufgabe, die sie der Literatur zuweist, Gedächtnis der Revolution zu sein,

21 Kurt Batt: *Anna Seghers. Versuch über Entwicklung und Werke*. Frankfurt am Main: Röderberg 1973, S. 233

22 Seghers: Das Licht auf dem Galgen, S. 460–461.

selbst“.[23] Literatur erscheint an dieser Stelle wirklich als eine alternative Form der Geschichtsschreibung, die fähig ist, ein anderes Gedächtnis bereitzustellen, in dem Erinnerungen an die Personen festgehalten werden, die von der offiziellen Historiographie ausgeschlossen sind. In dem Interpretationskampf darüber, was bewahrenswert und folglich *Geschichte* ist, steht die Literatur auf der Seite der Ausgeschlossenen.
Die Weitergabe revolutionärer Erfahrung bestimmt darüber hinaus auch das Verhältnis der „Karibischen Geschichten“ zueinander, denn es ist die erste Erzählung *Die Hochzeit von Haiti*, die den historischen Rahmen der beiden folgenden Geschichten bildet. Die gemeinsame Veröffentlichung der drei Erzählungen verstärkt den thematischen und zeitlichen Zusammenhang, dessen Anfang die Revolution in Saint-Domingue markiert. Ohne diese, so legt die Anordnung des Bandes nahe, wären die beiden anderen Erzählungen nicht möglich. Gestützt wird diese Perspektive durch die wiederholte Bezugnahme auf die revolutionären Ereignisse auf Haiti in *Das Licht auf dem Galgen*. Das Ereignis hat sich sowohl aufseiten der Sklaven als auch aufseiten der Sklavenhalter im Gedächtnis verankert und bestimmt ihre zukünftigen Handlungen. Der Sklave Bedford etwa erkennt nach seiner Begegnung mit Galloudec, was die Ereignisse auf Haiti für ihn bedeuten und welche Möglichkeiten ihm dies offenbart.

> Jetzt verstand er, wer Toussaint auf Haiti war, der aus uraltem Unrecht, aus zahllosen Sünden und Leiden einen mächtigen Aufstand geschmiedet hatte. Bedfords Begreifen glich der Wirkung der großen Trommel, von der sein Großvater manchmal sprach. Sein Vater hatte daheim noch die Sprache der Trommel verstanden, die zu Krieg oder Frieden aufrief […]. Sie hatte einzelne Männer zu besonderen Taten aufrufen können.[24]

In gegensätzlicher Weise wird Haiti von den Sklavenhaltern als bedrohliches Ereignis empfunden: „Hier geht niemand mehr so sorglos mit den Schwarzen um, wie es früher der Fall war. Wir haben Lehrgeld genug bezahlt. Unsere werden nicht angesteckt von den Bestien in Haiti.“[25] Interessant sind dabei die von Seghers verwendeten Metaphern in Bezug auf die Wirkung und Funktionsweise der Erinnerung an Haiti. Während der Sklave Bedford durch sie an Erzählungen seines Großvaters von ‚der großen Trommel‘ erinnert

23 Batt: *Anna Seghers*, S. 233.

24 Seghers: Das Licht, S. 390.

25 Ebd., S. 405.

wird und so die Möglichkeit bewaffneten Kampfes überhaupt erst in Betracht zieht, erscheint die haitianische Revolution den weißen Sklavenhaltern wie eine Krankheit, deren Übertragung verhindert werden müsse.

Die Erfahrung der Revolution auf Haiti markiert den historischen Konflikt zwischen Schwarzen und Weißen, Kolonisatoren und Kolonisierten. Sie bildet, wie gezeigt, den Hintergrund von *Das Licht auf dem Galgen*. Der persönliche Konflikt in Seghers' Geschichte allerdings beschränkt sich auf die Gruppe der französischen Gesandten und es ließe sich durchaus argumentieren, dass Anna Seghers damit einem kolonialen Diskurs verhaftet bleibt, der zwischen guten und schlechten Weißen unterscheidet; es ist das Schicksal von Sasportas, dem Weißen, der sich für den Auftrag opfert, und nicht das Schicksal eines Sklaven, der vor der Namenlosigkeit gerettet wird.

Genau an diesem Punkt setzt Heiner Müller an, allerdings übernimmt er nicht bloß Motive aus der Erzählung, sondern er verschärft diese noch. Die Grundkonstellation der drei französischen Gesandten Debuisson, Sasportas und Galloudec wird von Müller genauso übernommen wie das Motiv des Verrats durch Debuisson. Die entscheidende Änderung, die Müller vornimmt, besteht nun darin, dass er den historischen Konflikt zwischen Schwarzen und Weißen und den persönlichen Konflikt, der im Verrat gipfelt, in der Figurenkonstellation seines Stücks übereinander legt. Sasportas nämlich, der bei Anna Seghers ein Nachfahre spanischer Juden ist, ist bei Müller ein ehemaliger Sklave, wodurch der Verrat Debuissons ein anderes Gewicht bekommt.[26] Denn es ist paradoxerweise Debuissons Verrat, der die geschichtliche Möglichkeit einer neuen Revolution eröffnet, die von den Schwarzen angeführt werden wird. „Von eurem General, ich habe seinen Namen schon vergessen, wird keine Rede mehr sein, wenn der Name des Befreiers von Haiti in allen Schulbüchern steht", sagt Sasportas und formuliert damit eine Hoffnung, die sich aus der Erinnerung an die Revolution in Haiti speist.[27] Gegen Sasportas' utopische Perspektive, die Veränderung noch für möglich hält, nimmt Debuisson eine pessimistische Position zur Geschichte ein.

26 Seghers: Das Licht, S. 345: „Er war noch sehr jung, ein aufgeweckter und witziger Bursche. Er stammte von spanischen Juden ab. Er wollte Arzt werden. Plötzlich gab er das Studium auf. Er trat in unsere Armee ein. Ich hatte ihn aus den Augen verloren, ich hatte ihn völlig vergessen. Da kam er auf einmal mit diesem Debuisson zu uns. Der war Arzt und nahm Sasportas als Gehilfen mit."

27 Müller: Der Auftrag, S. 35.

In Bezug auf ihren Auftrag, eine Revolution auf Jamaika zu organisieren, sagt Debuisson: „Und wir brauchen unsre Zeit jetzt, um die schwarze Revolution abzublasen, die wir so gründlich vorbereitet haben im Auftrag einer Zukunft, die schon wieder Vergangenheit ist wie die andern vor ihr."[28] Was für Debuisson bleibt, ist eine Rückkehr zur ‚natürlichen' Ordnung. „Die Welt wird was sie war, eine Heimat für Herrn und Sklaven."[29] In einem Traum jedoch kündigt sich für Debuisson eine neue Revolution an:

> Gestern habe ich geträumt, daß ich durch New York ging. Die Gegend war verfallen und von Weißen nicht bewohnt. Vor mir auf dem Gehsteig stand eine goldne Schlange [...] auf dem andern Gehsteig eine andre Schlange. Sie war leuchtend blau. Ich wußte im Traum: die goldne Schlange ist Asien, die blaue Schlange, das ist Afrika. Beim Erwachen vergaß ich es wieder. Wir sind drei Welten. Warum weiß ich es jetzt. [...] Ich will das alles nicht mehr wissen.[30]

Die Bilderwelt von Debuissons Traum wird von Sasportas im Folgenden aufgegriffen, um die kommende Revolution anzukündigen:

> Ich gehe in den Kampf, bewaffnet mit den Demütigungen meines Lebens. [...] Kann sein, mein Platz ist der Galgen, und vielleicht wächst mir der Strick schon um den Hals, während ich mit dir rede statt dich zu töten [...]. Aber der Tod ist ohne Bedeutung, und am Galgen werde ich wissen, daß meine Komplicen die Neger aller Rassen sind, deren Zahl wächst mit jeder Minute [...]. Wenn die Lebenden nicht mehr kämpfen können, werden die Toten kämpfen. Mit jedem Herzschlag der Revolution wächst Fleisch zurück auf die Knochen, Blut in ihre Adern, Leben in ihren Tod. Der Aufstand der Toten wird der Krieg der Landschaften sein, unsre Waffen die Wälder, die Berge, die Meere, die Wüsten der Welt. Ich werde Wald sein, Berg, Meer, Wüste. Ich, das ist Afrika. Ich, das ist Asien. Die beiden Amerika bin ich.[31]

Sasportas kündigt eine Revolution im Namen der Toten an, die allerdings nicht von Europa ausgeht, sondern von der sogenannten ‚Dritten Welt'. Damit erhält aber auch der Titel gebende ‚Auftrag' eine erhebliche metaphorische Erweiterung; zwar wird der Auftrag der drei Gesandten zurückgezogen, aber ein neuer ‚Auftrag' wird formuliert, der nicht mehr der Logik der weißen, begrifflich-rationalistischen Revolutionsideologie folgt, sondern die schwarze Revolution als eine Form der Naturgewalt zeichnet.[32] Hier liegt die

28 Ebd., S. 38.

29 Ebd., S. 33.

30 Ebd., S. 38–39.

31 Ebd., S. 40.

32 Vgl. Norbert Otto Eke: *Heiner Müller. Apokalypse und Utopie.* Paderborn u. a.: Schöningh 1989, S. 139: „An die Stelle der intellektuellen, philosophisch-bürgerlichen

geschichtsphilosophische Hoffnung von Müllers Stück begründet, da ihm eine Zukunftsperspektive eingeschrieben ist, die in der beinahe mythischen Figur des Sasportas ihre Verkörperung findet.

III

Müllers Stück *Der Auftrag* hat verschiedentlich die Kritik auf sich gezogen, er reproduziere in der Figur des Sklaven Sasportas kolonialistische Klischees.[33] Eine solche Kritik ist ernst zu nehmen, allerdings scheint sie die durch Sasportas imaginierte Revolution in einer spezifischen Hinsicht falsch zu verstehen, weil sie dem Autor Müller ein essentialistisches Verständnis von Rasse bzw. Ethnie unterstellt. Dazu einige abschließende Anmerkungen: Der oben zitierte Traum Debuissons ist auch ein Teil des Textes „New York oder das eiserne Gesicht der Freiheit".[34] In diesem Text erscheint New York als Stadt in der „Nachfolge Roms", als „Flaggschiff des Kapitals im BAUCH DER BESTIE",[35] und Müller bedient sich aller sprachlichen Mittel, um den Verfall dieses neuen Imperiums zu imaginieren. New York sei, anders als die Ideologie des Melting Pot verspreche, „ein Ort der Trennung", wo die „Elemente (Rassen Klassen Nationen)" separat blieben „mit keiner anderen Solidarität als der des Geldes".[36] New York sei die Hauptstadt der Banken, eine Stadt, in der das Gesetz des Dschungels gelte, eine Stadt der Einsamkeit und der Extreme, die gleichwohl von der Illusion des American Dream getragen werde, dass jeder es schaffen könne. Müller schließt damit, dass erst „wenn die Verführungskraft der Fassaden schwindet (die den Bewohnern der Hölle den Himmel auf Erden verspricht), […] in den Ghettos eine andre Solidarität aufblühn als die des Kapitals gegen das Elend [kann]."[37] Auch dieser Text Müllers wird von der bereits angesprochenen geschichtsphilosophischen Zukunftsperspektive bestimmt, die

Revolution nach französischem Muster tritt mit dieser Emanzipation des Farbigen unter Führung des weißen Europäers die körper-konkrete Natur-Revolte der Dritten Welt […]."

33 So etwa Gerhard Fischer: Die „Auferstehung der Lebenden". Eine interkulturelle, theatrale Kritik zu Heiner Müllers Der Auftrag. In: Wallace / Tate / Labroisse (Hrsg.): *Heiner Müller*, S. 457–476; Florian Vaßen: Das Fremde und das Eigene.

34 Heiner Müller: New York oder das eiserne Gesicht der Freiheit. In: Ders.: *Werke*, Bd. 8: Schriften. Frankfurt am Main: Suhrkamp 2005, S. 327–331.

35 Ebd., S. 328.

36 Ebd., S. 329.

37 Ebd., S. 331.

davon spricht, dass ab einem bestimmten Moment in der Geschichte eine alternative Form der Solidarität aufkommen wird. Doch wie könnte eine solche Solidarität aussehen? *Der Auftrag* bietet für eine solche Solidarität einige Anhaltspunkte. Da wäre zum einen die Figur des Galloudec, der Debuissons Entschluss, den Auftrag fallen zu lassen, wie folgt kommentiert:

> Ich bin ein Bauer, ich kann so schnell nicht denken. Ich habe meinen Hals riskiert ein Jahr und länger [...] alles für diese faule Masse von schwarzem Fleisch, das sich nicht bewegen will außer unterm Stiefel, und was geht mich die Sklaverei auf Jamaika an, bei Licht besehn, ich bin Franzose, warte, Sasportas, aber ich will auf der Stelle schwarz werden, wenn ich begreife, warum das alles nicht mehr wahr sein soll und ausgestrichen und für nichts, kein Auftrag mehr, weil in Paris einen General der Hafer sticht.[38]

Dass der Bauer Galloudec „auf der Stelle schwarz“ werden möchte, legt nahe, dass das Schwarzwerden keine Frage der Hautfarbe ist, an die sich alle möglichen Formen eines kolonialistischen oder rassistischen Diskurses anschließen ließen. Auch Sasportas spricht ja in der oben zitierten Rede davon, dass seine „Komplicen die Neger aller Rassen“ seien. ‚Negersein‘ ist demnach keine ethnische Zuschreibung, sondern eine soziale. Man geht sicherlich nicht fehl, wenn man in dem ‚Aufblühen einer anderen Solidarität‘ das angedeutete Verhältnis zwischen Sasportas und Galloudec erkennt, die beide zu den ausgebeuteten und unterdrückten Massen gehören. Diese zukünftige Solidarität geht über ethnische Grenzen hinweg: In ihr ist jeder Ausgeschlossene ein ‚Neger‘, und zwar unabhängig von der Hautfarbe. In diesem Sinne hat Heiner Müller, angesprochen auf die Widmung „Für Nelson Mandela“ seiner Büchner-Preis-Rede „Die Wunde Woyzeck“, erläutert, dass es gerade nicht die Hautfarbe sei, die einen Menschen zu einem ‚Neger‘ mache.

> Woyzeck ist ein weißer Neger. Und ob man ein Neger ist oder nicht, ist nicht von der Hautfarbe abhängig. Deswegen die Widmung für Nelson Mandela. Das ist der dienstälteste Gefangene der Welt, jetzt glaube ich ... Und eigentlich nur, weil er die Rassenfrage als Klassenfrage gestellt hat. Und darum geht es eigentlich: hinter der Rassenfrage die Klassenfrage wiederaufzufinden.[39]

Situiert man Müllers Stück in diesen Zusammenhängen wird das utopische Potential des Stückes deutlich, da es eine Revolution aller Unterdrückten unabhängig von ethnischen Differenzen imaginiert.

38 Müller: Der Auftrag, S. 34.

39 Heiner Müller: Heiner Müller in dem Film „Lieb’ Georg“. In: Ders.: *Werke*, Bd. 8: Schriften, S. 346–347, hier S. 347.

Diese schwarze Revolution gegen die weiße Welt hatte ihren ersten Höhepunkt in der Revolution auf Saint-Domingue gefunden. Dass sie nicht wiederholt werden konnte, ist nicht zuletzt darauf zurückzuführen, dass eine schwarze Revolution unter weißer Führung, wie sie auf Jamaika versucht worden ist, die ethnische Differenz unberührt lässt. Das ist präzise der Punkt, den Müller an Seghers' Erzählung korrigiert und ihrer Geschichte die Möglichkeit einer ethnisch blinden Weltrevolution entgegensetzt, bei der schwarz und weiß keine Hautfarben bezeichnen, sondern Klassenlagen. In diesem Sinne hätte der Marxist Müller schreiben können: „Neger aller Länder, vereinigt euch."

III.
Literatur als andere Geschichtsschreibung

Der Papiertod und der Exzess der Wörter
Die *Häretische Historie* bei Jacques Rancière

Christian Sternad*

> Die Welt der stummen Zeugen, die der Historiker einer Bedeutung ohne Lügen zuführt – genau das wird die Historie unseres Jahrhunderts als ihre Domäne einfordern.
>
> (Jacques Rancière, *Die Namen der Geschichte*)

Einleitung

Aus zeitgenössischen Diskursen verschiedenster Herkunft ist der Name Jacques Rancière kaum mehr wegzudenken. Mit eigenwilliger Verzögerung, aber umso nachhaltigerem Einfluss hat das Denken Rancières seinen Weg in die jeweiligen Fachbereiche gefunden, die von der Philosophie über die Politische Theorie bis hin zur Literatur-, Film- und Kunsttheorie reichen. Die zahlreichen Erscheinungen von Darstellungen und Einführungen der letzten Jahre scheinen diesem vielfältigen Einfluss an Gewicht zu verleihen.[1] Wenig beachtet wurde bisher jedoch Jacques Rancières Bedeutung für die Geschichtswissenschaft. Dies erscheint gerade insofern verwunderlich, als Rancière zumindest zeitweise explizit historische Arbeit leistete, an einschlägig historiographischen Projekten beteiligt war (wie etwa an der

1 Ich greife unter gegebenem Anlass vor allem drei Darstellungen heraus, welche sich unter anderem auch mit Rancières Verhältnis zur Geschichtswissenschaft beschäftigen: Jean-Philippe Deranty (Hrsg.): *Jacques Rancière: Key Concepts*. Durham: Acumen 2010; Gabriel Rockhill / Philip Watts (Hrsg.): *Jacques Rancière: History, Politics, Aesthetics*. Durham: Duke University Press 2009; Oliver Davis: *Jacques Rancière*. Cambridge: Polity 2010.

* Der vorliegende Text wurde im Rahmen des FWF-Forschungsprojekts „Religion jenseits von Mythos und Aufklärung“ (FWF P 23255-G19) erarbeitet.

Zeitschrift *Les Révoltes logiques*[2] von 1975 bis 1981) und letztlich zwei wichtige historiographische bzw. historiographie-theoretische Werke hinterlassen hat: *La nuit des prolétaires* 1981 (*Die Nacht der Proletarier*[3]) und *Les noms de l'histoire* 1992 (*Die Namen der Geschichte*).

Die folgenden Ausführungen haben zum Ziel, die bisher wenig beachtete Bedeutung Rancières für die Geschichtswissenschaft anhand seines historiographie-theoretischen Hauptwerks *Die Namen der Geschichte* auszuloten und die Hauptthesen vor dem Hintergrund seines Denkens deutlich zu machen. Im Zentrum der Ausführungen steht der „dreifache Vertrag"[4] der Historie, welcher die Bereiche der Wissenschaft, der Literatur und der Politik aneinanderbindet und in dessen Brennpunkt sich Rancières Konzept der „häretischen Historie" entwickelt. Abschließend soll der Frage nachgegangen werden, wie diese häretische Historie mit einer emanzipatorischen bzw. demokratischen Dimension der Geschichtswissenschaft zusammenhängt.

1. Ordnungen des historischen Wissens

Für Rancières historiographie-theoretische Überlegungen ist der Gedanke leitend, dass jegliche Wahrnehmung und Erkenntnis auf eine sinnstiftende Ordnung angewiesen ist. Solche epistemologischen Ordnungen bilden den spezifischen Bedeutungshorizont, welcher den jeweiligen historischen Gegenstand erst *als* diesen Gegenstand erscheinen lässt bzw. die Weisen dieses Erscheinens reguliert. Vor diesem Hintergrund ist zu folgern, dass diese Ordnungsstrukturen bestimmten historischen Gegenständen ein bedeutungshaftes Erscheinen erlauben, jedoch auch anderen Gegenständen, welche nicht mit dieser Ordnungsstruktur in eine sinnhafte Verbindung zu bringen sind, ein bedeutungshaftes Erscheinen versagen. Daran ist zunächst nichts verdächtig, da dies gewissermaßen die Standardsituation einer jeden hermeneutisch verfahrenden Wissenschaft darstellt, also ebenso auch der Geschichtswissenschaft. Vor dem Hintergrund einer spezifischen Forschungsfrage erscheinen spezifische Dokumente und Schriftstücke, Subjekte und Regionen und deren vielfache

2 Vgl. Mischa Suter: Ein Stachel in der Seite der Sozialgeschichte: Jacques Rancière und die Zeitschrift *Les Révoltes logiques*. In: *Sozial.Geschichte Online* 5 (2011), S. 8–37; Davis: *Jacques Rancière*, S. 36–52; Jean-Philippe Deranty: Logical Revolts. In: Ders. (Hrsg.): *Jacques Rancière*, S. 17–24.

3 Jacques Rancière: *Die Nacht der Proletarier. Archive des Arbeitertraums*. Wien: Turia + Kant 2013.

4 Rancière: *Die Namen der Geschichte*, S. 18–19.

Interdependenzen relevant, andere fallen aus dieser Forschungsfrage heraus. Es ist jedoch wichtig hervorzuheben, dass keine dieser Ordnungen sakrosankt und apodiktisch ist, weil sich diese epistemologischen Ordnungen selbstverständlich je nach Situation, Zeit und Kontext verschieben können und dementsprechend wiederum andere Wege zu einer entsprechenden Konfiguration des historischen Wissens offen halten.

Jeder Gegenstand erscheint insofern immer nur *vor* dem Hintergrund einer spezifischen Ordnung, welche dementsprechende Konfigurationen historischen Wissens bedingt, zugleich jedoch auch spezifische Ausschlussmechanismen impliziert. So sind beispielsweise das Denkbare innerhalb der Philosophie, das Darstellbare der Kunst, das Beschreibbare der Geschichte, die Möglichkeiten der Politik schon *a priori* durch einen Rahmen beschränkt, welcher allen diesen Möglichkeiten der Wahrnehmung und Erkenntnis vorausliegt. Dieser Rahmen betrifft somit nicht nur die faktische Konfiguration des Wissens, sondern auch die Möglichkeit als solche, insofern jeweilige Ordnungen des Wissens wiederum nur spezifische Spektren von Möglichkeiten erlauben. Rancière bezeichnet dies als „ursprüngliche Ästhetik“[5] (von altgriech. αἴσθησις, der „Wahrnehmung“) oder auch als „ästhetisches Regime“[6], also als ein Wahrnehmungsfeld, in welchem nur bestimmte Schritte möglich und bestimmte historische Gegenstände erkennbar sind. Es bezeichnet in Rancières Worten einen „Rahmen der Sichtbarkeit und Intelligibilität, der Dinge oder Praktiken unter einer Bedeutung vereint.“[7]

Solche ästhetische Regime sind vielfältig und an den verschiedensten Orten zu finden. Sie ermöglichen und verhindern *zugleich* die Erscheinung von bestimmten historischen Gegenständen und Subjekten. Rancières zeitweilige rein historiographische Tätigkeit, wie beispielsweise in der *Nacht der Proletarier* oder seiner Arbeit in den *Révoltes logiques*, lässt die Motivation erkennen, die jeweiligen ästhetischen Regime in der traditionellen Historiographie zu durchbrechen und gerade jenen zu einer Stimme zu verhelfen, die in dem

5 Jacques Rancière: *Die Aufteilung des Sinnlichen. Die Politik der Kunst und ihre Paradoxien.* Berlin: b-books 2006, S. 27.

6 Ebd.; vgl. ferner Ruth Sonderegger: Ästhetische Regime. http://www.igbildendekunst.at/bildpunkt/2010/regimestoerungen/sonderegger.htm (Zugriff am 01.05.2014).

7 Rancière: *Die Aufteilung des Sinnlichen*, S. 71.

gängigen Diskurs entweder gar nicht vorkommen oder deren Stimmen nur indirekt mittels der Interpretation anderer sichtbar werden. Was Michel Foucault in der *Ordnung der Dinge* noch als „historische[s] Apriori“[8] bezeichnet hatte, wird bei Rancière somit um eine spezifische Art der historiographie-politischen Intervention erweitert. Wie etwa in *Die Nacht der Proletarier* deutlich zu sehen ist, möchte Rancière die Arbeiterklasse einer bestimmten Region und Zeit nicht nur unter dem gängigen (die Arbeiterklasse subordinierenden) Ordnungsraster beschreiben – und damit indirekt diesen Ordnungsraster und die damit verbundene Unterdrückung fortschreiben –, sondern durch konkrete und fundamental ansetzende historiographische Heterodoxalitäten den Ordnungsraster selbst in Frage stellen und verschieben. Es gilt somit Rancière zufolge, „die Ordnung der Dinge umzustürzen, die Individuen, Klassen und Diskursen ihren Platz zuweist.“[9] Diese „ästhetische Revolution“[10], wie sie Rancière an anderer Stelle bezeichnet hat, irritiert den Rahmen soweit, bis diese ungehörten Stimmen zur Sprache kommen und somit die Bühne der (historischen) Sichtbarkeit betreten können.

Für Rancière ist daher jegliche Form der Historiographie notwendig mit einer spezifischen Form der ‚Politik‘ verbunden. Entweder sie schreibt eine bestehende Ordnung mitsamt ihren legitimierten Praktiken und Techniken, d. i. eine „Aufteilung des Sinnlichen“[11], fort, oder sie stellt dieser Ordnung eine andere bzw. neue Ordnung entgegen, welche zu einer Rekonfiguration des historischen Wissens nötigt. Wie Rancière in *Das Unvernehmen*[12] argumentiert, ist gerade letzterer – also der Ort des Dissenses zwischen diesen epistemologischen Ordnungen – der Ort der Politik(en) der Historiographie, weil er zu einer Neuverteilung der Stimmen, der Sichtbarkeiten, der historisch-politischen Mächte, etc. Anstoß gibt. Entgegen dem herkömmlichen Verständnis versteht also Rancière unter Politik gerade jenen Moment, in welchem eine herkömmliche Ordnung ihren ‚sicheren Griff‘ verliert und die Wege und Möglichkeiten der bis dahin angewandten Distribution der Plätze, welche notwendigerweise mit dementsprechenden

8 Michel Foucault: *Die Ordnung der Dinge*. Frankfurt am Main: Suhrkamp 1978, S. 27.

9 Rancière: *Die Nacht der Proletarier*, S. 17.

10 Jacques Rancière: *Der Philosoph und seine Armen*. Wien: Passagen 2010, S. 296.

11 Rancière: *Die Aufteilung des Sinnlichen*, S. 25.

12 Jacques Rancière: *Das Unvernehmen. Politik und Philosophie*. Frankfurt am Main: Suhrkamp 2002, S. 14–54.

Befugnissen und Restriktionen einhergehen, neu verhandelt werden müssen. Unter diesem Gesichtspunkt bestünde die spezifische *Politik der Historiographie* gerade darin, einen Dissens mit den Ordnungsregimen der gängigen Historiographie zu erzeugen, um somit einen kalkulierten Exzess der historischen Gegenstände und Subjektivitäten zu ermöglichen – sozusagen eine literarische Revolution auf Ebene des historiographischen Textes selbst.

2. Der dreifache Vertrag der Historiographie

Nach Rancière unterhält die Geschichtsschreibung in ihrem inneren Kern einen „dreifachen Vertrag"[13], welcher einen wissenschaftlichen, einen narrativen und einen politischen Vertrag zusammenschließt. Der *wissenschaftliche Vertrag* kommt zustande, indem die Historiographie den Anspruch der Wissenschaftlichkeit erhebt. Sie will nicht nur eine fiktive Erzählung sein, sondern sie will der unter den Bergen von Dokumenten verborgenen Wahrheit auf die Spur kommen und deren Struktur sichtbar werden lassen. Dies versucht sie anhand ihres mittlerweile breiten Methodenkatalogs, welcher ihr den Status der Wissenschaftlichkeit zusichert: exakte Berechnung, Demographie, Statistik, Quellenkritik, etc. Einen *narrativen Vertrag* unterhält sie insofern, als sie diese durch ihre Arbeit entborgenen Strukturen sichtbar machen will. Sie muss von ihren Entdeckungen erzählen und jene dem noch Unkundigen deutlich machen. Dabei hat diese Erzählung, wie jede andere auch, notwendig einen Anfang und ein Ende, Subjekte und Ereignisse, welche in einer spezifischen Form der Narration in Verbindung gesetzt und so vermittelt werden. Zuletzt unterhält die Historiographie einen *politischen Vertrag*, welcher durch die narrative Vermittlung der wissenschaftlichen Erkenntnisse zustande kommt. Der Historiker erzählt bestimmte Ereignisse, er erzählt von bestimmten Subjekten und verbindet die ihm vorliegenden historischen Informationen in einer bestimmten Weise. Er bereitet sie auf, vermittelt sie einem Leser anhand eines unsichtbaren Rasters dessen, was für ihn von Wichtigkeit ist und was er der zeitgenössischen Welt berichten will. Politisch ist insofern also die (zumeist dem Historiker selbst nicht einmal bewusste) Entscheidung darüber, was von Bedeutung ist und was nicht, in welcher Art und Weise etwas erzählt und konzeptualisiert wird, während etwas anderes vielleicht gar keine Erwähnung

13 Rancière: *Die Namen der Geschichte*, S. 18–19.

findet. Dieser letzte Vertrag birgt in der Tat die gesamte Komplexität und Widersprüchlichkeit des dreifachen Vertrags in sich, da er die Art und Weise bezeichnet, wie die gegenwärtige Welt auf die Geschichte Bezug nimmt und welche Fragen sie an diese stellt.

In diesen dreifachen Vertrag verwickelt sich die Historiographie ohne ihre explizite Zustimmung, weil sie nicht *überdies*, sondern *notwendig* narrativ ist.[14] Sie muss erzählen und ihre Ergebnisse in eine sinnvolle und konsistente Struktur bringen, wenn sie vermeiden will, dass ein überwältigender Berg an historischer Information stumm vor ihr liegen bleibt oder gar in die zusammenhangslose Pluralität atomisierter historischer Informationsstücke zerfällt. Der Gegenstand, von welchem die Historiographie handelt, muss zum Sprechen gebracht werden und genau in diesem Moment drängt sich die narrative Dimension der Historiographie auf. Das historiographische Dilemma, welches mit dieser notwendigen Narrativität einbricht, ist somit in den Worten Rancières nicht die Frage des „*entweder* Erzählung *oder* Wissenschaft", sondern das unumgängliche Faktum des „*sowohl* Wissenschaft *als auch* Erzählung".[15]

Was die historiographie-theoretische Debatte rund um den *linguistic turn*[16] in der Geschichtswissenschaft, angestoßen mitunter durch die Arbeiten von Hayden White[17], somit verarbeiten musste, war der Umstand, dass sie an ihrer narrativen Dimension nicht vorbeikommt, auch wenn sie sich auf objektiv-wissenschaftliche Methoden stützt.[18] So wissenschaftlich, abstrakt und objektiv ihre Methoden

14 Vgl. Rancière: *Die Namen der Geschichte*, S. 147. An dieser Stelle ist die Verbindung zu Hayden White mehr als deutlich. Die englische Ausgabe wird nebenbei bemerkt mit einem Vorwort von Hayden White eröffnet. Hayden White: Foreword: Rancière's Revisionism. In: Jacques Rancière: *The Names of History. On the Poetics of Knowledge.* Minneapolis / London: University of Minnesota Press, S. vii–xix.

15 Rancière: *Die Namen der Geschichte*, S. 15.

16 Die ergiebigste Information über diese Debatte liefert der Sammelband Christoph Conrad / Martina Kessel (Hrsg.): *Geschichte schreiben in der Postmoderne. Beiträge zur aktuellen Diskussion.* Stuttgart: Reclam 1994; darüber hinaus das in seiner Kürze und Prägnanz bestechende Buch von Hans-Jürgen Goertz: *Unsichere Geschichte.* Stuttgart: Reclam 2001.

17 Die drei wichtigsten Werke sind, geordnet nach ihrer Erscheinung im Original: Hayden White: *Metahistory. Die historische Einbildungskraft im 19. Jahrhundert in Europa.* Frankfurt am Main: Fischer 1991; ders.: *Die Bedeutung der Form. Erzählstrukturen in der Geschichtsschreibung.* Frankfurt am Main: Fischer 1990; ders.: *Auch Klio dichtet oder die Fiktion des Faktischen. Studien zur Topologie des historischen Diskurses.* Stuttgart: Klett Cotta 1991.

18 Dies bringt Rancière in die Nähe von Paul Veynes Argumentation in Paul Veyne: *Geschichtsschreibung. Und was sich nicht ist.* Frankfurt am Main: Suhrkamp 1990.

auch stets sein mögen, sie muss letztlich immer ihre erzielten Ergebnisse ordnen, strukturieren, aufbereiten und vermitteln – und es ist gerade jene Ordnung, Strukturierung, Aufbereitung und Vermittlung, welche nicht in wissenschaftlicher und objektiver Art und Weise aus den Dokumenten selbst folgt. Die Dokumente liefern nicht ihre Geschichte und die Struktur ihrer Vermittlung mit sich, denn ansonsten bedürfte es der Arbeit des Historikers nicht. Die Dokumente müssen zum Sprechen gebracht werden und gerade dieser narrative Prozess wird selbst bei den striktesten wissenschaftlichen Regeln immer die Objektivität der Historiographie und ferner die Wissenschaftlichkeit der Geschichtswissenschaft durchkreuzen. Nur vor diesem Hintergrund kann Paul Veyne in *Geschichtsschreibung. Und was sie nicht ist* behaupten: „Geschichte ist keine Wissenschaft und hat von den Wissenschaften nicht viel zu erwarten."[19]

Rancière zufolge stellt sich die Frage der literarischen Dimension der Geschichtswissenschaft im Ausgang vom *linguistic turn* somit unter wesentlich anderen Vorzeichen: „Die Frage ist allerdings nicht, ob der Historiker Literatur machen soll oder nicht, sondern welche er macht."[20] Jede spezifische Erzählform lässt dabei gewisse Momente, Gegenstände, Subjekte, etc. sichtbar werden, manche jedoch auch vor anderen zurücktreten oder gar ganz verschwinden. Ob sie dies absichtlich tut oder nicht, ist dabei wie schon erwähnt von zweitrangiger Bedeutung. Fest steht lediglich, dass diese stets selektive Narrativität keine Nachlässigkeit oder Ausflucht, sondern eine *Notwendigkeit* der Historiographie darstellt, anhand derer sich die drei Verträge zu einem dreifachen Vertrag der Historie zusammenschließen.

3. Die hermeneutische Unterdrückung

Den Ausführungen Rancières folgend, führte die klassische Historiographie, aber auch die radikale Erneuerung der Geschichtswissenschaft durch die Schule der *Annales*[21] in eine folgenreiche „hermeneutische Unterdrückung"[22], die zugleich eine politische

19 Ebd., S. 9.

20 Rancière: *Die Namen der Geschichte*, S. 147.

21 Vgl. Peter Burke: *Die Geschichte der ‚Annales'. Die Entstehung der neuen Geschichtsschreibung*. Berlin: Wagenbach 2004.

22 Ich entlehne diesen sehr passenden Ausdruck den Ausführungen von Philip Watts, der von einer „hermeneutic oppression" spricht (vgl. Philip Watts: Heretical History and the Poetics of Knowledge. In: Deranty (Hrsg.): *Jacques Rancière*, S. 104–115, hier S. 107).

Unterdrückung zur Folge hat. Diese Unterdrückung kommt vor allem durch zwei Momente zustande:
Zum einen orientierte sich die traditionelle Geschichtswissenschaft hauptsächlich an Dokumenten und diplomatischen Beziehungen der regierenden Schicht (zum Großteil aus pragmatischer Sicht hinsichtlich der Dokumentenlage). Was für sie zählt, sind die Leben und Wirkungskreise von königlichen Familien und sonstigen wichtigen historischen Individuen, deren Beziehungen zueinander und deren historisch-politische Auswirkungen. Insofern sich die Historiographie an diesen Dokumenten ausrichtet, schreibt sie, ohne dies vielleicht explizit anzustreben, eine Geschichte der Unterdrückung fort, welche nur einer bestimmten Klasse von historischen Subjekten zu historischer Bedeutung verhilft. Die implizite Logik einer solchen „monarcho-empiristischen"[23] Historiographie, wie sie Rancière etwas polemisch nennt, besteht unter der Hand in der Logik, alle historischen Entwicklungen auf eine bestimmte Klasse historischer Subjekte zu reduzieren. Die im Dünkel der Dokumente versinkende große Masse an Menschen tritt dabei vor den königlichen Leben ihrer Regenten zurück und findet nur indirekte, ‚stumme' Erwähnung. Wenn die Masse nämlich Erwähnung findet, dann nur in dem Maße als sie sich als regiert bzw. ihren Worten enteignet wiederfindet. Sie selbst spricht nicht, ihre einzelnen Mitglieder sprechen nicht, sondern sie werden als Beiwerk der königlichen Regentschaft in Form eines stummen Kollektivsubjekts *be*sprochen. Ebenso reduziert sich ihre historische Bedeutung lediglich auf jene königlichen Leben, an welchen sie nicht Teil hat, auf welche sie selbst kaum Einfluss besitzt und welche ihrer letztlich auch kaum bedürfen.
Zum anderen entsteht diese hermeneutische Unterdrückung durch die Wissenschaftlichkeit der Geschichtswissenschaft als solcher, welche unter anderem mit den neuartigen Methoden der *Annales*-Schule Einzug gehalten hat. Was als Fortschritt der Geisteswissenschaften und somit zugleich als Wissenschaftlichkeit der Geschichtswissenschaft gefeiert wurde – d. i. die exakten und großflächigen Darstellungen in Demographie, Statistik, historischer Soziologie, etc. im Sinne der *longue durée* –, besiegelte Rancière zufolge zugleich auch deren Fluch.[24] Die große Masse findet in diesen Darstellungen vielleicht

23 Vgl. Rancière: *Die Namen der Geschichte*, S. 37.
24 Vgl. Watts: Heretical History and the Poetics of Knowledge, S. 104.

Erwähnung, ihre konkreten Individuen danken jedoch unter großflächigen Strukturen, Statistiken und Kontexten ab und erfahren dadurch wiederum nicht den Status sprechender historischer Subjekte. Die historischen Entwicklungen reduzieren sich hierbei zwar nicht mehr auf die bloßen Effekte der königlichen Leben einzelner, jedoch verweist die großflächige Beschreibung historischer Entwicklungen einer *longue durée* die Masse an die Deutungsmacht des Historikers, ohne welchen sich die Masse selbst nicht im historischen Kontext situieren kann. Sie ist zwar Material der Geschichte, sie hat jedoch selbst keinen Einblick in die sozio-historischen Kraftlinien, denen sie unterliegt. Obgleich Rancière also die *Annales*-Schule für ihren Versuch, sich nicht an der königlich-diplomatischen Geschichtsschreibung zur orientieren, lobt, so besiegelt seiner Einschätzung zufolge die Art und Weise ihrer Besprechung jedoch eine endgültige Verstummung der Massen. Sie finden unter dem Anschein der historischen Sichtbarkeit Erwähnung, jedoch nur, um aufgrund ihrer Stummheit im hellsten Licht der historiographischen Aufmerksamkeit umso nachhaltiger von der historischen Bühne verstoßen zu werden.

Rancière kommt zur Verdeutlichung seiner Argumentation beispielhaft auf zwei bekannte historiographische Darstellungen der Französischen Revolution[25] zu sprechen, welche für ihn emblematische Strukturen der historiographischen Problematik offenbaren: Jules Michelets *Histoire de la Révolution française* und François Furets *Penser la Révolution française*: Rancière interessiert sich zunächst für die Frage, warum die *Annales*-Schule Jules Michelet zum gewissermaßen paradoxen Gründervater ihrer Bewegung ernannt hat. Er demonstriert in eingängiger Lektüre, inwiefern Michelet sich auf seine einzigartige Weise den Gepflogenheiten der wissenschaftlichen Historiographie entwunden hat, insofern er innerhalb seiner Narration mittels einer Alteration der narrativen Tempora und Personen eine Transformation der gängigen Darstellung erreicht.[26] Michelet bringt die herkömmliche historiographische Distanz ins Wanken, insofern er sich als Historiker in die Mitte des Papierbergs des Volkes stellt und

25 Warum Rancière gerade auf die Französische Revolution zu sprechen kommt, hat neben inhaltlichen Gründen (dem Topos der Revolution und der Gleichheit) auch rein biographische Gründe, wie Philip Watts bemerkt: „The arguments in *The Names of History* were first developed in a series of lectures coinciding with the bicentennial of the French Revolution". (Watts: Heretical History and the poetics of knowledge, S. 106.)

26 Vgl. Rancière: *Die Namen der Geschichte*, S. 26.

aus diesem heraus in der Gegenwartsform die Vergangenheit zum Sprechen bringt. Obgleich romantisch überhöht, illustriert Michelet einen bebenden Volkskörper und hebt somit das Volk in den Rang eines historischen Subjekts, welches seiner selbst bewusst die Revolution herbeisehnt. Anstatt also die Revolution von oben herab als anonyme Bewegung einer stummen Masse darzustellen, verleiht Michelet in seiner Darstellung dem Volk eine Stimme, Gesichter und allem voran das Bewusstsein über dessen Handlungen und die soziohistorischen Kraftlinien, aus welchen heraus sich dessen Revolution erhebt. Obgleich hier Michelet für Rancière in einer gewissen Art und Weise einen Ausweg aus der herkömmlichen Historiographie bahnt, geht Michelet Rancière zufolge zu weit bzw. nicht weit genug. In letzter Konsequenz lässt Michelet das Volk nämlich nur durch ihn als Historiker sprechen – Michelet macht sich zum Bauchredner des Volkes, indem er deren Papierberge seiner Stimme einverleibt. Das Volk selbst spricht jedoch nicht, sondern geht in der Paraphrase und der Deutung des Historikers mitsamt dessen revolutionären Pathos auf. Philip Watts hebt in seiner Darstellung deutlich hervor: „Michelet shows the paperwork of the poor, but in his paraphrases he papers over ‚the democratic disturbances of speech'."[27] Die von Rancière attestierte demokratische Beunruhigung wird sozusagen in der Ruhe und Bedächtigkeit der Stimme von Michelet aufgefangen und der aufbrechende Dissens somit homogenisiert.

Als starkes Gegenbeispiel zu Michelet ist für Rancière François Furets Darstellung der Französischen Revolution bezeichnend, welcher zum Zeitpunkt des Erscheinens seines Buches die Interpretation der Französischen Revolution von den dominierenden Diskursen marxistischer Historiographie lösen wollte. Furet entfernt sich folglich in seiner Darstellung deutlich vom Pathos revolutionärer Diskurse und spricht dem Volk vielmehr eine Rolle zu, in welcher dieses, dem Ereignis der Revolution nicht bewusst, etwas zustande bringt, über das es keine weitere Kenntnis besitzt. Es ist sozusagen der historischen Bedeutung seiner eigenen Handlung beraubt und kann die Gründe und Kraftlinien des Ereignisses nicht erfassen, für die es letzten Endes nicht einmal selbst verantwortlich ist. Es findet sich insofern zwar erwähnt, jedoch ist es nicht bewusster Agent in einer historischen Situation, sondern allemal stummes und unbewusstes

27 Watts: Heretical History and the Poetics of Knowledge, S. 108.

Material der Geschichte, dessen Handlungen nahe an der historischen Überflüssigkeit vorbeigleiten. Furets Darstellung ist für Rancière insofern fatal, als er das Volk zwar auf die Bühne der Historiographie zerrt, ihm jedoch zum einen im selben Moment den stummen und seiner historischen Situation nicht bewussten Abgang aufzwingt und ihm zum anderen die Effektlosigkeit seiner revolutionären Agitation vorführt. Obgleich also Furet das Volk als historisches Subjekt erwähnt, bespricht er es in Form eines bloßen historischen Materials und enteignet es somit hinsichtlich seiner Stimme und seiner bewussten Handlungsfähigkeit, während das Ereignis der Französischen Revolution selbst letztlich wieder auf die Handlungen einer historisch-politischen Elite reduziert wird. Das Ereignis der Französischen Revolution ist insofern gerade kein demokratisches Ereignis, denn es ist weder demokratisch noch überhaupt ein revolutionäres Ereignis.

Rancière bemüht sich also, indem er die konkrete „Werkstatt des Historikers“[28] am Beispiel verschiedener historiographischer Darstellungen der Französischen Revolution betritt, deutlich zu machen, dass jede historiographische Narration spezifische politische Dimensionen impliziert. Am Beispiel der verschiedenen historiographischen Darstellungen der Französischen Revolution macht Rancière anschaulich, inwiefern die narrative Figur selbst historische Subjektivität im Sinne einer sprechenden und bewussten Agitation einsetzt oder gerade umgekehrt verhindert. Philip Watts hat diese Stoßrichtung prägnant zusammengefasst, wenn er schreibt:

> *The Names of History* denounces a form of hermeneutic oppression, in which the thought, words and actions of others, in particular the working poor, are turned into forms of non-thought, misconceptions and eventually silence.[29]

Rancière interessiert sich also zuvörderst für die Enteignung des Volkes hinsichtlich seiner Stimme und seines bewussten Bezuges zu seiner historisch-politischen Situation – der Bevormundung des Volkes durch eine wissende Elite oder auch einen wissenden Historiker, welcher dem Volk in gewisser Weise seine historische Subjektivität und bewusste Verfügung über die eigene revolutionäre Handlung abnimmt.

28 Rancière: *Die Namen der Geschichte*, S. 19.

29 Watts: Heretical History and the Poetics of Knowledge, S. 107.

4. Der Papiertod und der Exzess der Wörter

Für Rancière besteht das theoretische Ereignis der *Annales*-Schule in der Entscheidung, eine Geschichte zu schreiben, welche sich nicht mehr an der königlichen Hierarchie anlehnt. Emblematisch ist für Rancière die Figur Fernand Braudels, welcher an entscheidender Stelle seines historiographischen Werks *Das Mittelmeer und die mediterrane Welt in der Epoche Philipps II.* ein wesentliches Ereignis einer jeden klassisch verfahrenden historiographischen Darstellung entscheidend transformiert, nämlich nichts weniger als den Tod König Philipps II. Rancière schreibt:

> Das theoretische Ereignis, mit dem das Buch schließt, lautet, daß der Tod des Königs kein Ereignis mehr ist. Der Tod des Königs bedeutet, daß die Könige als zentrale Gestalten und Mächte der Geschichte tot sind.[30]

In seiner Bevorzugung von geographischen, klimatologischen, sozialen und ökonomischen Faktoren stürzt Braudel den König sozusagen in seiner epistemologischen bzw. historischen Bedeutung und schreibt damit seinen „Papiertod"[31]. Auf diese Weise signalisiert Braudel, dass individuelle Personen nicht länger den primären Antrieb der Geschichte darstellen und die historiographische Darstellung sich an andere Ankerpunkte der historischen Erklärung halten kann oder sogar muss. Oliver Davis hat die weitreichende Konsequenz von Braudel prägnant zusammengefasst:

> The message in this order of exposition is clear: individual people are no longer the atoms of history, their deeds, the events they apparently initiated or in which they were involved, are no longer the basic building blocks in historical explanations of social change.[32]

Für Rancière ist Braudels Entscheidung von weitreichender Bedeutung, weil im Moment des königlichen Papiertods die gesamte epistemologische Hierarchie und der gesamte „monarcho-empiristische"[33] Begründungszusammenhang in dessen Struktur aufgebrochen wird. Der traditionelle sinnstiftende Bedeutungsrahmen wird irritiert und die tradierten (königlichen) Orientierungspunkte der Sinnstiftung verlieren ihre Relevanz. Vor diesem Hintergrund wäre es gerechtfertigt zu behaupten, dass Rancière in seiner Interpretation den marxistischen Revolutionsdiskurs in den epistemologischen

30 Rancière: *Die Namen der Geschichte*, S. 22.

31 Ebd., S. 36.

32 Davis: *Jacques Rancière*, S. 64.

33 Vgl. Rancière: *Die Namen der Geschichte*, S. 37.

Begründungszusammenhang der Historiographie selbst einführt. Dabei handelt es sich nicht um ein Einklagen revolutionärer Diskurse in eine weiterhin traditionell verfahrende Historiographie, sondern um eine revolutionäre Umwertung der epistemologischen Hierarchien selbst, welche nun *als* epistemologische Hierarchien zur Disposition gestellt sind. Anstatt also lediglich über revolutionäre Bewegungen zu schreiben und diesen die vermehrte Aufmerksamkeit des historischen Blicks zukommen zu lassen, erreicht in Rancières Argumentation die Historiographie selbst revolutionären Charakter. Vor diesem Hintergrund handelt es sich somit nicht um poetische Darstellungen der Revolution, sondern um eine „Revolution der poetischen Strukturen des Wissens"[34]. Es gilt nicht mehr, anhand herkömmlicher Methoden *über* die Revolution zu schreiben, sondern *Revolution zu schreiben*, d. h. eine Art der Darstellung zu entwickeln, welche in sich selbst schon revolutionären Charakter besitzt. Die Revolution der epistemologischen Hierarchie muss sich also im Stil der historiographischen Darstellung selbst manifestieren und performativ diese Revolution in Gang setzen, anstatt nur Revolutionäres historiographisch zur Darstellung zu bringen.

Ändert man die maßgeblichen sinnstiftenden Strukturen der Genese des historischen Wissens, so erscheint in diesem Moment alles unter neuem, noch unbekanntem und mitunter chaotischem Licht. Subjekte und Gegenstände, Ereignisse und Orte, die zuvor keine Bedeutung hatten, können nun unter einer neuen Struktur zu ihrem Recht kommen, sofern diese ein solches sinnhaftes Erscheinen begünstigt. Aber auch bereits Erschienenes kann unter neuen Koordinaten zu einer bisher nicht erdachten Bedeutung kommen, weil ihm im differentiellen Gefüge der Sinnstiftung ein neuer Platz zugewiesen wird, welcher mit der vorherigen nicht deckungsgleich sein muss und in den seltensten Fällen überhaupt deckungsgleich sein kann. Die zuvor ‚richtige' Verknüpfung der Worte muss an diesem Punkt neu ausverhandelt werden. Für Rancière ist gerade dies der Ort der Politik, insofern er unter „Politik" nicht die rechtmäßigen Praktiken der Macht versteht, sondern vielmehr die fundamentale Ausverhandlung der Verteilung der Macht selbst.[35] Rancière schreibt diesen radikaler ansetzenden Begriff der Politik betreffend an anderer Stelle, dass er gerade

34 Ebd., S. 42.

35 Vgl. Jacques Rancière: *Politik der Literatur.* Wien: Passagen 2011, S. 13.

diesen Moment der „Verteilung und Neuverteilung der Räume und Zeiten, der Plätze und Identitäten, der Sprache und des Lärms, des Sichtbaren und des Unsichtbaren“[36] bezeichnet.

Es handelt sich um „die demokratische Unordnung des aus der Leere und der abgeschafften Legitimität des Königs entstandenen Wortes“[37], welches nun unter dem Verlust der epistemologischen Hierarchie neu und auf unbekannte Art und Weise zu sprechen beginnt. Dieser Begriff der Politik bezeichnet somit die fragile Bruchstelle zwischen den Ordnungen, die Schwelle des Übergangs selbst, in welcher unter dem Verlust der sinnstiftenden Struktur, jeder historische Gegenstand und jedes historische Subjekt dem anderen hinsichtlich seiner epistemologischen Wertigkeit gleicht. Die demokratische Dimension der Geschichtswissenschaft, welche Rancière hier verfolgt ist also jene, dass historische Subjekte und Gegenstände unter dem Blickwinkel einer radikalen Gleichheit ans Licht treten. Während sich zuvor historische Subjekte und Gegenstände an die herkömmlichen Ankerpunkte der „monarcho-empiristischen“[38] Historiographie klammern mussten, so weicht nun diese Hierarchie einer radikalen Gleichheit der historischen Gegenstände. Abermals scheint Rancière hier Paul Veyne sehr nahe zu stehen, welcher ebenfalls betont: „Die Wahl eines geschichtlichen Gegenstandes ist frei, und prinzipiell gelten alle Gegenstände gleich viel.“[39]

Es ist also der Sturz des Papierkönigs, der den „Exzeß der Wörter“[40] freisetzt, die nun obdachlos, verlustig der tradierten sinnstiftenden Hierarchie nach neuem Anhalt und neuen Verbindungen suchen. Mit dem Sturz des Papierkönigs sind zugleich auch die privilegierten und legitimierten Verbindungen der Wörter gestürzt, welche nun nur mehr unverständlich oder gar nicht bezeichnen. Der Exzess der Wörter bezeichnet somit die frei flottierende Bedeutung, welche sich in den arbiträren Gesetzen der Sinnstiftung auf keine sicheren Regeln mehr verlassen und jederzeit unter vollkommener Regellosigkeit neu und anders zur historischen Deutung aufgenommen werden kann. Diese frei flottierenden „Wörter“ haben den Status des „Namens“ eingebüßt, da sie unter der Neuordnung der Struktur ihre Signifikanz

36 Rancière: *Politik der Literatur*, S. 14.

37 Rancière: *Die Namen der Geschichte*, S. 133.

38 Vgl. ebd., S. 37.

39 Veyne: *Geschichtsschreibung*, S. 39.

40 Rancière: *Die Namen der Geschichte*, S. 39.

verloren haben.[41] Es ist der Bruch zwischen Signifikat und Signifikant, in welchem sich der Exzess der Wörter breitmacht – ein Bruch, der anhand herkömmlicher Ordnungsregister nicht mehr zu kitten ist. Und so ist es auch nicht nur der Papiertod des Königs, der den Exzess der Wörter freisetzt, sondern es ist auch zugleich der „Exzeß der Wörter, der den König tötet."[42] Es kommt zu einem Exzess der unbeugsamen Wörter, die vor dem alten König nicht mehr recht knien wollen.

5. Die häretische Historie

Folgt man Rancières Ausführungen, so handelt es sich innerhalb der Historiographie also um „Kriege der Schrift"[43], Kriege um den legitimen Gebrauch und die legitime Interpretation der Schrift. Es handelt sich um die Gefolgschaft gegenüber diesen Autoritäten und Praktiken, welche den „rechtmäßigen" Gebrauch der Wörter regulieren. Vor diesem Hintergrund nennt Rancière eine Geschichtsschreibung, welche sich nicht diesen Regularien unterwerfen will, eine „häretische Historie"[44]. Sie zweifelt die sakrosankte Verknüpfung von Signifikat und Signifikant an, sie verwendet regellose Wörter und sie spricht von unsichtbaren Gegenständen und Subjekten, welche in der altehrwürdigen enzyklopädischen Ordnung der Historiographie (noch) nicht aufscheinen. Sie spricht von Unsichtbarem und unterhält einen Dialog mit den Gespenstern der Geschichte, welche sich noch nicht in die autorisierte Form der historiographischen Texte verfestigen konnten. Sie vertraut zuweilen ihren Unsichtbarkeiten mehr, als sie dem bereits autorisierten historischen Korpus an Legitimität zusprechen will.

Die häretische Historie ist insofern in zweierlei Hinsicht ketzerisch: Zum einen verweigert sie dem Historiker die Deutungsmacht über jene historischen Ereignisse, über welche er zu schreiben pflegt. Sie möchte vielmehr jenen die Deutungsmacht zukommen lassen, welche das konkrete Material des Historikers ausmachen. Es sollen also jene Subjekte der Geschichte selbst zur Sprache kommen, von welchen der Historiker in seiner Geschichte erzählt. Dabei ist es jedoch wichtig zu sehen, dass dieser Perspektivenwandel zugleich mit

41 Vgl. ebd., S. 56.

42 Ebd., S. 39.

43 Ebd., S. 131.

44 Ebd.

einem Wandel des Stils einhergehen muss. Dem Historiker die Deutungsmacht zu entziehen, muss sich in der konkreten Form der historiographischen Darstellung niederschlagen, oder es handelt sich um keine wirkliche Erneuerung der historiographischen Darstellung. Wie eine solche Manifestation der häretischen Historie in der konkreten Praxis aussehen kann, hat Rancière in *Die Nacht der Proletarier* in aller Deutlichkeit aufgezeigt. Rancière hatte sich in diesem umfassenden Werk in mühsamer Archivrecherche der proletarischen Arbeitswelt des beginnenden 19. Jahrhundert gewidmet und darin die Lebenswelt der Handwerker und deren Selbstverständnis anhand deren konkreten Schriftstücke nachfühlbar gemacht. Obgleich gesammelt und narrativ aufbereitet, bricht Rancière mehrfach mit der gewöhnlichen historiographischen Distanz, führt direkt in die Sprache und die Erfahrungswelt jener Arbeiter ein und fechtet damit die traditionelle „Rollenaufteilung zwischen der Sprache des Volkes und der literarischen Sprache, der Realität und der Fiktion, dem Dokument und dem Argument“[45] an. Anstatt dem Proletariat ihre eigenen Dokumente zu erklären, lässt er vielmehr die Dokumente für sich sprechen und bricht damit auf performative Weise mit einem bedeutenden Paradigma der Historiographie: das historische Subjekt bedarf der Auslegung des Historikers nicht, da es für sich selbst zu sprechen vermag.[46] Der äußerst interessante Effekt, welcher sich aus dieser Strategie ergibt, ist jener, dass Rancière im Laufe seiner Recherche-Arbeit merkt, dass sich das gängige Narrativ eines homogenen Klassendiskurses nicht mehr halten lässt und die vormals homogene Masse des Arbeiterproletariats vielmehr aufgebrochen und durch die konkreten Individuen hindurch zur Sprache gebracht werden muss. Ob diese wenigen Arbeiter für das gesamte Proletariat von repräsentativer Bedeutung sind, ist dabei von zweitrangiger Bedeutung. Obgleich dies für einen Historiker wiederum ketzerisch anmuten mag, geht es Rancière weniger um einen repräsentativen Schnitt, welcher die widersprüchlichen Heterodoxalitäten des homogenen Kollektivsubjekts glatt streicht, sondern vielmehr um eine performative Infragestellung

45 Rancière: *Die Nacht der Proletarier*, S. 16.

46 Man sieht an dieser Stelle sehr schön, warum Michelet für Rancière wohl einen entscheidenden Einschnitt in der Historiographie bedeutete, jedoch letzten Endes der Profession des Historikers noch zu sehr verpflichtet blieb. Das theoretische Ereignis des Perspektivenwechsels wird bei ihm nicht durch den Stil reflektiert und bleibt daher noch einer Geschichtsschreibung verhaftet, von der er sich gerade lösen will. Rancière will jedoch gerade diesen Schritt über Michelet hinausgehen.

des gängigen Narrativs und damit letztlich um die Schlussfolgerung, dass sich unter der veränderten historiographischen Technik das Narrativ eines homogenen Klassensubjekts vielleicht gar nicht halten lässt. Es geht Rancière somit weniger um die historische Rekonstruktion des Arbeiterproletariats als vielmehr um die Dekonstruktion des Narrativs des homogenen Arbeiterproletariats, welche sich aus der Art und Weise ergibt, wie Rancière die spezifischen Dokumente zum Sprechen bringt.

Zum anderen verweigert sich die häretische Historie der Gefolgschaft des historischen Korpus, weil sich dieser einer Logik der Zeit als Kontinuum schuldig macht und insofern die revolutionäre Kraft des Anachronismus im Kontext erstickt. Sie erklärt die jeweiligen Geschichten aus dem Diskurs der Geschichtswissenschaft, welche sich auf die arbiträre Richtigkeit der legitimierten historiographischen Darstellungen stützen. Auf diese Weise kann sie strukturell keine Geschichte zulassen, welche sich dem arbiträren Gefüge widersetzt. Vor diesem Hintergrund erlaubt sich Rancière die äußerst provokante These, dass sich gerade „die gelehrte Historie als der Nicht-Ort der Geschichte" herausstelle.[47] Sie erlaube gerade das, was sie schon kenne und was sich auf den heiligen Kanon der Historiographie stützen lasse. Gerade aber durch diese Überkontextualisierung sei sie nicht in der Lage, dem Unzeitgemäßen und Außergewöhnlichen Raum zu geben. Eine solche Historiographie erweise sich theoretisch wie politisch als „Revisionismus"[48]. Eine häretische und damit im Sinne von Rancière kritische Historie nähre sich vom ständigen Verdacht gegenüber den Wörtern, ständig bereit, etwas in die Geschichte einzuklagen, das von der revisionistischen Geschichtsschreibung mittels Verweis auf den Kontext verbannt wird – sozusagen eine permanente Unterdrückung der individuellen Geschichten durch den legitimierten Kontext einer überzähligen und überdauernden Masse des quantitativ-qualitativ abgesicherten und vor allem repräsentativen Durchschnitts. Die revisionistische Geschichtsschreibung erweist sich daher als Ordnungsdiskurs, welcher den Rahmen der historiographischen Darstellungen arbiträr sichern will, während die häretische Historie gerade die Legitimität der Ordnungen und Rahmungen zum Thema machen will.

47 Rancière: *Die Namen der Geschichte*, S. 58.

48 Ebd.

Diese Stellen lassen sich bei Rancière wie ein entferntes Echo auf Walter Benjamin lesen, welcher die Geschichtsschreibung anklagte, eine latente Geschichte der Sieger zu sein. Benjamin stellt in *Der Begriff der Geschichte* die Frage, in wen sich denn der Geschichtsschreiber eigentlich einfühle, wenn er die Geschichte aufsammle und reproduziere; und Benjamin setzt zugleich hinterher: „Die Antwort lautet unweigerlich in den Sieger."[49] Wenn sich die Geschichtsschreibung nicht zu einer Blickwende zwinge, welche unweigerlich den Blick auf die ungeschriebenen und vielleicht unschreibbaren Geschichten richte, mache sie sich einer Geschichtsschreibung schuldig, welche von der Herrschaft der Sieger erzähle und damit die endgültige Herrschaft der Sieger nicht nur in der Vergangenheit, sondern auch in der Gegenwart besiegle. Benjamin schreibt:

> Die Einfühlung in den Sieger kommt demnach den jeweils Herrschenden allemal zugut. […] Wer immer bis zu diesem Tage den Sieg davontrug, der marschiert mit in dem Triumphzug, der die heute Herrschenden über die dahinführt, die heute am Boden liegen.[50]

Für Benjamin wie auch für Rancière besteht die Problematik der häretischen Historie darin, dass sie vom überwältigenden Diskurs der Richtigkeit eingeholt werde. Die revisionistische Geschichtsschreibung weiß, die Häresie gut zu lokalisieren und zu territorialisieren. Sie stellt sie fest, setzt sie unter Quarantäne und verbietet sich die ‚hexerische Vielzüngigkeit' der Geschichte. Rancière avisiert „eine weltliche Häresie"[51], welche dem demokratischen Zeitalter Rechnung trägt und bereit ist, das Fundament der Geschichtsschreibung neu zur Verhandlung zu stellen.

> Die Geschichtswissenschaft des demokratischen Zeitalters kann nicht die Wissenschaft seiner Geschichte sein. Denn deren Eigentümlichkeit besteht darin, den Boden aufzubrechen, auf dem die Stimmen der Häresie sich territorialisieren lassen[52].

Es geht also nicht nur darum, die Weisen von historiographischen Darstellungen einer Kritik zu unterziehen – denn das ist ohnehin das tägliche Geschäft eines kritischen Historikers –, sondern das

49 Walter Benjamin: Über den Begriff der Geschichte. In: Ders.: *Gesammelte Schriften*, Bd. I,1. Frankfurt am Main: Suhrkamp 1991, S. 691–704, hier S. 696.

50 Ebd.

51 Rancière: *Die Namen der Geschichte*, S. 135.

52 Ebd.

Fundament einer jeden Geschichtsschreibung auf seine fundamentale Gleichheit der historischen Gegenstände hin zu prüfen.

Es wurde zu Beginn erwähnt, dass sich die häretische Historie im Brennpunkt des dreifachen Vertrags der Geschichtsschreibung entwickle. Dies wird anhand der vorherigen Schilderungen insofern deutlich, als Rancière das äußerst komplexe Verhältnis, wie eine jeweilige Zeit auf ihre Geschichte zugreift, in theoretischer Weise zu durchdringen versucht. Rancière scheint dabei aufzeigen zu können, dass sich jede Geschichtsschreibung in einem komplexen Wechselspiel von Vergangenheit und Gegenwart befindet, welche sich durch die Narration selbst in diese Spanne bringt. Weder ergibt sich das spezifische Narrativ bloß aus den Dokumenten der Geschichte selbst noch reduziert sich die Geschichte lediglich auf die Fragestellungen der Gegenwart – die Geschichtsschreibung der Gegenwart sei eben keine bloße „Filiale der Politikwissenschaft"[53], wie Rancière eindringlich betont. Die Stärke von Rancières Konzeption besteht darin, dass er gerade diese Spannung innerhalb des dreifachen Vertrags nicht auflöst. Geschichtsschreibung wird vor diesem Hintergrund keine bloß antiquarische Tätigkeit[54], welche nur für verschrobene Spezialinteressen von Belang ist; sie wird aber auch umgekehrt kein Spielball willkürlicher aktueller Fragen, über dessen Relevanz die politischen Bedingungen der jeweiligen Zeit befinden. Sie ist gerade das komplexe, teils auch widersprüchliche, jedenfalls niemals vorhersehbare und durch keine übergeordnete Theorie zu fixierende Zwischenspiel einer „intellektuellen Tätigkeit"[55], welche als solche die Geschichtsschreibung selbst ist. Und gerade deswegen versagt sie sich der starren Methodologie einer Wissenschaft, entzieht sich jedoch zugleich auch jeglicher ahistorischen, transzendentalen Theorie. Erstere wäre blind für politische Fragen der Gegenwart, letztere käme kaum in Kontakt mit der historischen Materie und ließe sich insofern von dieser auch nur schwer in Frage stellen.

Vor diesem Hintergrund zeigt sich die Geschichtsschreibung als ein permanenter Bruch mit ihrer eigenen Logik. Sie verdrängt die blinde, ahistorische Methodologie der positivistischen Wissenschaft

53 Ebd., S. 65.

54 Friedrich Nietzsche: Vom Nutzen und Nachtheil der Historie für das Leben. In: Ders.: *Kritische Studienausgabe in 15 Einzelbänden*, Bd. 1, hrsg. v. Giorgio Colli / Mazzino Montinari. Berlin / New York: de Gruyter 1988, S. 243–334, hier bes. S. 268.

55 Veyne: *Geschichtsschreibung*, S. 58.

zugunsten einer permanenten Kritik an sich selbst. Geschichtsschreibung ist vor diesem Hintergrund gerade keine sich ständig erweiternde Universalenzyklopädie der historischen Begebenheiten, die ständig um aktuelle Folgekapitel erweitert wird. Sie ist kein gesicherter Diskurs historischer Gewissheiten oder gar Wissensinhalten. Sie ist vielmehr der permanente Bruch mit sich selbst, mit ihrer eigenen Logik, damit sie sich nicht in sich selbst verhärte und in der Totalität ihrer Darstellung die Subjekte der Geschichte zum Schweigen bringe. Rancière betont deutlich, dass sich vor diesem Hintergrund die Geschichtswissenschaft am wenigsten vor den vermeintlichen theoretischen Angriffen fürchten muss. Vielmehr muss sie diese in produktiver Weise aufnehmen und den permanenten Diskurs an ihren Wahrheiten zulassen, denn dies sichert ihr gerade umgekehrt die ‚wissenschaftliche' Redlichkeit, denn, wie Rancière betont:

> [N]ichts anderes bedroht die Historie als ihre eigene Lethargie gegenüber der Zeit, die sie hervorgebracht hat, oder ihre Angst vor dem, was die sinnliche Materie ihres Gegenstands ist.[56]

56 Rancière: *Die Namen der Geschichte*, S. 150.

„Sie sollen nicht Raffael sein, sondern ein glaubwürdiger Dokumentarist." Repräsentationen transkultureller Geschichte(n) in Lukas Hartmanns *Bis ans Ende der Meere*

Maria Hinzmann

Die dritte große Expedition des wohl berühmtesten Weltumseglers James Cook steht im Zentrum von Lukas Hartmanns 2009 erschienenen Roman *Bis ans Ende der Meere*[1]. Das Ziel der Expedition war die Suche nach der ‚Nordwestpassage' – eine angenommene Seeverbindung zwischen Atlantik und Pazifik –, welche die Besatzung zwei Mal buchstäblich ‚ans Ende der Meere' führte. Doch Hartmann reproduziert nicht die elaborierte Heldengeschichte[2], sondern rückt eine Randfigur der Expedition in den Mittelpunkt und wirft damit neues Licht auf ein wichtiges Kapitel europäischer Kolonialgeschichte.[3] Im

1 Die 2010 bei Diogenes erschienene Taschenbuchausgabe von Lukas Hartmanns *Bis ans Ende der Meere. Die Reise des Malers John Webber mit Captain Cook* wird im Folgenden unter Angabe der Sigle H und der Seitenzahl im Fließtext sowie in den Fußnoten nachgewiesen.

2 Vgl. Sibylle Birrer: Dem Paradies so nah und so fern. „Bis ans Ende der Meere" – Lukas Hartmanns Roman über James Cooks dritte Expedition. In: *Neue Zürcher Zeitung*, 04.07.2009. http://www.nzz.ch/nachrichten/kultur/buchrezensionen/dem_paradies_so_nah_und_fern_1.2897202.html (Zugriff am 07.05.2014).

3 Dieser Aufsatz steht im Kontext eines größeren Projektes mit dem Titel „Identität und historisches Erzählen. Eine vergleichende Studie ausgewählter indo-englischer und deutscher Romane der Gegenwart", das vom DAAD und der UGC (Indien) in den Jahren 2010 bis 2012 gefördert wurde. Das Projekt lief im Rahmen einer Kooperation der University of Delhi mit der Bergischen Universität Wuppertal (Projektleitung: Prof. Dr. Ursula Kocher, Prof. Dr. Shaswati Mazumdar) und bearbeitete jeweils drei anglo-indische/indo-englische und drei deutschsprachige Romane, die nach 2000 erschienen sind. Ziel der sechs Projektteilnehmerinnen war die gemeinsame Erarbeitung einer komparatistischen Studie, die sich jedem einzelnen Roman ebenso widmet wie die Texte untereinander vergleicht, um so Tendenzen gegenwärtigen

Roman Hartmanns wird John Webber, der Expeditionsmaler, zum Protagonisten der Erkundungsreise, die für ihn der Dreh- und Angelpunkt seines Lebens und künstlerischen Schaffens ist.

1. ‚Geschichtsbild(er)'/‚Bild(er) der Geschichte' – Das Porträt *The Death of Cook*

Das zentrale Ereignis der dritten Cook'schen Expedition von 1776–1780 ist der Tod James Cooks im Jahre 1779. Dieses Ereignis und vor allem seine medialen Repräsentationen strukturieren maßgeblich den Roman, der sogleich mit Mrs Cooks entschiedener Aussage: „Das ist nicht mein Mann!" (H, S. 9), eröffnet. Um die Veröffentlichung der Expeditionsereignisse und -ergebnisse herrsch(t)en erbitterte Kämpfe, sodass die Kupferstiche nach den Vorlagen Webbers erst 1784 – vier Jahre nach der Rückkehr – publiziert werden konnten.

Die Begegnung zwischen Mrs Cook und John Webber lenkt die Aufmerksamkeit gleich zu Beginn des Romans, der im Februar 1781 spielt, auf die Problematik der Darstellung. Es entspinnt sich ein Gespräch über das Verhältnis von Realität und ihren Abbildern. Auf Mrs Cooks Frage, ob Webber Cooks Tod mit eigenen Augen gesehen habe und ob er an Land gewesen sei (vgl. H, S. 14), antwortet dieser ausweichend: „Madam, seien Sie versichert: Captain Cook starb als Held. […] Ich kann Ihnen nur sagen: Es war ein schlimmes Durcheinander, bei dem niemand mehr wusste, was eigentlich geschah." (H, S. 14–15) Webber schweigt im Folgenden, als Mrs Cook ihr „Recht auf die Wahrheit" (H, S. 15) betont. Intern fokalisiert werden die folgenden Gedanken:

> Die Wahrheit. Nicht einmal Wolken vermochte ein Maler wie er wahrhaft darzustellen, geschweige denn das Meer […]. Noch schlimmer die Unmöglichkeit, den Ausdruck eines Menschen in einem bestimmten Moment einzufangen. Jedes Porträt ein Verrat. […] Kam es darauf an, ob er mitten im Tumult gewesen war oder ein Zeuge am Rand des Geschehens? (H, S. 15)

Doch der Verrat, den Webber begehen muss, beschränkt sich nicht auf das allgemeine künstlerische Problem der Repräsentierbarkeit oder die Unmöglichkeit, die dem Porträtieren innewohnt. Sein Verrat

historischen Erzählens – einem Phänomen, das seit einiger Zeit weltweit und in vielen Sprachen Hochkonjunktur hat – unter transkultureller Perspektive herauszustellen. Ein Hauptinteresse galt der Frage, welche Blickwinkel auf das Vergangene in der Gegenwart gewählt werden und wie sich ein solches Repertoire des ‚In-den-Blick-Nehmens' gestaltet.

hat eine andere Dimension – und so erzählt der Roman nicht nur die Geschichte der gemalten, sondern vor allem auch der ungemalten Bilder. Webbers Auftrag ist es eben nicht, ‚Realität‘ abzubilden, sondern Bilder zu entwerfen, deren zugewiesene Funktion im kolonialen Gefüge der Admiralität eine nicht zu unterschätzende Tragweite aufweist. In einem binnenfiktionalen Brief an seine Jugendliebe Dorothy erzählt Webber von einem Landgang in Kapstadt:

> *Bedrückend aber ist der Sklavenmarkt auf dem großen staubigen Marktplatz. Ich bin dort gewesen und habe das Elend der angeketteten Neger gesehen, die hauptsächlich aus den portugiesischen Kolonien und Madagaskar stammen; auch Inder sind darunter, deren Haut etwas heller, deren Körper zierlicher und deren Gesichtszüge feiner und gebildeter sind. Sie blicken stumpf, lassen es, ohne zu murren, über sich ergehen, dass die herumschlendernden Käufer sie abtasten und ihre Zähne prüfen. Es finden auch Auktionen statt, bei denen die lauthals angepriesenen Sklaven auf Geheiß hin ihre Muskeln spielen lassen müssen. […] Diese Szene habe ich gezeichnet und sie abends Mr Cook vorgelegt. Er schaute sie flüchtig an, dann sagte er: „Lieber Mr Webber, das ist gut gezeichnet, aber es schadet dem Ruf des Kaps. Die Holländer könnten sich angeschwärzt fühlen von einer solchen Darstellung, und wir dürfen das halb freundschaftliche Verhältnis, das sich mit ihnen ergeben hat, nicht aufs Spiel setzen. […] Was wir dem Publikum in Europa zumuten, darüber entscheide ich“, sagte Mr Cook und zerriss meine Zeichnung.* (H, S. 82–83)

In einem anschließenden Gespräch zwischen dem verzweifelten Webber und Mr King, einem der Offiziere, begräbt Webber vorerst seine Zweifel (vgl. H, S. 83), doch diese frühe Erfahrung der Zensurgewalt prägt den weiteren Verlauf der Reise und die Möglichkeitsbedingungen seines Schaffens. In einem Brief an seinen Bruder schreibt Webber wenig später: „Mr Cook hat mir untersagt, Bestrafungen zu zeichnen. Darüber schreiben darf ich jedoch, denn davon weiß er nichts.“ (H, S. 88–89) Während Webber im Medium des Bildes der Kontrolle durch die Expeditionsleitung unterliegt, schafft er sich über das Schreiben Freiräume, was im Schmuggel seiner Tagebücher nach der Rückkehr gipfelt: „Webber, der seinen Schreibkalender auf dem bloßen Leib trug, lenkte die Aufmerksamkeit auf seine zwei Kisten mit Zeichnungen und Leinwänden. Wie hätte er, angesichts einer solchen Fülle an Werken, noch ein Journal führen können? So entging er der Leibesvisitation.“ (H, S. 423)

Nach der Rückkehr entbrennt der Kampf um die Darstellung der Todesszene. Ein Abgesandter der Admiralität, Peckover, begutachtet die Bilder. Das Rampenlicht fällt auf Webber oder vielmehr auf seine Auswertung der Reise, zu der er gedrängt wird. Der Earl of Sandwich, erster Lord der Admiralität, äußert Zufriedenheit, deutet jedoch an, „dass es wohl noch größeren Gefallen fände, wenn Captain Cook deutlicher ins Zentrum oder, zum Beispiel auf den Nachtbildern von den Südseeinseln, in eine bessere Beleuchtung gerückt würde." (H, S. 114) Mit Nachdruck gibt man Webber zu verstehen, dass man „der Öffentlichkeit zeigen [werde] müssen, mit was für einer selbstlosen Heldenhaftigkeit der große Mann in den Tod gegangen sei, und Webber, als Zeuge und Berichterstatter, werde bestimmt das Seine dazu beitragen" (H, S. 115). Dass Webber nicht direkter Augenzeuge war, dürfe dabei keine Rolle spielen (vgl. H, S. 115). Immer wieder sieht sich Webber harter Kritik seiner Darstellungen ausgesetzt, so zum Beispiel der Peckovers noch im März 1783:

> Er hatte Cook zuerst so gezeigt, wie Leutnant Phillips ihn gesehen haben wollte: mit dem Rücken zum Meer und dem wartenden Boot, die Muskete auf die angreifenden Wilden gerichtet, gegen deren Übermacht er – das ließ die Zahl der Speere erahnen – keine Chance haben würde. Aber diese heldenhafte Pose hatte Peckover – und offenbar Lord Sandwich – nicht gefallen. Der große Entdecker als rabiater Angreifer, ließ er ausrichten, das passe keinesfalls zusammen. Leutnant Phillips, halb am Boden liegend, dürfe in Notwehr schießen, nicht aber Cook. Der müsse dem Tumult der Wilden, den ja Webber eindrücklich darstellte, den Rücken zuwenden und den Schützen im Boot mit einer Gebärde bedeuten, das Feuer einzustellen. Gleichzeitig aber – das sei auch die Ansicht von Lord Sandwich – zücke von hinten ein kräftiger Mann eine Stichwaffe, und man soll ahnen, dass im nächsten Moment der tödliche Streich geführt werde. Nur so, hatte Peckover ausgeführt, werde Webber Cooks Bedeutung gerecht; nur so könne sein Andenken fleckenlos bleiben. Es möge sein, hatte er auf Webbers lahme Einwände entgegnet, dass die realen Ereignisse sich in Einzelheiten anders abgespielt hätten, wobei ja – Peckover zuckte die Nase leicht – die Berichte stark voneinander abwichen; aber es gelte einer höheren Wahrheit zu dienen, und die zeige sich auch in Cooks Journalen, aus denen ein verehrungswürdiger und vorurteilsfreier humanistischer Geist zum Leser spreche. […] Webber hatte wunschgemäß den Kapitän umgedreht und in die Pose des Friedensstifters gestellt […]. (H, S. 283)

In dieser Passage bündelt sich der Machtkampf um die Deutungshoheit der Todesszene. Webber wird genötigt, entgegen der Aussage des Augenzeugen Leutnant Phillip, Cook von der Angreifer- in die Opferpose zu rücken. Doch Peckovers Anliegen reicht noch weiter: „Er machte eine bedeutsame Pause: ‚Aber mir scheint, er müsste vollständig im Hellen sein, im Überhellen sogar. […] So wie ein Heiliger, ein Märtyrer auf einem mittelalterlichen Tafelbild, verstehen Sie?'" (H, S. 284) Dieser leicht durchschaubaren Inszenierung begegnet Webbers Bruder Henry mit Verachtung „‚Cook als Unschuldslamm, Cook der Weißgewaschene', sagte Henry und trällerte die letzten

Silben wie ein kleines Lied." (H, S. 287) Henry ist es auch, der Webber das Geheimnis entlockt, dass dieser kein direkter Augenzeuge war (vgl. H, S. 288). Das Geschehen selbst hat er nur aus weiter Ferne mit dem Fernrohr verfolgt (vgl. H, S. 385–386). Schon unmittelbar nach dem Tumult gab es verschiedene Versionen des Geschehens (vgl. H, S. 386–387).

Es folgt eine düstere Episode, die niemals gemalt wird: „Die Mannschaft wollte Rache, sie hat sie bekommen. Die Feder stockt mir, wenn ich mir vor Augen halte, was wir getan haben [...]." (H, S. 389) Es gibt mehrere Versuche, „des großen Kapitäns sterbliche Überreste von den Mördern zu fordern" (H, S. 391) – der Rachefeldzug gipfelt in einem Blutbad:

> Der Zorn auf die Wilden schmiedete uns zusammen. Wir stampften voran und ermunterten uns gegenseitig mit forschen Zurufen. Ja, auch ich war wütend und wurde noch wütender von Sekunde zu Sekunde, es war eine glühende und zugleich starre Wut, ein Wutklotz [...]. Wir schossen auf alles, was sich bewegte, mit Schrot und Kugeln, wir trampelten in Häuser hinein, in denen sich Frauen und Kinder versteckten, und schlugen blindlings auf sie ein, wir zündeten alles an, was brennen konnte, wir fluchten und trieben einander atemlos weiter. Was war es, das uns überkam? Es war ein Vernichtungsrausch [...]. Die Wut verflüssigte sich gleichsam [...]. Das schlimmste Bild: Ein Säugling, hoch in die Luft geworfen, im Fallen von einem Bajonett aufgespießt, die Schreie der Mutter (noch jetzt hallen sie in mir nach). (H, S. 392–393)

Dieses Bild existiert binnenfiktional nicht als ein gemaltes Bild – lediglich Hartmanns Text ‚zeichnet' es über eine interne Fokalisierung Webbers.[4] Während versucht wird, dieses Rache-Ereignis im „stillschweigende[n] Einverständnis" (H, S. 394) zu vergessen, konzentriert sich alles auf die Überreste Cooks und der vier getöteten Soldaten: „Sie seien, so übersetzte King, unter verschiedenen Häuptlingen der Insel verteilt worden; es wäre aussichtslos, sie einsammeln zu wollen. [...] Man hatte schon vorher an Kannibalismus gedacht; was der Priester langfädig erklärte, schien den Verdacht zu belegen." (H, S. 395) Schrittweise werden die Knochen Cooks gesammelt und

4 In ähnlicher Weise nimmt Evelyn Finger in ihrer Rezension die in dem Roman angelegte Opposition zwischen gemalten und nicht gemalten Bildern wahr: „Webber sah als Besatzungsmitglied der *Resolution* den Kampf nur undeutlich durchs Fernrohr, umso deutlicher dann das Massaker an den Eingeborenen, das die rachedurstige Mannschaft beging. Er hat begriffen: Wilde sind wir selbst, und unser Blutrausch ist logische Folge einer aus dem Ruder gelaufenen Expedition. Doch solche Bilder darf der Künstler nicht malen." (Evelyn Finger: Wilde sind wir selbst. In: *Die Zeit*, 27.06.2009. http://www.zeit.de/2009/27/Text-Evelyn-Finger (Zugriff am 07.05.2014).)

schließlich findet eine Begräbniszeremonie statt. Der Mythos, dass Cooks Leiche von kannibalistischen Wilden verspeist worden sei, ist geboren (vgl. H, S. 395–397).

Hartmanns Interesse gilt, wie bereits dargestellt, den gemalten wie den nicht gemalten, aber auch den vernichteten Bildern der Expedition. Einen weiteren in diesem Zusammenhang relevanten Aspekt stellen die zirkulierenden, nicht autorisierten Fassungen des Berichts sowie seiner Illustrationen dar. Dies deutet sich im Roman an, als Peckover Webber unter Druck setzt: „Wir sind im Verzug […]. Beeilen Sie sich […]. Die Öffentlichkeit hungert nach dem offiziellen Reisebericht. Es kursieren bereits unautorisierte Machwerke anonymer Verfasser, die wir aufs Schärfste verurteilen." (H, S. 286) Diese nicht legitimierten Darstellungen der Ereignisse versucht die Admiralität zwar einzudämmen, doch sie kann sie nicht vollständig vernichten.

Die Frage der Zensur und Autorisierung verschiedener Fassungen und Darstellungen des Expeditionsberichts ist im Roman insbesondere über die Figur James Cleveley präsent. Tatsächlich ist ein Aquarell Cleveleys erst vor kurzem, im Juli 2004, aufgetaucht. Die entsprechende Agenturmeldung versetzte erst den Kunstmarkt, dann die Historiker in Aufruhr.[5] Der Kunsthistoriker Spurzem meint, es handele sich um ein Bild, das „geeignet war, die Cook-Historiografie auf den Kopf zu stellen"[6]. Das Bild zeigt Cook kurz vor seinem Tod, als er dabei ist, einen der Angreifer mit dem Kolben seines Gewehrs zu erschlagen, „das offenbar den letzten Schuss abgegeben hat, denn der Pulverdampf hat sich noch nicht verzogen"[7]. John Cleveley hatte diese Szene sowie drei weitere basierend auf Aussagen seines Bruders James, Schiffszimmermann der *Resolution* und Augenzeuge der Todesszene, angefertigt. Die Aquarelle Cleveleys wurden nach dessen Tod vom Londoner Kupferstecher John Martyn erworben, der sie als Vorlage für heroisierende Radierungen nahm, die außerordentlich erfolgreich waren.[8] Spurzem resümiert: „Die Kunst war, wie so oft in ihrer Geschichte, auch hier ein Instrument der Staatsräson. Diese hatte womöglich auch Clevel[e]ys Aquarell 220 Jahre unter Verschluss

5 Vgl. Karl J. Spurzem: Die Kunst zu reisen. In: *mare* 55 (2006). http://www.mare.de/index.php?article_id=1116&setCookie=1 (Zugriff am 07.05.2014). Das Auktionshaus Christies hatte die Einlieferung dieses Aquarells mitgeteilt, das geeignet war, die Cook-Historiographie auf den Kopf zu stellen. Vgl. ebd.

6 Ebd.

7 Ebd.

8 Vgl. ebd.

gehalten."[9] Die andeutungsreiche Spekulation Spurzems – berechtigt oder nicht – verweist darauf, dass der Blick auf Vergangenheit von einem gegenwärtigen Zeitpunkt aus ständig neu verhandelt wird. Hartmann selbst legt die Assoziation der Romanhandlung mit diesen jüngsten Ereignissen, Interpretationen und Publikationen nahe – so findet sich zu John (eigentlich James)[10] Cleveley in seinem Personenverzeichnis die Angabe: „[E]inige seiner Zeichnungen arbeitete später sein Bruder John, ein Maler, zu Gemälden aus, darunter eine Darstellung vom Tod Cooks, die erheblich von jener Webbers abweicht" (H, S. 481).

Das Auftragswerk, das Webber im Sinne der Admiralität und ihrer – jegliche Ambivalenz zunichte machenden – Version der Ereignisse anfertigte, zeigt Cook als ‚Inbegriff der Humanität': Er steht mit dem Rücken zu ‚den Wilden', und während er dabei ist, seine eigenen Leute vom Schießen abzuhalten, wird er hinterlistig von einem Insulaner erdolcht.[11] Jenes Bild, das John Webber vom Tod Cooks malte und das als Kupferstich vielfach reproduziert wurde, prägte das koloniale Selbstverständnis Großbritanniens bzw. Europas. Über die näheren Umstände zum Tode Cooks herrscht bis heute Uneinigkeit. Der Roman ebnet die Widersprüche nicht ein, sondern bündelt sie als ‚innere Selbstgespräche' Webbers, der zwischen verschiedenen Anforderungen zerrissen ist und sich selbst – ohne Augenzeuge gewesen zu sein – mit widersprüchlichen Angaben und seinem Verhältnis zu Cook auseinandersetzt.

2. Zwischen den Welten: Inter- und intrasubjektive Fremdheit

Die Identität Webbers, dies wurde bereits deutlich, ist eng an sein künstlerisches Schaffen gebunden, das wiederum nicht loszulösen ist von der Expeditionsreise, jedoch im Roman in einen größeren Zusammenhang gestellt wird. Der Vater des 1751 geborenen John Webber, ein nach London ausgewanderter Bildhauer, schickt seinen sechsjährigen Sohn aufgrund finanzieller Schwierigkeiten nach Bern in die Obhut seiner Tante, die im Weiteren für ihn sorgen soll. Diese erste große Reise des Kindes im Jahre 1757 setzt der Roman in Beziehung zur späteren Expedition: „Aber die erste große Reise hatte nicht

9 Ebd.

10 Hartmann ist hier offensichtlich eine Verwechslung der Vornamen der beiden Cleveley-Brüder unterlaufen (vgl. H, S. 481).

11 Vgl. Spurzem: Die Kunst zu reisen.

vier Jahre gedauert, bloß anderthalb Wochen und doch schien sie in der Erinnerung viel länger zu sein." (H, S. 18) Hier wird übergeleitet aus dem London des Jahres 1781 zum Aufbruch aus London 24 Jahre zuvor. Dass diese Reise (vgl. H, S. 20–23) bzw. vielmehr die damit verknüpfte Migration die Identität Webbers prägt, buchstabiert der Roman in verschiedener Hinsicht aus. Es beginnt mit Verständigungsschwierigkeiten: „John versteht nur halb, was sie [= seine Tante; M. H.] sagt, aber den Sinn kann er erraten. Wenn man ihn fragt, wie er heißt, antwortet er: *‚My name is John.‘*" (H, S. 23) Die Tante hingegen nennt ihn „Johann, mein kleiner Johann" (H, S. 23). Während der Familienname Wäber in der Migration seines Vaters ‚verenglischt‘ wurde, wird der Vorname Johns bei seiner Ankunft in der Schweiz ‚eingedeutscht‘. Diese Spiegelungsstruktur betont auch Honold – „der Junge vollzieht den spiegelverkehrten Namenstransfer zum Migrationsweg des Vaters"[12].

Der Roman erzählt die mit der Migration verbundenen Eingewöhnungsschwierigkeiten des Kindes in der Schweiz sowie seine ersten künstlerischen Aktivitäten. Vergangenheit und Zukunft werden in der Ankunftsszene in Bern gebündelt: „Er hört die Brunnen rauschen, an denen sie [= John und seine Tante; M. H.] vorbeigehen, Brunnen mit farbig bemalten Figuren, größere, als der Vater sie macht, eine ist ein Menschenfresser […]." (H, S. 23) Die Herkunft aus einer Künstlerfamilie[13], die Gegenwart in der fremden Berner Altstadt und die Zukunft der Alteritätserfahrung in der Südsee werden in dieser Szene kurzgeschlossen. Als „ein kleines Verwirrspiel kannibalistischer Stereotype […], das den europäisch herablassenden Blick auf die Südsee-Insulaner vorab schon in seiner Selbstgewissheit desavouiert"[14], liest Honold diese Szene, als „ein sinnfälliges Mahnmal dafür, dass der Schock des Primitiven überall lauern kann, da dieser sich nicht aus der objektiven Wildheit der ‚Anderen‘, sondern aus der je subjektiven

12 Alexander Honold: Vom „Chindlifrässer"-Brunnen nach Tahiti. Lukas Hartmanns *Bis ans Ende der Meere* und das Paradigma postkolonialer Literatur aus der Schweiz. In: *Zeitschrift für Interkulturelle Germanistik* 2,2 (2011), S. 113–128, hier S. 120.

13 Diesen m. E. wichtigen Aspekt der Brunnen-Assoziation lässt Honold außen vor: „aus dem Rauschen hört er alle Namen der Geschwister" (H, S. 23). Die Brunnenfiguren bzw. dass Webbers Blick überhaupt darauf fällt, sind dadurch motiviert, dass er bei seiner Abreise „ein Übungsstück, aus dem er ein kleines Brunnenbecken machen will" (H, S. 19), mitgenommen hat.

14 Honold: Vom „Chindlifrässer"-Brunnen nach Tahiti, S. 120–121.

Erfahrung kultureller Differenz speist“[15]. Diese subjektive Dimension von Alteritätserfahrung betont auch Finger – in Abwandlung des Kristeva'schen Diktums ‚Fremde sind wir uns selbst‘[16] –, indem sie ihrer Rezension den Titel „Wilde sind wir selbst“ gibt. Alteritätserfahrung ist bei Hartmann ein Phänomen, das ausgehend von diesen beiden Reisen und von dem, was mit ihnen verbunden ist, in verschiedener Weise Einfluss auf das Leben des Protagonisten nimmt. Hartmanns Augenmerk liegt dabei – ganz der biographischen Dimension des Romans verpflichtet – auf den Ursprüngen der künstlerischen Laufbahn John-Johanns. Sein Onkel erkennt früh das Talent: „Der Junge hat ein gutes Auge, wer hätte das gedacht!“ (H, S. 27) Eingeschränkte Möglichkeiten zur sprachlichen Kommunikation gehen einher mit einem frühen Drang zum Zeichnen: „Auf Englisch unterhält sich ohnehin niemand mit ihm. Da zieht er sich lieber in sein Schweigen zurück. [...] Bisweilen fragen Kunden, ob das zeichnende Kind in der Werkstatt stumm sei.“ (H, S. 28) Die Frage der Mehrsprachigkeit und Sprachenvielfalt spielt vor allem in der Erzählung von Johns Kindheit eine wichtige Rolle. John-Johann Webber-Wäber verständigt sich anfangs eher mit Händen und Füßen: „‚Du solltest endlich Deutsch reden‘, erwidert der Onkel. [...] ‚*Waves*‘, sagt John ‚*small waves*‘. Und mit der Hand macht er eine wellenförmige Bewegung, die den Onkel zum Lächeln bringt.“ (H, S. 29) Webber lernt die Sprache, doch in seiner Jugend bleibt er ein Außenseiter. Dieses Interesse an Randfiguren, deren Identitäten durch Migrationsprozesse geprägt sind, lässt sich im Kontext anderer Texte Hartmanns als ein diesen Roman überschreitendes generelles Interesse ausmachen.[17] Das Erlernen der Schriftsprache thematisiert die Erzählung als einen Prozess in seiner Materialität, das des Sprechens der fremden Sprache in seiner phonetischen Dimension – die Schweiz ist dabei ein Ort, an dem viele Sprachen aufeinandertreffen:

> Das breite W mag er besonders, denn damit fängt sein Familienname an, und wenn er es auf den Kopf stellt, entsteht das M von Matthäus. Schon bald kann er alle Buchstaben daran hängen, die draußen vor der Werkstatt, auf der Tafel

15 Ebd., S. 120.

16 Vgl. Julia Kristeva: *Fremde sind wir uns selbst,* aus d. Franz. v. Xenia Rajewski. Frankfurt am Main: Suhrkamp 2001. Kristevas *Etrangers à nous-même* erschien im Original 1988, die deutsche Übersetzung 1990.

17 Vgl. Felicity Rash: Outsiders and Outcasts in the Works of Lukas Hartmann. In: Joy Charnley / Malcolm Pender (Hrsg.): *Images of Switzerland. Challenges from the Margins.* Bern u. a.: Lang 1998, S. 99–128.

> stehen: MENUISIER-EBENISTE. Aber aussprechen kann er diese Wörter schlecht, man muss dazu die Lippen spitzen, und das will er nicht. Es ist ein Durcheinander mit den Sprachen. Französisch oder den Dialekt der Tante, der beim Onkel ganz anders gefärbt ist, sprechen die Kunden. Der freundliche Geselle wiederum, ein Schwede, spricht Deutsch nur gebrochen, er singt aber John schwedische Lieder vor. (H, S. 28)

Beide Reise- und damit einhergehenden Lebenserfahrungen sind in ihrem einschneidenden Charakter dargestellt und als zwei verschiedene Varianten des Aufbruchs parallel gesetzt, wobei der erste fremd-, der zweite hingegen als selbstbestimmt erachtet wird (vgl. H, S. 58).

Neben der Verknüpfung von Migrations- und Expeditionsbewegung mit ‚Entwurzelungserfahrungen' ist die damit verbundene familiäre Dimension der ‚transkulturellen Identität' John Webbers hervorzuheben. In der durch Migrations- und Reiseerfahrung geprägten ‚transkulturellen Familie' – durch die Hartmann Zusammenhänge globaler Vernetzungen gestaltet – ist jedoch der Vater abwesend: John Webber wächst bei seiner Tante Rosina und seinem Onkel Matthäus fernab der Heimat ohne Vater auf. Auch Cooks Sohn Hugh wächst ohne Vater auf. Die Rolle des Vaters, die Cook gegenüber seinem Sohn nicht einnimmt, verkörpert er hingegen im patriarchalisch geführten Schiffssystem: „Ihr Mann, das sollen Sie wissen, war in vielen Dingen wie ein Vater zu mir." (H, S. 12)[18] Auf diese Offenbarung Webbers entgegnet Mrs Cook: „Ich bin froh, dass das für Sie gilt. Mein Mann lebte allerdings länger auf See als zu Hause. Seine leiblichen Söhne haben ihren Vater oft vermisst." (H, S. 12)

Seit der frühen Migrationsbewegung und dann vor allem während der Expeditionsreise, die der Roman als Zentrum seines Lebens inszeniert, befindet sich Webber in verschiedener Hinsicht ‚zwischen den Welten'. Dabei ist die unerfüllte Jugendliebe zu Dorothy Ausgangspunkt, die zu Poetua Resultat seiner Reise. Auf der Reise selbst erfährt seine Identität als Liebender eine neue Wendung, die Birrer folgendermaßen gestaltet sieht: „Romantisch aufgebläht erscheint auch Webbers ferne Liebe zu einer schönen Südseeprinzessin. Wohl ist die Schwärmerei als Kontrapunkt zu den bisweilen brachial ausgelebten sexuellen Begierden der Seeleute angelegt."[19] Diese Lektüre lässt sich durch

18 In einem an seinen Bruder Henry adressierten Brief kurz nach dem Tod Cooks beschreibt John Webber Cook in ähnlicher Weise: „*Captain Cook vertrat an uns allen die Vaterstelle; er war gütig und streng zugleich.*" (H, S. 411)

19 Birrer: Dem Paradies so nah und so fern.

mehrere Aspekte stützen, wobei Webber nicht lediglich unter den ‚Begierden der Seeleute‘ leidet (vgl. z. B. H, S. 69), sondern Gefühle für verschiedene Männer an Bord entwickelt, was sich in Dreieckskonstellationen spiegelt, insbesondere der zwischen Webber, Trevenen und King. Trevenen, Opfer sexueller Übergriffe an Bord, wendet sich vertrauensvoll an Webber, hat aber zugleich ein enges Verhältnis zu King: „King und Trevenen? Was sollte das bedeuten? Er hatte keine Lust, sich vorzustellen, dass Trevenens Kopf, wie vor kurzem noch bei ihm, auf Kings Schoß lag, und doch verfolgte ihn dieses Bild den ganzen Tag über.“ (H, S. 325) Die Dreieckskonstellation Webber-Trevenen-King zieht sich durch den Roman hindurch:

> Die Beziehung zwischen den dreien hielt sich in einem labilen Gleichgewicht. In jedem von ihnen konnte plötzlich Eifersucht aufflackern […]. Webber schämte sich solcher Eifersuchtsstiche. Warum konnten sie nicht auf simple Weise ihre Freundschaft leben? Aber es ging nicht; was in der Tiefe lag, drang immer wieder an die Oberfläche. (H, S. 418)[20]

Die sexuelle Identität Webbers gerät ins Wanken: „Er hatte Poetua begehrt, und er begehrte sie immer noch. So war es doch, so und nicht anders.“ (H, S. 325) Dass es anders ist oder sein könnte, wird in einer binnenfiktionalen Niederschrift Webbers in der folgenden Nacht deutlich; Poetua, Dorothy und Trevenen stehen in seinen (Wach-)Träumen nah beieinander: „Ich weiß: Wo das Begehren erfüllbar wäre, schrecke ich davor zurück. […] Spiegelt sich darin überhaupt das Verhältnis von Mann und Frau? […] In meinem Wachtraum hat Dorothy plötzlich das Gesicht von Trevenen, und das ist so verwirrend, so ungehörig, dass ich sie sogleich wieder verbanne.“ (H, S. 326) Alteritätserfahrungen sind in der Romankomposition in auffälliger Weise über die Figurenkonstellationen angelegt. In Poetua,

20 Vgl. hier auch: „Ich bin King näher gekommen; das hat Trevenen bemerkt, und nun ist er es, der mich schneidet. Seine Launenhaftigkeit bedrückt mich. Oder wird ihm wieder nachgestellt? Er glaubt, beobachtet zu haben, dass sich die Herrschenden hier Lustknaben halten und dies eine gängige Art des körperlichen Vergnügens sei. Das bringt ihn durcheinander, umso mehr, als einer ihn höflich gefragt habe, ob er ihm zu Willen sein möge (vielleicht in der Meinung, dass er ein Recht darauf habe, wenn die Unseren ihre Frauen beschlafen). Trevenen zieht die Männer aus allen Weltgegenden an; er bleibt der feinste der Fähnriche, nur sein Bartflaum wird allmählich stärker.“ (H, S. 369) sowie „Seit King auf der *Discovery* war, hatte sich das Verhältnis zwischen Webber und Trevenen wieder intensiviert. Sie führten abends, wenn Trevenen Freiwache hatte, lange Gespräche. Die Männerliebe blendeten sie dabei aus; alles, was sie betraf, blieb seit den Vorfällen mit Morris und Widdall in der Schwebe. […] Dauernd versuchte Trevenen, sich und Webber zu beweisen, dass in vier Jahren seine Liebe zu Ann noch gewachsen war […].“ (H, S. 417)

deren Porträt Webber später „halb ironisch, die Mona Lisa des Pazifiks“ (H, S. 350) nennt, bündelt sich das Begehren zwischen ‚Fremdem‘ und ‚Vertrautem‘: „Ahne ich im Fremden das tief Vertraute? Treibt mich die Hoffnung, bei dir, in dir mich selbst zu finden?“ (H, S. 326) Alterität – dies ist eine wichtige Bewegung des Romans – wird auf mehreren Ebenen insofern relativiert, als ‚Fremdheit‘ in ihrer intra-, nicht intersubjektiven Dimension erschlossen wird. Kollektive und individuelle Identität reiben sich dabei aneinander ebenso wie an den brüchigen Konstruktionen des ‚Anderen‘. Mit deutlichem Verweis auf Kristevas *Fremde sind wir uns selbst* wird der Protagonist intern fokalisiert:

> Wir versuchten zu erfahren, wofür sie ihre Götter verehren und wie sie sich die Erschaffung der Welt denken. Die Wörter indessen, die wir aus unserer geringen Kenntnis der Sprache Otaheites bezogen, reichten, da sie hier ohnehin anders klangen, nicht aus, uns über schwierige Dinge zu unterhalten. King, wie schon Anderson, legt sich vieles zurecht und ordnet, was er errät, in einem Darstellungssystem, das uns logisch erscheinen mag, aber nur das Nicht-Wissen tarnt. Solche Einschränkungen, die am Anfang leicht wogen, machen mir nach so langer Zeit immer stärker zu schaffen. Zum Fremden werde ich mir selbst, wenn das Fremde ringsum sich nicht öffnet für mich und meine Versuche, es mir anzueignen, an ihm abgleiten, wie an gehärtetem Lack. (H, S. 360)

3. Die Porträts des Porträtierenden – Poetologie einer fiktionalen Künstlerbiographie

Die Krisen des Künstlers Webber sind kein biographisches Problem, sondern weiten sich aus zu einem Feld, auf dem die Grenzen der Repräsentation bzw. Repräsentierbarkeit diskutiert werden. Die Reflexionen Webbers über seine Identität als Künstler, über seine Schaffensprozesse und deren Krisen haben – dies legt der Text an mehreren Stellen nahe – eine poetologische Dimension. Grundlegend sind dabei die Spiegelungs- und Umkehrbewegungen zwischen den Medien Bild und (Schrift-)Sprache: Der junge Webber flieht aus der Sprachlosigkeit in das Zeichnen, der von den Anforderungen der Öffentlichkeit überforderte und zensierte Bildkünstler Webber zieht sich zurück auf das Schreiben seiner Tagebücher. Immer wieder wird in dieser „doppelten Optik […] die Frage nach den Wahrheitsbedingungen oder […] nach der Korrumpierungs-Anfälligkeit beider Mitteilungswege“[21] umspielt.[22]

21 Honold: Vom „Chindlifrässer“-Brunnen nach Tahiti, S. 124.

22 Auch Webber selbst reflektiert sein ‚doppeltes Schaffen‘: „Ach, wie schwer fällt es mir, einem Mann des Stifts und des Pinsels, solche Gespräche in all ihren

Webber muss gegen seinen Willen das Porträt Andersons, das er kurz vor dessen Tod zeichnete, an den insistierenden Cook abtreten: „Sie sind offizieller Zeichner auf diesem Schiff, Mr Webber. Nichts von dem, was Ihr Stift hervorbringt, ist privat." (H, 307) Webber muss sich fügen. Einen Ausweg findet er im Wechsel des Mediums: „Mein Freund, William Anderson, ist tot. Ich grabe es mit der Feder ins Papier: Er ist tot!" (H, 300) Tatsächlich ist sich Webber seiner Rolle und der bevorstehenden Rezeption in der Heimat durchaus bewusst: „Habe einem Menschenopfer beigewohnt und die Szenerie, die wir nur als barbarisch verurteilen können, in allen Einzelheiten gezeichnet. Es ist von allen bisherigen Bildern jenes, das in England mit Sicherheit am meisten Sensation machen wird." (H, 148)

Ein anderes zentrales Bild ist das Porträt der ‚Südseeprinzessin' Poetua, das Webber an die Grenzen seines künstlerischen Schaffens treibt, worüber sich eine Diskussion zwischen Cook und ihm entzündet:

> „Sie zielen zu hoch, Mr Webber", sagte Cook. „Sie sollen nicht Raffael sein, sondern ein glaubwürdiger Dokumentarist."
> Webber drehte sich um, sein Blick traf sich mit jenem Cooks. „Menschen haben nicht nur eine äußere Wahrheit, sondern auch eine innere, Sir. Zu ihr möchte ich vordringen mit meiner Malerei."
> „Die äußere Wahrheit, Webber", sagte Cook in gleichmütigem und doch leicht angespanntem Ton, „genügt für meine Zwecke. Über die innere, sofern sie existiert, könnten wir uns lange und fruchtlos unterhalten. Das Bild übrigens ist gut, Ihr bisher bestes, vermute ich. Die physische Ähnlichkeit mit dem Modell scheint mir allerdings nicht überragend zu sein. Sie haben die Prinzessin unserem Geschmack angeglichen. Das schadet ihr nicht. Bei Landschaften wünsche ich mir größere Präzision."
> Webber, den die letzten Worte trafen wie Hiebe, fand ein paar Sekunden die Sprache nicht. Cook hatte sich schon zum Gehen gewandt, als Webber sich räusperte. „Sir, als Dokumentarist hätte ich Poetua in Geiselhaft zeigen müssen, nicht im Freien, wie Sie es wünschten."
> Cook deutete ein unfreundliches Lächeln an. „Auch bei äußeren Wahrheiten, Mr Webber, gibt es in der Royal Navy eine Hierarchie. Über dem, was Sie und andere sehen, steht die Staatsräson, sie ist die notwendige Klammer, welche die individuellen Wahrheiten zusammenhält. Meine Pflicht ist es, das eine gegen

Verästelungen zu rekonstruieren! Ich versuche es trotzdem, denn sie geben Auskunft über die Haltung derer, die auf diesem Schiff den Ton angeben. Das mag für die Nachwelt nicht unerheblich sein. Wobei ich ja selbst nicht weiß, was einst mit meinem Schreibkalender und den Blättern, die ich zusätzlich bekritzele, geschehen soll." (H, S. 248) Vgl. hierzu auch das Gespräch John Webbers mit seinem Bruder Henry: „Verblüfft sah Henry ihn an. ‚Mein Gott, du wirst noch zum Poeten. Und ich habe gemeint, du gäbest dich mit der Malerei zufrieden.'" (H, S. 435)

> das andere abzuwägen und die möglichen Wirkungen einzuschätzen, so wie Sie, wenn ich mich nicht täusche, in Ihrer Farbskala die größtmögliche Harmonie anstreben. Die Prinzessin Poetua als Geisel würde das Publikum erschrecken und unsere Mission in ein falsches Licht rücken. Poetua im Freien – und dort ist sie ja wieder – wird dem Publikum als wahr erscheinen.“ (H, S. 231–232)

Insbesondere in Bezug auf die beiden zentralen Porträts – das Poetuas und das Cooks – entfalten sich Fragen der Wahrhaftigkeit, der Zuverlässigkeit und Macht[23] von Bildern, Fragen nach künstlerischem Freiraum, Realismus, Zensur und ‚höheren Zielen‘. Wenn Webber in seiner Unterhaltung mit Peckover einwendet, in Wirklichkeit sei „alles, was er trug, verblichen, ob blau oder rot“ (H, S. 285) gewesen, so entgegnet Peckover: „Ich habe geglaubt, wir wären uns einig, dass platter Realismus bei dieser eminent wichtigen Darstellung unsere Ziele nicht behindern dürfe.“ (H, S. 285)

Obwohl Webber unter Cooks Zensur-Maßnahmen leidet, führt dessen Tod ihn in eine Schaffenskrise, die sich als Andeutung darauf lesen lässt, dass der Höhepunkt des Schaffens von Webber an diese Reise gebunden ist.[24] Es handelt sich dabei um eine Krise, die sich nach seiner Rückkehr körperlich niederschlägt und sich eng mit der Erschütterung seiner Identität als Künstler verknüpft. Ein letztes Mal als Künstler wirkt Webber an der Inszenierung der „großen Pantomime fürs Theater“ (H, S. 460) *Omai or a Trip Round the World* mit. Diese Episode seines Lebens ist in einem Brief Philippe Jacques de Loutherbourgs aus dem Jahr 1793 an Daniel Funk, Cousin des verstorbenen Webber, als Epilog gestaltet. Aus der Perspektive Loutherbourgs, der *Omai* inszeniert hat, werden die künstlerischen Differenzen mit Webber erzählt. Loutherbourg schreibt nicht ohne Stolz an Funk: „In kürzester Zeit hatten wir ein Stück skizziert, das alle Ingredienzien eines künftigen Großerfolgs in sich vereinigte: Liebe, Exotik und, nicht zu vergessen, Patriotismus.“ (H, S. 461) Mit großem Eifer habe sich Webber für eine möglichst naturgetreue Darstellung eingesetzt. Er habe Wert darauf gelegt, „möglichst authentische Materialien zu

23 So versucht Webber z. B. in einer Art Umkehrung des Pygmalion-Mythos seine Erinnerungen an Poetua durch die Auslöschung des machtvollen Porträts zu zerstören: „Es war ihm egal, dass er sie ruinierte; es ging darum, Poetua verblassen zu lassen, verschwinden zu lassen […].“ (H, S. 225)

24 Vgl. H, S. 405 sowie „Wenn er darüber nachdachte, schien es ihm, der Tod Cooks habe ihn auch in seiner künstlerischen Fertigkeit gleichsam verwaisen lassen, und zwinge ihn dazu, sich wie ein verlassenes Kind in neues Gelände vorzutasten.“ (H, S. 414)

verwenden, zum Beispiel Bast und Federn" (H, S. 463). Die Differenzen spitzten sich erst im Laufe der Zusammenarbeit Webbers und Loutherbourgs zu:

> Auf Webbers Betreiben hin – und um ihm wenigstens in einem Punkt recht zu geben – fügten wir eine Szene ein, in der ein Matrose sich ein Mädchen für einen Nagel kauft, und dies zu eindeutigem Zweck. Aber da unser Publikum einen Engländer in dieser betrüblichen Rolle nicht goutiert hätte, machten wir einen Spanier daraus, was Webber nur halbwegs zufriedenstellte, denn der überbordende Verkehr mit den Insulanerinnen, so hielt er uns vor, sei eines der schwierigsten Probleme gewesen, mit denen sich Captain Cook habe herumschlagen müssen; die Folgen für die gesamte Bevölkerung der pazifischen Inseln seien, was die Verbreitung einer bestimmten Krankheit betreffe, desaströs. Das mag sein und sollte die hohe Politik in der Tat beschäftigen. Doch will dies ein gutgestimmtes Publikum wissen? Nein, es will verblüfft und belehrt werden, ohne mit schlechtem Gewissen nach Hause gehen zu müssen. [...] Wir wollten dabei Captain Cook, getragen von Britannia und Fama, [...] zum Olymp aufsteigen lassen [...]. Doch Webber war strikte dagegen [...]. Captain Cook derart zu verherrlichen sei Ausdruck unserer Blindheit gegenüber der *conditio humana*, die Gutes und Böses gleichermaßen einschließe. Deutlicher wurde Webber nicht; doch wir hatten [...] den Eindruck, seiner Erregung lägen bisher verschwiegene Reiseerlebnisse zugrunde. (H, S. 464–465)

Darauf, dass alles „doch nur ein Spiel" (H, S. 465) sei, konnte und wollte Webber sich – so jedenfalls die Erzählung im Brief Loutherbourgs – nicht einlassen. Webber habe daraufhin wissen wollen, warum er sich dann so viel Mühe gebe, die Wirklichkeit „ins Spiel einzuschleusen" (H, S. 465). Darin, so Loutherbourg, liege das Wesen des Spiels: „dass es Bekanntes mit Neuem, Vorgefundenes mit Erfundenem verschmelze." (H, S. 466) Webber habe die Begeisterung über die Inszenierung nicht miterlebt, sondern sei im zweiten Akt mit den Worten „Es ist falsch, es ist alles falsch!" (H, S. 467) fortgestürzt.

Diesem medial ungebrochenen Aufstieg Omais, den die Inszenierung feiert, steht die Ambivalenz der Omai-Figur in Hartmanns Roman gegenüber. An seinem Lebensende kann Webber die publikumswirksame Auflösung jener Ambivalenz nicht mehr ertragen. Die Inszenierung Omais als ‚Edlem Wilden' widerspricht seinen Erfahrungen, denen kein Gehör geschenkt wird. Während der Epilog das Scheitern Webbers als Künstler erzählt, liefert er auch „die biografisch ergänzenden Angaben zu dessen weiterem Leben und baldigem Sterben – und beschwört zugleich das kleine Geheimnis, das sich um Webbers Notizbuch ranken soll"[25]. Die ‚doppelte Optik' der Medien Bild und

25 Birrer: Dem Paradies so nah und so fern.

Sprache weitet sich im Brief Loutherbourgs auf das Theater aus. Die geheimen[26] Tagebuchaufzeichnungen, die in den Roman eingeflochten sind, stellen eine wichtige Authentisierungsstrategie – neben anderen[27] – dar und werden hier binnenfiktional gespiegelt.

Die poetologische Dimension des Romans betrifft zum einen diese Spiegelungsstrukturen, zum anderen lassen sich die Reflexionen Webbers und Positionen in jenen Dialogen, die Möglichkeiten und Grenzen künstlerischen Schaffens, Fragen von Repräsentierbarkeit, Wahrheit/-haftigkeit, Un-/Natürlichkeit usw.[28] verhandeln, als eine Reflexionsebene lesen, die im Roman gespiegelt ist. Hartmanns Erzähler selbst, so könnte man dies – die obige Opposition Cooks aufgreifend – zuspitzen, bewegt sich ‚zwischen Dokumentarist und Raffael'. In der Tat kann man die ‚doppelte Optik' insofern auch für den Roman ausmachen, als dieser die Porträts, von denen er erzählt, gewissermaßen nachzeichnet und über seine spezifische Perspektivierung und Nuancierung nicht zuletzt ein gängiges ‚Geschichtsbild' in neues Licht rückt. Zugleich zeichnet er als fiktionale Künstlerbiographie[29] ein Porträt Webbers. Für die Rolle des Dokumentarischen sind vor allem die Paratexte zum Roman aufschlussreich. Neben einem

26 Vgl. „Er wälzte sich an den Bettrand, fuhr mit der Hand unter die Matratze und ertastete den Schreibkalender, der dort versteckt war: handtellergroß, sein geheimes Logbuch von Captain Cooks dritter Reise. Es war den Seeleuten verboten gewesen, ein persönliches Tagebuch zu führen. Die Admiralität wollte verhindern, dass der offizielle Reisebericht durch frühere Veröffentlichungen konkurrenziert würde, und sie wollte die Kontrolle über die Darstellung der Reise bewahren." (H, S. 41)

27 Einige Passagen (wenn z. B. Zeit- und Ortsangaben mitten im Text, nicht zu Kapitelbeginn stehen) haben den Duktus von Tagebuchaufzeichnungen und wollen offenbar suggerieren, derartigen Notizen Webbers zu entstammen. Weiterhin sind Briefe in die Handlung eingeschoben (meistens chronologisch zum Zeitpunkt, zu dem sie verfasst sein sollen, nicht zum Lesezeitpunkt – die Handlung lässt es offen, ob sie ankommen; der Text legt nahe, dass dies wahrscheinlich nicht der Fall ist). Erinnerungen an Gespräche (oft mit „*Messegespräch*" eingeführt), hitzige Debatten unter den Offizieren sind als ‚Pseudo-Protokolle' eingefügt, tauchen aber nicht als Text in seiner Materialität auf (z. B. als Dokument im Handlungsverlauf), sondern reihen sich in den Handlungsablauf chronologisch ein.

28 Vgl. hierzu die Diskussion um den Reisebericht Webbers mit Mrs Cook und Hugh, insb. H, S. 450–451.

29 Der Text lässt sich als fiktionale Künstlerbiographie und als Abenteuer- und Entwicklungsroman lesen, wurde aber auch – wie die Auszeichnung des Romans mit dem Sir-Walter-Scott-Preis 2010 deutlich macht – als historischer Roman rezipiert. Der historische Roman selbst ist seit jeher durch seine Nähe zu anderen Gattungen gekennzeichnet, insbesondere zum Abenteuer-, Bildungs- und Entwicklungsroman, wobei derzeit ein auffälliges Interesse für Künstler-, Autor- und Historikerfiguren zu beobachten ist, das mit poetologischen und erkenntniskritischen Dimensionen gegenwärtigen historischen Erzählens zu korrelieren scheint.

Personen- (vgl. H, S. 480–487) und Ortsverzeichnis (vgl. H, S. 488–491) hat Hartmann mehrere Artikel im Umfeld des Romans veröffentlicht, die den Rechercheaufwand, den er hierfür betrieben hat, demonstrieren.[30] Diese Zwischenposition des Hartmann'schen Schreibens zwischen dokumentarischem Anspruch und fiktionaler Ausgestaltung prägt die Rezeption seiner Werke und auch die Rezensionen zu *Bis ans Ende der Meere*.[31] Die Frage der ‚(höheren) Wahrheit/Wahrhaftigkeit', die den Roman durchzieht – mal als skrupellose Legitimationsstrategie kolonialer Machtausübung, mal als Frage, die das Leben und Schaffen des Protagonisten strukturiert – ist dabei keineswegs obsolet. Der Roman setzt den medialen Inszenierungen Omais und Cooks die Perspektive Webbers entgegen. Indem der Roman Repräsentationen in verschiedenen Medien über diese ambivalente Künstlerfigur in ihrem Entstehungs- und Rezeptionszusammenhang und damit ihrem Konstruktcharakter ausleuchtet, lädt er – teilweise überdeutlich[32] – dazu ein, Repräsentationen in ihrem Anspruch auf Wahrheit kritisch zu befragen.

30 Insgesamt ist auffällig, dass Hartmann in hohem Maße bemüht ist, dem Leser zahlreiche Informationen – insbesondere über seine Homepage – zu liefern, die diesen mit dem historischen Hintergrund vertraut machen. Vgl. Lukas Hartmann: Der Prinz, der keiner war. http://www.lukashartmann.ch/vue/omaiwebber.html (Zugriff am 07.05.2014); ders.: Quellenverzeichnis zu *Bis ans Ende der Meere*. http://www.lukashartmann.ch/pdf/quellen_bis_ans_ende_des_meeres.pdf (Zugriff am 07.05.2014); ders.: Der Globalisierer und sein Reporter. http://www.lukashartmann.ch/vue/nzz.html (Zugriff am 07.05.2014). In seiner Nachbemerkung zum Roman betont er hingegen: „Die Ereignisse schildere ich aus der von mir imaginierten Perspektive John Webbers.“ (H, S. 477)

31 Vgl. hierzu u. a.: „Der Schweizer Schriftsteller Lukas Hartmann hat tief im Archiv des 18. Jahrhunderts gegraben und Logbücher gewälzt, um einen unglücklichen Künstler zu porträtieren, dessen Entdeckergeist in den Dienst der Lüge geriet.“ (Finger: Wilde sind wir selbst.) „Man nehme ein historisches Faktum – eine Person, ein Ereignis – und imaginiere sich aus der Perspektive des Heutigen ins Zeitkolorit hinein. Dank technisch geschicktem Wechselspiel zwischen personaler Identifikation und recherchiertem historischem Gepräge entwickelt das Erzählte einen publikumswirksamen Sog, dem auch die (zuweilen arg didaktische) Beimischung von zeitgemässer [sic] Gesellschaftskritik selten Einhalt gebietet.“ (Birrer: Dem Paradies so nah und so fern.) Sowie: „Kennzeichen für zumindest einige seiner Romane ist, dass sie auf tatsächliche Ereignisse und reale Vorbilder zurückgehen und mithilfe von genau recherchierten historischen und biografischen Quellen entstanden sind. Auch für seine Annäherung an die dritte Cooksche Pazifik-Exkursion und die Gestalt […] John Webber[s] […] nutzt Hartmann das Verfahren der auf geschichtlicher Quellenrecherche basierten historischen Fiktion.“ (Honold: Vom „Chindlifrässer“-Brunnen nach Tahiti, S. 116.)

32 Charakteristisch für den Text ist – nicht zuletzt durch seine „überorchestrierten Konstruktionselemente“ (Birrer: Dem Paradies so nah und so fern) – ein teilweise stark didaktischer Gestus.

4. Kolonialismus- und Aufklärungsdiskurs

In den Messegesprächen auf der *Resolution* sind verschiedene Figuren als Repräsentanten unterschiedlicher Positionen zusammengebracht. In diesen Dialogen wird ein multiperspektivischer Verhandlungsraum geschaffen: Hartmann lässt „Zeitkolorit detailgetreu aufblühen und zivilisationskritische Fragen (durchaus glaubwürdig) in die Abendgespräche in der Kapitänsmesse“[33] einfließen. Dabei werden im Zusammenkommen der höheren Schiffsgesellschaft nicht zuletzt auch interkulturelle Begegnungen in ihrem kolonialen Kontext diskutiert. Anderson und King fällt die Rolle zu, das koloniale Selbstbewusstsein zu erschüttern, Cook hingegen muss das Anliegen der Expedition verteidigen: „Mr Anderson, Sie neigen zu Übertreibungen, das schadet Ihrem Verstand. Das Verständnis für andere Kulturen muss dort an Grenzen stoßen, wo wir in unseren christlichen Werten beleidigt werden […].“ (H, S. 154) Mit seinem Kontrahenten Anderson führt Cook im Beisein Webbers abermals ein Gespräch über die Errungenschaften und Abgründe der Zivilisation, als sie den höchsten Punkt der Insel Eua besteigen wollen, auf dem Cook sich einen „gründlicheren Überblick“ (H, S. 138) verschaffen will. In einem Messegespräch im Anschluss an die First-Contact-Szene auf Kerguelens Land (vgl. H, S. 95–103) entzündet sich eine Diskussion über ‚die Wilden‘:

> Ob die Wilden, fragte King die Tischgesellschaft, wirklich von Natur aus gut seien, wie einstige Philosophen behaupten würden? Und ob wir sie in diesem Fall durch unsere Annäherung nicht eher verderben als fördern würden?
> Bligh, der sich sonst keineswegs fromm gibt, fauchte gleich los: Dies ist eine Vorstellung von gefährlicher Naivität. Es gelte, das Böse im Menschen zu bezähmen, und nur das Christentum könne ihm mit der strikten Einhaltung der Zehn Gebote dazu verhelfen. Die Heiden in ihrem Naturzustand neigten von sich aus zum Bösen, es sei unsere Pflicht, ihnen aufzuzeigen, welcher Weg zu ihrem Heil führe. […]
> Und doch, widersprach ihm King, sei den Wilden das Teilen, also die Nächstenliebe nicht fremd. […]
> Was uns als ungeregelt erscheine, gab Anderson zu bedenken, beruhe vielleicht gerade auf strikten Regeln, die uns unvertraut seien und die wir deshalb nicht durchschauen können; da rate er zu vorsichtigem Urteilen. (H, S. 103–104)

In Bezug auf die Frage des Naturzustands wird hier von dem eigentlich wenig gläubigen Bligh die christliche Mission angeführt, die dem ‚Anderen‘ das Böse zuschreibt. King und Anderson zweifeln dies

33 Birrer: Dem Paradies so nah und so fern.

wiederholt an. Die Frage des Eigentums bzw. Besitzes ist eine wiederkehrende in den Messegesprächen und hängt eng mit der kolonialen Inbesitznahme zusammen. Cook bringt seine Rede mehrmals „auf den Eigentumsbegriff der Wilden“ (H, S. 244). Dabei wird an die oben ausgeführte Familiensemantik, in der er die Vaterfigur innehat, angeknüpft. Cook argumentiert nicht nur gegenüber der Mannschaft in einer paternalistisch-fürsorglichen, kolonialistischen Rhetorik, sondern tritt auch als Vater auf, der seinem Erziehungsauftrag gegenüber den ‚wilden Kindern‘ nachgehen müsse: „Wenn ein Kind sich weigere, dieser Unterscheidung zwischen eigenem und fremden Gut nachzuleben, müsse man es ermahnen und mit zunehmender Strenge bestrafen.“ (H, S. 245) Anderson stellt abermals die entscheidenden Gegenfragen:

> Er frage sich, fuhr er fort, ob man sich, wie einige bedeutende Philosophen, nicht eine Gesellschaft denken könne, in der das kollektive Eigentum dominiere. […] Was aber, fragte Anderson in seiner beharrlich-listigen und beinahe trotzigen Art, wenn Eigentum zusammengeraubt würde? Da wir doch gegen Diebstähle seien, müssten wir konsequenterweise auch gegen die Raubzüge von Staaten sein. (H, S. 246–247)

Die Verbindung, die Anderson hier zwischen den von Cook beklagten Raubzügen der ‚Wilden‘ einerseits und der kolonialen Expansion andererseits herstellt, erzürnt Cook, der mit folgender Rechtfertigung entgegnet: „Wenn wir auf unserer Expedition bisher unentdecktes Gebiet in Besitz nehmen, geschieht dies erstens im Namen des Königs und zweitens deshalb, um Frankreich und Spanien, die uns immer wieder bedroht haben, zuvorzukommen.“ (H, S. 248) Diese Rechtfertigung knüpft an eine Aussage Clerkes kurz zuvor an: „Den Besitzdrang müsse man gestatten und zugleich zügeln, indem Eigentum klar definiert und verbrieft werde; es zu schützen sei die Aufgabe des Staates oder eben eines schwimmenden Miniaturstaates, als den er unsere Schiffe verstehe.“ (H, S. 246) Im ‚Schiff als Miniaturstaat‘ repräsentiert Cook das Oberhaupt der familiären Besatzung, der er väterlich vorsteht, und zugleich das Staatsoberhaupt, das die ‚Aneignung des Fremden‘ im christlich gefärbten Diskurs einer vermeintlich fürsorglichen, erzieherischen Argumentation des Kolonialismus legitimiert. Andersons Argumente laufen darauf hinaus, die behauptete Alterität, welche den Raub der ‚Wilden‘ negativ, den der Cook’schen Expedition hingegen positiv konnotiert, einzudämmen bzw. durch Andeutungen ins Gegenteil zu wenden – Anderson stellt zur Debatte, ob nicht „mit dem Eigentum […] das eigentlich Böse in die Welt getreten“ (H, S. 247) sei und stellt somit die Ziele der Erkundungsreise insgesamt in Frage.

Auch in der ambivalenten Figur Omais – der „Verkörperung des ‚Edlen Wilden‘“[34] – wirft der Roman einen düsteren Schatten auf das koloniale Selbstbewusstsein.[35] Omai kann – entwurzelt – nach seiner Rückkehr nicht mehr an sein früheres Leben anknüpfen, eine ‚Heimkehr‘ ist ihm unmöglich.[36] Die Bewegung des Infragestellens radikaler Differenz vollzieht die Konstruktion des Romans in der Konstellation der Figuren Omai und Cook, die sich in einem Wachtraum Webbers überlagern: „Warum schweben mir Captain Cook und Omai bisweilen als Zwillinge vor Augen? Beide haben sich zu ihrem Nachteil verändert, es ist, als würden sie sich gegenseitig beeinflussen.“ (H, S. 189–190) Bei beiden wandelt sich der Charakter ins Unbeherrschte und Maßlose.[37] Hartmann hat der Figur Omais über den Roman hinausgehend Aufmerksamkeit geschenkt[38] – mit Omai greift er erneut eine historisch verbürgte Figur auf, stellt sie in ein intertextuelles Netz[39] und gibt ihr, fiktional ausgestaltet, einen Platz in seiner Romankomposition.

34 So die Formulierung im Personenverzeichnis des Romans, H, S. 484.

35 Vgl. u. a.: „Auch Omai hatte man doch aus seinem damaligen Leben herausgerissen, ihn geködert mit den Errungenschaften der Weißen und gleichsam eingefärbt mit ihrem Denken. In allem, was ihm imponierte, versuchte er nun, seine Lehrmeister nachzuahmen. Aber kam dabei nicht eine Karikatur heraus?“ (H, S. 113)

36 Einer der Aufträge bestand darin, Omai ‚heimzubringen‘: „[…] so sagte uns Captain Cook, hätten wir nun einen Auftrag der Admiralität ausgeführt: Omai sei heimgebracht worden. *Heimgebracht.* Dieses Wort werde ich wohl nie mehr gebrauchen, ohne die Möglichkeit seines falschen Klangs zu spüren […].“ (H, S. 193)

37 Vgl. Honold: Vom „Chindlifrässer“-Brunnen nach Tahiti, S. 122. Während Webbers Begegnungen mit Omai anfänglich freundschaftlich und geradezu enthusiastisch sind (vgl. u. a. H, S. 84–85; Honold: Vom „Chindlifrässer“-Brunnen nach Tahiti, S. 121), wird Webber auf Tahiti Augenzeuge seiner „groteske[n] Herrscherallüren“ (ebd.; vgl. z. B. H, S. 148).

38 In seinem als Paratext lesbaren Artikel „Der Prinz, der keiner war“ erzählt Hartmann die Geschichte Omais mit diesem als Protagonisten und zugleich mit einer ‚Lektüreanweisung‘, die sich auch auf den Roman bezieht: „Es ist eine abenteuerliche und traurige Geschichte, die ich hier erzähle. Sie ereignete sich vor mehr als zweihundert Jahren, sie spielt in der Südsee und in London, aber sie hat mehr mit uns und heutigen Zuständen zu tun, als uns lieb sein mag. Die Hauptfigur spielt in meinem Roman eine Nebenrolle; hier soll sie im Zentrum stehen.“ (Hartmann: Der Prinz, der keiner war.)

39 Forster, der bereits indirekt im ersten Messegespräch als ‚metadiegetischer Gast‘ in einer intradiegetischen Erzählung Andersons über die zweite Expedition anwesend ist, hat in seiner *Reise um die Welt* über Omai geschrieben. Vgl. hierzu das Kapitel

Der Roman inszeniert in zahlreichen Dialogen das Aufeinanderprallen eines noch unerschütterten Geists der Aufklärung als Grundierung des kolonialen Selbstverständnisses einerseits und zivilisationskritischer Stimmen andererseits.[40] Webber ist dabei als ambivalente Figur, als „Zauderer“[41], gestaltet: Er ist hin- und hergerissen, ist zwar durchaus empfänglich für die zivilisationskritischen Positionen Andersons und Kings, hält aber andererseits – zumindest stellenweise – entschieden an der Legitimität der Expedition im „*Geiste Cooks*“ (H, S. 412) fest. So schreibt er in einem Brief an Henry von der „*vornehmste[n] Pflicht, das Licht der Vernunft überall dort anzuzünden, wo finsterer Aberglaube und Rechtlosigkeit herrschen*“ (H, S. 412), zweifelt hingegen an anderer Stelle: „Je genauer und umfangreicher wir über die neu entdeckten Inseln berichten, desto leichter wird es sein, sie aufzufinden, zu bekehren und zu plündern. Dies [...] ist eine gefährliche Einsicht, die mir, dem besoldeten Zeichner und Maler, gar nicht zusteht.“ (H, S. 244)

Letztlich zerbricht Webber „am Verbot der Wahrheit durch die Apostel der Aufklärung“[42]. Auch das koloniale Selbstverständnis ist brüchig: Cooks Tod und die Berichte der Expedition unterliegen strengen Kontrollen. Cook selbst wird als ein gebrochener Mann dargestellt, der sich zunehmend der Legitimationsprobleme europäischer Expansion bewusst wird und zugleich daran festhalten muss.[43] Das Schwanken der Maßstäbe in der Bewertung des Fortschritts sowie in Verstehens- und Verständigungsproblemen interkultureller Begegnungen liegen dabei durchaus im Bewusstseinshorizont Webbers (vgl. H, S. 360). Die Tarnung des Nicht-Wissens, die in

6.1.2. „O-Maï: eine gescheiterte Kulturbegegnung“ bei Heinritz (Reinhard Heinritz: „*Andre fremde Welten*“. *Weltreisebeschreibungen im 18. und 19. Jahrhundert.* Würzburg: Ergon 1998, S. 99–100).

40 Zu nennen ist hier neben King und Anderson vor allem auch Henry, der den Abolitionisten angehörte und seinem Bruder John schwere Vorwürfe machte (vgl. u. a. H, S. 469).

41 Birrer: Dem Paradies so nah und so fern.

42 Finger: Wilde sind wir selbst.

43 Dabei spielt der Kampf gegen die Syphillis und andere Krankheiten als Inbegriff des Trugbildes zivilisatorischer Fortschrittlichkeit eine zentrale Rolle, vgl. z. B.: „Anderson zwinkert mir missbilligend zu, und ich ahnte, was er dachte: nämlich, dass wir eher den *Morbus venereus* weiterverbreiten würden als das Licht der Erkenntnis.“ (H, S. 153) Vgl. hierzu auch Webbers Frage anlässlich von Cooks Tod: „Hat er eingesehen, dass sein guter Wille, den neuentdeckten Völkern nicht zu schaden, von der Wirklichkeit widerlegt wurde?“ (H, S. 387)

problematischem Verhältnis zur sogenannten ,Entdeckung', zur permanenten Erweiterung von Wissensbeständen steht, wird an mehreren Stellen in den Begegnungen und Messegesprächen aufgegriffen. Webber gerät durch die Grenzen des Verstehens an die Grenzen seiner künstlerischen Möglichkeiten.

5. Historisches Erzählen als Blick(e) auf transkulturelle[44] Vergangenheit(en)

Dass Geschichte/n nur von einem jeweils gegenwärtigen Standpunkt aus erzählt werden kann/können und zugleich das Potential hat/haben, die Gegenwart zu relativieren, ist eine Denkfigur, die dem Roman auf mehreren Ebenen zugrunde liegt, jedoch an folgender Stelle – in einer indirekt wiedergegebenen Rede Andersons während eines Messegesprächs – explizit wird:

> Er verurteile das Menschenopfer aufs schärfste, sagte King in seiner liebenswürdigen Art, der oft etwas Fragendes anhaftet; doch er tue dies von unserem heutigen Standpunkt aus. Wie es denn um unsere eigene Vergangenheit stehe?

44 Der Begriff der ,Transkulturalität' wird hier verwendet, um jenseits von Nationalgeschichte(n) den Verflechtungen historischer Prozesse Rechnung zu tragen, wie sie nicht zuletzt in Hartmanns Roman gestaltet sind. Dabei wird davon ausgegangen, dass Transkulturalität – ebenso wenig wie ,Globalisierung' – Phänomene des 20. und 21. Jahrhunderts sind. Bei Welsch hingegen, der den Begriff im deutschsprachigen Raum maßgeblich geprägt hat, ist er gebunden an „ein Kulturkonzept, das auf die Verhältnisse des 21. Jahrhunderts zugeschnitten ist" (Wolfgang Welsch: Was ist eigentlich Transkulturalität? In: Lucyna Darowska / Thomas Lüttenberg / Claudia Machold (Hrsg.): *Hochschule als transkultureller Raum? Kultur, Bildung und Differenz in der Universität.* Bielefeld: Transcript 2010, S. 39–66, hier S. 42). Wenngleich Welsch zwar einschränkt, dass „Transkulturalität [...] historisch keineswegs völlig neu", sondern „[g]eschichtlich [...] eher die Regel gewesen zu sein" (ebd., S. 50) scheint, so überwiegt doch deutlich der emphatische Gestus einer Gegenwartsdiagnose (bzw. teilweise einer Zukunftsvision), der sich bei ihm zugleich in einer Polemik gegen ,Multikulturalität' und ,Interkulturalität' artikuliert – beide Konzepte „halten noch immer am alten Kugelmodell fest" (ebd., S. 49). Ich teile die kritische Perspektive auf das ,Kugelmodell', gehe aber nicht davon aus, dass ,Interkulturalität' dieses zwangsläufig präsupponiert und damit für obsolet erklärt werden kann. Gegen eine dezidierte Ablehnung des Interkulturalitäts-Begriffs spricht sich auch Göttsche aus: „,Interkulturalität' thus remains a relevant concept although Wolfgang Welsch amongst others has rejected it along with ,multiculturalism' as separatist and essentialist, arguing that in the contemporary world cultures can no longer be construed as ,homogen and wohlabgegrenzt'; they have become ,transcultural' by definition due to internal differentiation, global interaction, and hybridisation. If we leave the politics of theory aside, such criticism epitomises the shift from intercultural to transcultural debate which throws the cross-cultural dynamic of the colonial world into sharper relief, enabling us to distinguish more clearly between narrative discourses that build on the experience of cultural difference to consider African and European cultures (and the characters representing them) in comparative perspectives,

> Er erinnere an die Geschichte von Abraham und Isaak, wo Gott vom Vater die Opferung des Sohns verlangt habe, was darauf hindeute, dass Menschenopfer auch in unserer Zivilisation durchaus gebräuchlich gewesen seien. [...] Ob denn, fragte er, nicht unsere Praxis der Hinrichtungen in gewisser Weise eine Fortsetzung der Menschenopfer sei? Ob nicht damit der Justitia ein heiliger Tribut dargebracht werde? (H, S. 151–152)

Deutet man sie metafiktional, legt Andersons These der Kontinuität von Menschenopfern nahe, den Roman daraufhin zu befragen, wo er selbst Spuren für Überlegungen zu Kontinuitäten der Geschichte, die er erzählt, (an-)legt.

Der Text setzt sich mit aktuellen Fragen globaler Zusammenhänge auseinander, indem er der historischen Dimension dieser transkulturellen Vernetzungen nachgeht. Geht man von drei großen Phasen der Globalisierung aus, so spielt der Roman Hartmanns in der ersten Phase der kolonialen Expansion. In der Systematisierung des Sammelbandes von Pinheiro und Ueckmann könnte man sagen: Hartmanns Roman verhandelt Aspekte der gegenwärtigen dritten Globalisierungsphase über eine Auseinandersetzung mit der ‚ersten Globalisierung'.[45] Der Text beleuchtet die ökologischen, ökonomischen, materiellen bzw. medialen und technischen Aspekte eines Prozesses, bei dem besitzergreifende Raumerkundung und Vermessung einhergehen mit der Ausdehnung der Grenzen Englands:

and others that focus on cultural hybridisation and potentially subversive transgressions of the racial divide in the world of colonial imperialism." (Dirk Göttsche: Hans Christoph Buch's Sansibar Blues and the Fascination of Cross-Cultural Experience in Contemporary German Historical Novels about Colonialism. In: *German Life and Letters* 65,1 (2012), S. 127–146, hier S. 130.) Hierbei klingt deutlich der potentiell heuristische Nutzen einer parallelen Verwendung der Begriffe in Abhängigkeit von den jeweiligen Gegenständen bzw. der unterschiedlichen Perspektivierung dieser an. Zumindest aus literaturwissenschaftlicher Sicht ist es geboten, verschiedene Ebenen zu trennen: Hartmanns Text erzählt von ‚interkulturellen Begegnungen' in der Perspektive von Figuren, die im fiktionalen 18. Jahrhundert angesiedelt sind und ‚Kulturen' durchaus im Sinne des ‚Kugelmodells' denken. Zugleich ist die Anlage des Romans eine, die dem ‚transkulturellen' „Modell von Durchdringungen und Verflechtungen" (Welsch: Was ist eigentlich Transkulturalität?, S. 40) verpflichtet ist und diese eben keineswegs erst in der jüngeren Vergangenheit sieht, sondern aus der Gegenwart heraus nach Kontinuitäten fragt.

45 Vgl. Teresa Pinheiro / Natascha Ueckmann: Einleitung. Reiseliteratur und Globalisierung. In: Dies. (Hrsg.): *Globalisierung avant la lettre. Reiseliteratur vom 16. bis zum 21. Jahrhundert.* Münster: LIT 2005, S. 7–20. Dass Globalisierungsprozesse kein Phänomen des 20. oder 21. Jahrhunderts sind, betonen Pinheiro und Ueckmann, wobei sie drei Phasen unterscheiden: eine ‚erste Globalisierung' vom 16. bis zum 18. Jahrhundert, eine ‚zweite Globalisierung' im 19. Jahrhundert und die ‚dritte Globalisierung' der Gegenwart und nahen Vergangenheit im 20. und 21. Jahrhundert.

> Von Cook sprach die ganze Londoner Gesellschaft, sein Ruhm nahm ständig noch zu. Er galt als großer Navigator, als Entdecker, der den wilden Stämmen im Pazifik die Errungenschaften der Zivilisation brachte, als Kartograph, der die weißen Flächen der Erdkugel vermaß und sie dem Schutz der englischen Krone unterstellte. (H, S. 48)[46]

Globalisierung ist, dies zeigt der Roman, keineswegs ausschließlich ein Phänomen des 20. und 21. Jahrhunderts. Er erzählt von der Ambivalenz der Aufklärung im Lichte der Zivilisationskritik, von der folgenreichen Verwobenheit von Aufklärungs- und Kolonialdiskurs. So vertritt Honold völlig zurecht die These, dass „Hartmanns Roman dieser epochal bedeutsamen Pazifik-Durchquerung […] keineswegs historisierend angelegt"[47] sei, sondern „er sich in ein gegenwärtiges politisch-theoretisches Diskursfeld, welches sich schlagwortartig durch den Begriff des Postkolonialen umreißen lässt"[48], einschreibt. In der Kreuzung einer „klare[n] kolonialgeschichtliche[n] Dimension" mit einer „direkte[n] Beteiligung Schweizer Figuren"[49] lasse sich ein klares Statement ablesen, das Hartmann in einem relativ neuen Paradigma des postkololonialen Schreibens Schweizer Autoren verortet.[50]

Versucht man den Begriff des ‚postkolonialen Schreibens' auf Hartmanns Roman zu übertragen, so wäre dies als eine spezifische Sicht

46 Vgl. hierzu auch Honold: Vom „Chindlifrässer"-Brunnen nach Tahiti, S. 117–119.

47 Ebd., S. 116.

48 Ebd.

49 Ebd., S. 116–117.

50 Vgl. ebd., S. 115. Hartmann gehe es um eine „Auseinandersetzung mit kolonialer Schuld aus der Perspektive postkolonialer Aufbrüche" (ebd., S. 115): „Was die Schweiz betrifft, so unterscheidet sich die aktuelle ‚Involviertheit' des Landes, seiner Bevölkerung, seiner wirtschaftlichen und kulturellen Akteure in die Aufarbeitung kolonialer Vergangenheit und in die globalen Prozesse der Gegenwart nicht (mehr) grundlegend von derjenigen, die in anderen Ländern zu beobachten ist. Das hat einerseits damit zu tun, dass tradierte nationale Spezifika gegenüber den extrem raschen und mobilen Phänomenen der globalen Kommunikation an Distinktionskraft verlieren, andererseits damit, dass sich in den Sozial- und Kulturtheorien die Aufmerksamkeitsraster verschoben haben: weg von den direkten und expliziten Aspekten der Kolonialisierung, hin zu den indirekten und eher impliziten Formen und Begleiterscheinungen. Darin ist zugleich der Befund ausgesprochen, dass die Schweizer Gegenwartsliteratur, welche diese Fragen in verstärkter Form aufnimmt und mit ihren ästhetischen Mitteln thematisiert und umformt, nicht mehr ‚schweizerisch' im Sinne der Abgrenzung ist, sondern im Sinne einer mitwirkenden Stimme innerhalb eines gemeinsamen Ganzen. Und das wiederum bedeutet nichts anderes als ihre Ankunft in der Weltliteratur." (Ebd., S. 126–127.) Honold konstatiert zu Recht, dass der Text von einem „bedächtigen (auch politisch bedächtigen) Erzählen[ ]" (ebd., S. 126) geprägt ist.

auf die koloniale Vergangenheit jenseits nationaler Grenzziehungen bei gleichzeitigem Fokus auf eben jene Wirkmacht ‚nationaler Identität' aufzufassen. Der Bezug zu gegenwärtigen Diskursbewegungen läge dann darin, dass über die Problematisierung kolonialer Geschichtskonstruktionen in der Vergangenheit ein Bewusstsein dafür kreiert wird, dass ‚Geschichten über die Geschichte' nicht jenseits von Machtkonstellationen zu denken und damit generell zu hinterfragen sind. Über die ‚Mikrogeschichte' des Einzelschicksals Webbers – einer Figur, die eigentlich am Rande der Cook'schen Expedition situiert ist – wird gezeigt, wie stark Historiographie Interessen unterworfen ist, die es zu durchleuchten gilt. Cooks Tod wurde und wird instrumentalisiert. Die verschiedenen Versionen, die über die Ursachen und Zusammenhänge existieren, werden zugleich als verschiedene Interpretationen des Kolonialismus dargestellt, wobei die Brüchigkeit des kolonialen Selbstverständnisses an den strengen Kontrollen der medialen Aufarbeitung der Expedition ersichtlich wird. Bereits in *Die Seuche* hat Hartmann historische Stoffe mit der Gegenwart verknüpft[51], und er legt eine solche Lektüre in Bezug auf *Bis ans Ende der Meere* nicht zuletzt durch ein paratextuelles Netz, das sich um den Roman spannt, nahe.[52]

Hartmann gestaltet mit John Webber als Protagonisten keinen Helden, sondern eine Figur, deren Handeln einer beklemmenden Passivität unterliegt[53], was durchaus didaktische Züge trägt. Die Romanstruktur ist über interne Fokalisierung auf eine identifikatorische Lektüre angelegt, denn dem Leser wird Einblick in die Reflexionsebenen des in mehrerer Hinsicht scheiternden Protagonisten an die Hand gegeben – wie die Passivität zur Aktivität umgewandelt werden könne, ist eine damit aufgeworfene Frage. Das Durchbrechen der Beklemmung gelingt Webber im Schreiben und im Schmuggel seiner Tagebücher,

51 Vgl. Patrick Heller: *„Ich bin der, der das schreibt". Gestaltete Mittelbarkeit in fünf Romanen der deutschen Schweiz 1988–1993.* Bern u. a.: Lang 2002. Heller untersucht, wie die mittelalterliche und die moderne Zeitebene in *Die Seuche* miteinander verknüpft sind und sich aufeinander beziehen. Auch in diesem Roman hat Hartmann viel Wert auf das ‚faktische Gerüst' gelegt.

52 Vgl. Hartmann: Der Prinz, der keiner war; ders.: Quellenverzeichnis; ders.: Der Globalisierer und sein Reporter.

53 Vgl. hierzu Honold: Vom „Chindlifrässer"-Brunnen nach Tahiti, S. 123: „Webber ist kein Held, kein aufbegehrender Gerechtigkeits-Kämpfer. Sein gefühltes Unbehagen aber wächst ins Beklemmende, gerade weil er nicht oder höchst selten in der Lage ist, wenigstens mit Gesten, wenn schon nicht mit Taten, dem Kolonialverhältnis und seinen Begleiterscheinungen entgegenzutreten."

als deren Niederschlag der Roman sich über Authentisierungsstrategien in Szene setzt. Damit ist in einer letzten selbstreflexiven Wendung die Frage aufgeworfen, was fortdauert, wo Kontinuitäten liegen: Das Weiterleben der Tagebücher, welche die Geschichte Webbers binnenfiktional für die Nachwelt erhalten, steht in einer Linie mit dem Text *Bis ans Ende der Meere*, der dieses Fortdauern über 200 Jahre danach – aus einer neuen Gegenwart heraus – auf eine andere Stufe hebt. Hartmanns Gestaltung der dritten Cook'schen Expedition ist eine, die relativ neues Material in Form der wiederentdeckten Darstellungen Cleveleys ins Verhältnis zur tradierten wirkmächtigen Geschichtsschreibung setzt und diese mithin einer Revision unterzieht. Zugleich wird in der Perspektive einer Randfigur der Expedition neues Licht auf den Protagonisten Cook geworfen.

Will man ausgehend von Hartmanns Roman danach fragen, was gegenwärtiges ‚historisches Erzählen' ausmacht, so lassen sich zusammenfassend mehrere Punkte hervorheben:

Für Hartmanns Text lässt sich eine Entmetaphorisierung des ‚Geschichtsbildes' als charakteristisch ausmachen. Der Roman kreist um ein Bild, das Geschichte gemacht hat. Indem die Entstehungs- und Möglichkeitsbedingungen der Cook'schen Todesszene erzählt werden, werden der Konstruktcharakter und die Labilität des kolonialen Selbstverständnisses, das sich auf jenem ‚Bild' gründet(e), vorgeführt.

Die Auseinandersetzung mit Bild- und Textentstehungsprozessen verleiht Hartmanns Roman überdies eine selbstreflexive Dimension. Die Problematisierungen von Abbildbarkeit, denen Webber sich auf einer binnenfiktionalen Gegenwartsebene gegenübergestellt sieht, überlagern sich mit einer metafiktionalen Ebene, die sich poetologisch auf Hartmanns Text beziehen lässt, denn dieser schwebt selbst zwischen Faktualität und Fiktionalität, zwischen ‚Dokumentarist und Raffael'. Durch Bilder können Vorstellungen weiter verfestigt, aber auch dynamisiert und dadurch verändert werden. Darin liegt, so könnte man sagen, das Empörungspotential des Romans: Er zeichnet Bilder nach mit dem Anspruch, an Umgestaltungsprozessen und an einer Neu-Interpretation bzw. neuen Perspektivierung mitzuwirken.

Neben der kritischen Beleuchtung von Konstruktionen ‚nationaler Identität' lässt sich in Hartmanns *Bis ans Ende der Meere* ein weiteres und zugleich damit zusammenhängendes Interesse ausmachen, nämlich die Betonung der Rolle ‚personaler' bzw. ‚individueller Identität'.

Die frühe Migrationsbewegung und die prägende Reise Webbers bieten Raum für zahlreiche interkulturelle Begegnungen, wobei Alteritätserfahrungen durch diese bestenfalls ausgelöst, eigentlich jedoch als im Individuum selbst verankerte – als ‚intrasubjektive Fremdheit' – erzählt werden. In den erzählten Destabilisierungsprozessen spielen bei Hartmann insbesondere Reise- und Migrationsbewegungen sowie familiäre und Genderkonstellationen eine wichtige Rolle.

Die ‚Geschichte', die Hartmanns Roman erzählt, ist eine, die in vielfacher Hinsicht homogene Identitätskonzepte in Frage stellt, nicht zuletzt weil die Inter- bzw. Transkulturalität historischer Prozesse sowie der Historizität und Kontinuität verschiedener Globalisierungsphasen beleuchtet werden. Es gibt keine Nationalgeschichte/n, sondern lediglich Konstruktionen in diese Richtung, die bestimmte Funktionen haben. Während im 19. Jahrhundert der ‚historische Roman' das literarische Genre der nationalgeschichtlichen Identitätskonstruktion schlechthin war, verortet Herbert Uerlings die Entwicklung des historischen Romans durch interkulturelles Erzählen im 20. Jahrhundert.[54] Zu diskutieren wäre ausgehend von diesem berechtigten Befund jedoch, inwieweit die inter- bzw. transkulturelle Dimension ‚historischen Erzählens' zu Beginn des 21. Jahrhunderts eine ganz neue Qualität bzw. Intensität erreicht.

Alle Aspekte stehen in Hartmanns Text in einem engen Bezug zu unserer Gegenwart, aus der heraus Interesse auf Geschichte und Geschichten fällt: Darin artikulieren sich das Bewusstsein für die Macht medialer Vermittlung, für die Brüchigkeit von und die Angst vor homogenen Identitätskonzepten sowie die Skepsis gegenüber neuen Fundamentalismen im Zusammenhang mit verschiedenen Tendenzen von Globalisierungsprozessen.

54 Vgl. Herbert Uerlings: Die Erneuerung des historischen Romans durch interkulturelles Erzählen. Zur Entwicklung der Gattung bei Alfred Döblin, Uwe Timm, Hans Christoph Buch und anderen. In: Osman Durrani / Julian Preece (Hrsg.): *Travellers in Time and Space. The German Historical Novel / Reisende durch Zeit und Raum. Der deutschsprachige historische Roman.* Amsterdam / New York: Rodopi 2001, S. 129–154.

Abbildungsnachweise

Isabell Lammel: Die Funktionalisierung des haitianischen Revolutionsführers Toussaint Louverture.

Abb. 1 Jacques Vénuleth: *Toussaint Louverture*, illustr. v. Frédéric Rébéna. Arles: Actes Sud junior 2011, Buchrückseite.
©ACTES SUD 2011

Abb. 2 Philippe Niang: *Toussaint Louverture*. France Télévisions Distribution 2012, DVD 2, 1:31.
©FZJLM/ELOA PROD 2011.